# Jeta Ime,
# Besimi Im II

*"Çohu, shkëlqe, sepse drita jote ka ardhur,*
*dhe lavdia e Zotit u ngrit mbi ty."*
(Isaia 60:1)

# Jeta Ime,
# Besimi Im II

Dr. Xherok Li

URIM
BOOKS

**Jeta Ime, Besimi Im II** nga Dr. Xherok Li
Publikuar nga Urim Books (Përfaqësuese: Seongkeon Vin)
361-66, Shindaebang Dong, Dongxhak Gu, Seoul, Korea
www.urimbooks.com

Të drejtat e autorit © 2013 nga Dr. Xherok Li
ISBN: 978-89-7557-845-8 04230
ISBN: 978-89-7557-618-8 (set)
Të drejtat e autorit për përkthim © 2011 nga Dr. Ester K. Çung. Përdorur me leje.

Botuar më parë në gjuhën koreane në vitin 2006 nga The Christian Press, Seul, Kore

*Botimi i parë, Tetor 2013*

Redaktor Eunmi Li
Dizajni nga Zyra Botuese e Urim Books
Shtypur nga Yewon Printing Company
Për më shumë informacion kontaktoni me: urimbook@hotmail.com

# Prova e fuqisë dhe ekzistencës së Frymës së Shenjtë

Koha nuk pret askënd. Perëndia ka durim dhe është duke pritur deri në fund që njerëzimi të pendohet dhe të shpëtohet. Sot, njerëzit në botën moderne nuk e njohin në të vërtetë dashurinë e thellë të Perëndisë. Edhe të krishterë dhe pastorë ndjekin tendencën e botës dhe harrojnë dashurinë dhe vullnetin e Perëndisë. Pse këta nuk janë në gjendje t'i afrohen Perëndisë, pse i shmangen dhe i largohen kishës? Arsyen mund ta gjejmë te shkenca moderne.

Njerëzit përpiqen t'i zgjidhin problemet që kanë në jetën e tyre nëpërmjet shkencës. Ata kanë më shumë besim në përfundimet që arrin shkenca sesa në fuqinë e besimit. Kjo gjithashtu ndodh edhe mes të krishterëve. Në vend që të pranojnë me besim dhe të besojnë, ekzistojnë pastorë të cilët kanë tendencën të besojnë vetëm atë që mund ta konfirmojnë me sytë e tyre dhe të pranojnë vetëm atë që mund ta arsyetojnë dhe ta kuptojnë në mendjet e tyre. Këta pastorë madje u imponojnë besimtarëve të tyre besimin nëpërmjet shkencës. Ata përpiqen të mbjellin te njerëzit besim sipas doktrinave sektare.

Të krishterët e botës së sotme moderne përpiqen të kuptojnë Perëndinë dhe të përjetojnë fuqinë e Tij nëpërmjet këtij lloji besimi. Por ky besim që fitohet me anë të këtij indoktrinomi të gabuar i cili trajton fuqinë e Frymës së Shenjtë si misticizëm. Me fjalë të tjera, nuk është kisha që drejton botën, por është bota ajo që drejton kishën.

Vepra të ndryshme të Frymës së Shenjtë konsiderohen misticizëm. Mirëpo, nëse fuqia e Perëndisë nuk manifestohet në mënyrë misterioze, atëherë çfarë vlere ka ajo? Të gjitha veprat e Perëndisë janë shumë misterioze dhe të tilla duhet të jenë. Vetëm atëherë Perëndia mund të jetë i Plotfuqishmi dhe Shpëtimtari i njerëzimit.

Pastor Xherok Li nuk e përkrah besimin që është sipas botës, por përkundrazi qëndron pranë Frymës së Shenjtë, Birit Jezus dhe Perëndisë Atë. Ai gjithmonë shfaq veprat e Perëndisë nëpërmjet lutjes dhe Frymës së Shenjtë.

Autobiografia e tij, *"Jeta Ime, Besimi Im"* është një histori prekëse që na tregon besimin e vërtetë dhe jetën nëpërmjet besimit të vërtetë. Ndoshta ky libër mund të tregojë provën e gjallë të ekzistencës së Frymës së Shenjtë, të cilën njerëzit e botës moderne e kanë harruar. Në fakt, besimi dhe shkenca janë të pandara nga njëra – tjetra. Perëndia krijoi gjithçka në univers dhe çdo gjë që Ai zbulon është shkencë. Prandaj, kur Pastor Xherok Li shëron të sëmurët, zgjedh problemet e tyre dhe i mbush me frymëzimin e Frymës së Shenjtë nëpërmjet lutjes, kjo është shkencë sepse një fuqi e tillë vjen nga Perëndia por në të njëjtën kohë është edhe besim.

Këto shënime biografike janë botuar çdo javë në Christian Press dhe kanë prekur zemrat e shumë besimtarëve dhe pastorëve. Tani këto shënime janë përmbledhur në një libër në të cilin tregohen prova të besimit të gjallë dhe vepra të Frymës së Shenjtë. Ky libër përfshin histori të vërteta të jetës së tij të cilat janë prekëse në kuptimin njerëzor. Ky libër gjithashtu shfaq historinë e shërbesës së tij duke përfshirë themelimin dhe rritjen e Kishës Qendrore Manmin duke shërbyer kështu si një udhëzues që u tregon besimtarëve dhe pastorëve se si një shërbesë e vërtetë duhet te jetë.

Autobiografia e Dr. Li ka prekur dhe ka pasur ndikim te shumë pastorë dhe besimtarë. Pastorët kanë qenë shumë të interesuar në rritjen e kishës dhe në fuqinë e Frymës së Shenjtë, ndërsa besimtarët janë prekur nga shërbesat e tij të shërimit në të cilat shfaqen vepra të Frymës së Shenjtë. Kjo ndodh sepse kishat koreane në ditët e sotme kanë humbur fuqinë e Frymës së Shenjtë. Shumë kisha në të vërtetë nuk janë kisha të gjalla sepse kanë gjykuar gabimisht, si misticizëm, fuqinë e Frymës së Shenjtë. Fryma e Shenjtë nuk është "misticizëm" por është realitet dhe aktualitet.

Me bindje të plotë mund të them që Pastor Xherok Li është një nga predikuesit më të vërtetë në Kore. Janë të shumtë ata që kanë bindjen e plotë se nëpërmjet autobiografisë *"Jeta Ime, Besimi Im,"* shumë njerëz kanë arritur ta duan Zotin Jezus me më shumë pasion dhe kanë forcuar besimin e tyre të dobët. Nëpërmjet kësaj autobiografie, shumë pastorë do të mund të kuptojnë se si një kishë e vërtetë duhet të jetë, dhe në cilat kisha vepron Fryma e Shenjtë.

Gjithashtu duhet theksuar që në këtë libër do të zbulohet historia e vërtetë e incidentit të transmetimit të MBC. Pastor Xherok Li ka vuajtur shumë përndjekje nga kishat koreane të cilat duhet të ndalojnë çdo kritikë dhe përndjekje ndaj tij. Kërkoj gjithashtu që MBC t'i kërkojë falje Kishës Qendrore Manmin.

Pasi që kam lexuar autobiografinë e Pastor Xherok Li, shpresoj me gjithë zemër që të gjithë pastorët dhe besimtarët ta lexojnë këtë libër dhe të lejojnë Frymën e Shenjtë që tua hapë sytë të shohin.

**Pastor Xhongman Li**
(Kisha Metodiste; President i Përhershëm i Shoqërisë së Misionit Botëror për Rizgjimin e Krishterë)

# Përmbajtja

Rekomandim
Prova e fuqisë dhe ekzistencës së Frymës së Shenjtë

## Kapitulli 1
# Sikurse toka qe forcohet pas shiut

## Kapitulli 2
# Kënd të dëgjojmë?

## Kapitulli 3
## Çfarë kishte në mendje Jezusi ndërkohë që ngjitej në Golgota duke bartur kryqin mbi vete?

## Kapitulli 4
## Dua vetëm të përmbush vullnetin e Perëndisë

# Përmbajtja

## Kapitulli 5
## Si uji që mbulon detin

## Kapitulli 6
## Vetëm nëpërmjet emrit të Jezus Krishtit

## Kapitulli 7
# Kombet do të ecin në dritën tënde

Kapitulli 1

# Sikurse toka qe forcohet pas shiut

# Pas mbjelljes së farës së besimit

Nuk kishin kaluar shumë vite nga transferimi ynë në shenjtëroren në Guro Dong, dhe ajo u mbush plot sërish. Nuk kishim më vend as për makinat dhe as për njerëzit që hynin.

Prandaj, na duhej që shumë shpejtë ta zgjeronim shenjtëroren. Pranë ndërtesës sonë ishte një pronë rreth 1300 metra katrorë e cila ishte vënë në shitje. Por duke qenë se ende kishim për të shlyer hipotekimin e ndërtesës ku ishim në atë kohë, ishte e vështirë që ta merrnim këtë vend.

U luta për këtë dhe Perëndia m'u përgjigj që duhej ta merrnim. Për të blerë tokën, na nevojiteshin 20 miliardë uon apo rreth 20 milionë dollarë amerikanë. Por për ne ishte e vështirë të gjenim edhe 1 miliardë uon, shuma që nevojitej për të nënshkruar kontratën për tokën. Megjithatë, ne i kishim përjetuar veprat e Perëndisë çdo herë që i ishim bindur Atij, edhe në situata që dukeshin të pamundura, dhe ajo që na duhej edhe kësaj radhe ishte besimi.

Vendosa që 100 milion uon nga shuma 1 miliardë uon e parave të kontratës, t'i mbillja si shenjë besimi. Për të nënshkruar marrëveshjen që do t'i paraprinte kontratës na nevojiteshin 100 milionë uon. Perëndia më kishte bekuar gjithmonë me bollëk, por duke shpenzuar shuma të konsiderueshme parash në oferta, misione dhe punë bamirësie, nuk kisha shumë para në dispozicion. Por nëse Perëndia është me ne, a ka gjë që është e pamundur?

Kur u luta për të gjetur 100 milionë uon, Perëndia filloi të punojë në mënyra të paparashikuara. Ata që ishin shëruar nëpërmjet lutjeve të mia dhe ata që kisha ndihmuar më parë filluan të vinin nga të gjitha anët dhe më shprehnin mirënjohje.

Deri në gusht 1995, kisha qenë në gjendje të mblidhja 100 milionë uon dhe kështu mund ta nënshkruanim marrëveshjen që i paraprinte kontratës. Sipas shembullit që tregova, anëtarët e kishës filluan të kontribuonin, që nga fëmijët deri te të moshuarit. Në të vërtetë ne nuk kishim dhënë ndonjë lajmërim për të mbledhur oferta për ndërtesën, por ishte Perëndia Ai që punoi në zemrat e secilit. Anëtarët e kishës kontribuuan me oferta, vullnetarisht dhe me gëzim.

Ofertat dërgoheshin jo vetëm nga brenda vendit, por edhe nga vende të tjera. Pas pak kohësh ne ishim në gjendje të nënshkruanim kontratën. Duke iu bindur fjalës së Perëndisë, ofertat u trefishuan duke filluar që nga java që nënshkruam kontratën.

### Një në zemër

Në maj të viti 1996, ishte ngritur skeleti metalik i ndërtesës, dhe ndërtesa vazhdonte të ndërtohej. Kishim planifikuar një Takim Rizgjimi të Veçantë Dyjavor që do të fillonte me 10 qershor. Ne dëshironim që takimin e rizgjimit ta mbanim në shenjtëroren e re në mënyrë që të pranonim më shumë njerëz, por na nevojiteshin disa muaj punë përpara se të përfundonim të gjitha punimet. Duke e ditur këtë gjendje shumë mirë, anëtarët e kishës dolën vullnetarisht të ndihmonin me punimet e ndërtimit.

Disa prej anëtarëve morën leje nga punët ku punonin, dhe disa të tjerë erdhën në sheshin e ndërtimit nga vendet e tyre të punës. Ata mbajtën çimento e rërë, shtruan tulla e tjegulla. Me qindra besimtarë punuan së bashku, dhe shenjtorja u ngrit pak përpara ditës së takimit të rizgjimit.

Megjithëse tavanet nuk ishin përfunduar ende, ne ishim në gjendje që Takimin e Rizgjimit të Veçantë Dyjavor ta mbanim në shenjtoren e re. Ja çfarë rezultati kishte ecja me besim!

Dita e parë e takimit të rizgjimit ishte shumë prekëse. Perëndia na dha pesëmbëdhjetë mesazhe me pasazhin kryesor nga Gjoni 3:6 sipas një serie të titulluar, "Mishi dhe Fryma." Perëndia na dha Fjalën e Tij të jetës që anëtarët e kishës të mund të dallonin mes mishit dhe frymës. Mesazhet ishin për t'u çliruar nga mishi dhe për t'u bërë në njerëz të frymës. Në takim ndodhën shumë vepra të mëdha shërimi për t'i dhënë lavdi Perëndisë.

# Kishat e themeluara në Japoni nëpërmjet bekimit

Kur shoh njerëz të sëmurë, shpesh lutem, "Perëndi! Më lejo që t'ia largoj atij besimtari dhimbjen dhe ta shëroj."

Unë vetë kam vuajtur dhimbje të jashtëzakonshme nga sëmundjet, prandaj e ndjej dhimbjen e të sëmurëve thellë në zemrën time. Po të ishte e mundur, do të doja të isha vetë i sëmurë në vend të tyre. E njëjta gjë ndodh kur disa besimtarë kryejnë mëkate. Do të doja me dëshirë ta flijoja jetën time vetëm që Perëndia të mund t'u jepte atyre frymën e pendimit dhe të shpëtohen.

"Perëndi! Nëse nuk do të mëkatonin më, pasi Ti ta merrje jetën time, të lutem bëje tani. Le të marrin të gjithë shpëtimin."

Moisiu dëshironte që populli i Izraelit të shpëtohej edhe nëse në këmbim të kësaj do t'i kërkohej t'i fshihej emri i tij nga libri i jetës dhe të shkonte në ferr (Eksodi 32:32).

Apostulli Pal e rrëfeu dashurinë e tij duke thënë se dëshironte që populli i tij të shpëtohej edhe nëse në këmbim do t'i kërkohej që ai të mallkohej dhe të ndahej nga Krishti. Ai donte që ta kishte këtë lloj dashurie shpirtërore. Nëse anëtarët e kishës marrin jetë nëpërmjet flijimit tim, unë do të zgjidhja të flijohesha.

Në takimin e rizgjimit që mbajtëm pas ndërtimit të shenjtores së re, u regjistruan më shumë se një mijë të sëmurë. Çdo ditë kishte takime të veçanta për të sëmurët, dhe unë u luta për secilin prej tyre. Unë lutesha për ta me gjithë forcën time për më shumë se dy orë, ndërkohë vinte ora e takimit të mbrëmjes.

Unë besoj se Perëndia iu përgjigj thirrjeve të mia të zjarrta në lutje, pasi qe çdo ditë ndodhën vepra madhështore nga Fryma e Shenjtë.

Gjatë dy javëve kishte shumë punë, por ndërkohë që lutesha për shërimin e çdo të sëmuri, duke shpresuar që Perëndia të kishte mëshirë për ta, u shëruan sëmundje të pashërueshme dhe të rralla. U zhdukën qelizat e kancerit, u shëruan nga kanceri në mushkëri, në mitër dhe në fyt. Trupat e ngrirë nga paraliza u shkriftuan dhe u liruan.

Në këtë takim ishin edhe Xhekju Xhu, Sekretari i Përgjithshëm i Federatës së Rezidentëve Koreanë në Japoni, në Prefekturën Jamagata, së bashku me gruan e tij. Ata e përjetuan sërish mrekullinë e Perëndisë, ashtu si një vit më parë. Madje edhe përpara se të vinin këtu, ata kishin një tregim për të treguar.

Në maj të vitit 1995, në mes të natës, gruaja e Dhjakut Xhu përjetoi ethe dhe dhimbje të forta koke. Të nesërmen, Dhjaku Xhu duhej të nisej për në Kore për një udhëtim pune. Me vete mori gruan e tij dhe ajo u vizitua në Seul për të gjetur diagnozën.

Familja Xhu

Diagnoza ishte 'cholesteatoma tympanitis', një lloj cisti në timpanin e veshit. Doktori sugjeroi operacion të menjëhershëm.

Ajo mund ta humbte dëgjimin plotësisht, dhe sëmundja mund t'i kthehej në meningjit. Që kur ishte fëmijë në shkollën fillore, ajo kishte vuajtur nga veshi dhe kishte pasur rrjedhje infeksioni dhe i ishte dashur që vazhdimisht të përdorte medikamente.

Me këmbënguljen e së ëmës, ajo filloi të vijonte shërbesat e mëngjesit të së dielës në kishën tonë, dhe erdhi për të pranuar lutjen time. Ajo dëshmoi se ndërkohë që po pranonte lutjen, trupi iu ndje i freskët dhe dhimbja iu largua. Që nga ajo kohë ajo nuk ka pasur më rrjedhje infeksioni nga veshi dhe është liruar edhe nga dhimbjet e kokës dhe nga shqetësimet tjera.

Të nesërmen, ajo së bashku me burrin e saj morën pjesë në takimin e rizgjimit. Ata u penduan për mëkatet dhe qanë. Aty Perëndia u dha edhe dhuntinë e gjuhëve të panjohura. Në qershor 1995, ajo u kthye në Japoni dhe cisti në vesh i ishte shëruar plotësisht falë hirit të Perëndisë. Ata u mbushën me Frymën e Shenjtë duke e falënderuar Perëndinë për hirin e Tij.

Por, kur u kthyen në Japoni, ajo ndjeu që në trupin e saj po ndodhte diçka e çuditshme. Tri javë më pas, ajo shkoi për një vizitë në spital dhe zbuloi që ishte shtatzënë. Ajo ishte martuar në vitin 1991 dhe i ishte nënshtruar një operacioni në zemër. Prandaj, doktori i kishte treguar se do ta kishte vështirë të mbetej shtatzënë. Edhe nëse mbetej, do të ishte e rrezikshme për jetën e saj.

Ishte viti i pestë i martesës dhe kishin kaluar vetëm 8 muaj nga operacioni në zemër. Por ata ishin të sigurt që kjo shtatzëni ishte bekim nga Perëndia, i cili kishte shëruar edhe sëmundjen e saj të pashërueshme. Në mars 1996, atyre u lindi djali i parë, Shijongu. Gëzimi i tyre nuk zgjati shumë sepse nuk kaloi shumë dhe zbuluan që ai kishte një sëmundje të quajtur sëmundja e kretinit.

Kjo sëmundje e linte fëmijën të deformuar dhe ndalonte krijimin e hormoneve duke bërë që zgjidhja e vetme që fëmija të rritej ishte nëpërmjet përdorimit to medikamenteve hormonale. Nëse nuk do t'i merrte këto medikamente hormonale, pjesa e poshtme e trupit të tij nuk do të rritej aspak, kurse koka do t'i zmadhohej shumë duke krijuar shformim. Sëmundja, madje, mund t'i merrte edhe jetën.

Në maj 1996, çifti u lut për shërimin e djalit të tyre, Shijongut. Vitin tjetër ata erdhën sërish për të vijuar takimin e rizgjimit. Mesazhet i prekën dhe ata ishin të sigurt që djali i tyre ishte shëruar, prandaj nuk i dhanë më medikamente Shijongut, duke i lënë Perëndisë gjithçka në dorë. Pasi u kthyen në Japoni, Shijongu vazhdoi të rritej i shëndetshëm dhe normal. Pas disa muajsh, e vizituan në spital dhe konstatuan që nivelet e hormoneve ishin kthyer në gjendje normale.

Ky çift ishte i mbushur plot me hirin e Perëndisë. Ata kurrë nuk reshtën së luturi e së predikuari ungjillin. Në korrik 1997, në shtëpinë e tyre u mblodhën gjashtë vetë dhe aty mbajtën shërbesën e parë. Nga ajo kohë, numri i njerëzve vazhdoi të rritej, dhe ata kërkuan që t'u dërgohej një misionar. Kështu, në shtator 1999, ne dërguan nga kisha jonë Pastorin Kangsup Xhang. Tani, ata kanë një kishë të madhe në Jamagata dhe puna është duke u ecur për mrekulli. Çifti Xhu lindën edhe dy fëmijë të tjerë, një djalë dhe një vajzë. Tani, ata janë një familje e shëndetshme dhe e lumtur.

# Zgjerimi i misionit përtej detit

Emri im filloi të bëhej i njohur në zonën e Uashington D.C., dhe çdo vit më ftonin të vija në Shtetet e Bashkuara. Në shkurt 1996, predikova mesazhin e Zotit në Konferencën e Pastorëve dhe Kryqëzatën e Bashkuar Koreane të mbajtur nga Shoqëria e Kishave të Krishtera Koreane të Havait. Takimi u mbajt në Kishën Baptiste Koreane të Honolulusë dhe titullohej 'Na rilind'.

Meqë vetë presidenti i parë korean, Sjingman Rhi kishte themeluar një kishë në Havai, mendoja që besimi i tyre do të ishte i zjarrtë. Por kur shkova zbulova që atje nuk kishte shumë kisha dhe vështirësitë ishin të shumta. Sipas pastorëve, shumë kisha ishin mbyllur për shkak të grindjeve mes pastorëve dhe anëtarëve të kishave.

Shoqëria e Kishave të Krishtera Koreane të Havait drejtohej nga Peshkopi Xhon Park i Kishës Anglikane. Ai ishte shkrimtar dhe dukej njeri i qetë. Që në takimin e parë ai mori shumë hir.

## Ndryshon kisha në konflikt

Tri ditë predikova mesazhet 'Pse është Jezusi Shpëtimtari ynë', 'Besimi i mishit dhe besimi i Frymës', dhe 'Jetë të përjetshme duke ngrënë mishin e duke pirë gjakun e Birit të Njeriut'.

Dëgjova që në fillim, anëtarët e kishës kishin kundërshtuar që kisha e tyre të përdorej për këtë takim. Por pas përfundimit të takimit të parë, shumë besimtarë ishin prekur dhe qëndrimi i tyre kishte ndryshuar. Ata na sollën ushqime dhe gjëra të çmuara.

Kryqëzata e Bashkuar e Havait

Pasi mbaroi takimi, një nga pastorët e asaj kishe rrëfeu me lot në sy, "Kjo kishë e ka këtë problem sepse unë kam qenë arrogant. I gjithi ky është faji im." Kur ky pastor pranoi fajin dhe ndryshoi, edhe anëtarët e kishës ndryshuan. Unë e besova se Perëndia mund t'i zgjidhte të gjitha problemet e kishës dhe e falënderova Atë.

Gjatë asaj kohe, u mbajtën dy sesione konference me pastorët. U përpoqa të mbillja tek ata besimin se mund t'ia dilnin mbanë. Pas konferencës, një pastor i moshuar më rrëfeu me lot në sy, "Kisha ime nuk ka asnjë faj. Faji është i gjithi i imi. Unë kam qenë i lig."

Një pastor tjetër më tha, "Nuk dija ku të shkoja, dhe mendoja

Fushata e Madhe Ungjillëzuese në Uashington

se do të vdisja. Por mora hir dhe forcë dhe tani kam besim se mund t'ia dal mbanë." Ndërsa një tjetër më tha, "Kam pasur besim në veten time si mësues shpirtëror, por tani do të mësoj sërish nga fillimi." Ky rrëfim ishte prekës dhe vinte nga përulësia.

Pas përfundimit të të gjitha takimeve, u përshëndeta me pastorët. Peshkopi Xhon Park tha, "Kam dëgjuar se apostuj kishte para 2000 vitesh, por tani edhe te ti shoh një apostull." Shumë pastorë erdhën në aeroport duke shprehur me lot ndjenjën e mungesës sepse do të largohesha. Këta lot prekën edhe zemrën time.

## Ai që u shërua në ëndërr

Nga 26 deri 28 shtator 1997, u mbajt 'Fushata e Madhe e Ungjillëzimit' nga Washington Christian Radio System, në një kishë në shtetin e Virxhinias, me titull 'Zot, jepi jetë Uashingtonit dhe Baltimorës'.

Ishin të shumtë koreanët me banim në Shtetet e Bashkuara që erdhën në takim nga Uashington D.C., Merilend, Virxhinia, Nju Jork Siti, dhe madje edhe nga larg, deri nga Torontoja e Kanadasë. Atje unë predikova mesazhet me titull, 'Pse është Jezusi Shpëtimtari ynë?', 'Besimi i mishit dhe besimi i Frymës', 'Jetë të përjetshme duke ngrënë mishin dhe duke pirë gjakun e Birit të Njeriut'.

Në konferencat e pastorëve që u mbajtën gjatë rizgjimit, predikova mesazhin me titull 'Sekreti i rritjes së Kishës' dhe aty erdhën shumë pastorë nga denominacione të ndryshme.

Ditën tjetër, në 29 shtator, në Kishën Presbiteriane Koreane të Bashkuar të Baltimorës u mbajt Kryqëzata e Bashkuar Kore-Amerikë nga Shoqata e Kishave Koreane të Merilendit. Ky takim rizgjimi u ndoq jo vetëm nga koreanët, por edhe nga rreth 1,500 banorë vendas jo koreanë, duke e bërë atë një festim për bashkimin e popujve të ndryshëm.

Megjithatë, djalli veproi për të më penguar të flisja në këtë takim. Takimi do të mbahej në kishën e një pastori, por më pas u krijua një keqkuptim pasi ai kishte dëgjuar disa shpifje që ishin përhapur kundër meje. Si rezultat, ai kundërshtoi që unë të flisja në kishën e tij dhe nuk dëshironte që kisha e tij të përdorej për takimin tonë.

Por, Perëndia i shkatërroi planet e Satanit nëpërmjet një ëndrre që ky pastor kishte pasur. Ai kishte një sëmundje kronike shpine, dhe doktorët i kishin vendosur në shpinë më shumë se 10 kunja metalike. Dhimbja që ai kishte në kurriz ishte vërtet e madhe.

Por përpara takimit, unë iu shfaqa në ëndërr duke i dhënë aspirina. Pasi u zgjua, dhimbja i ishte larguar. Ai ishte shëruar në mënyrë të mrekullueshme dhe ishte shumë i çuditur. Më pas tha, "Është vullneti i Perëndisë që ky takim të mbahet. Pastori Xherok Li nuk është njeri i zakonshëm. Ai është një shërbëtor me të cilin Perëndia punon."

Ai bindi edhe pastorë të tjerë, dhe takimi i rizgjimit pati sukses.

Takimi i rizgjimit u mbajt në kishën e mrekullueshme të pastorit, të ndërtuar me drunj kedri. Ai u çudit kur më pa sepse isha pikërisht personi që ai kishte parë në ëndërr. Ai na mirëpriti me shumë ngrohtësi.

Atë ditë, predikova mesazhin me titull, 'Le të jemi një në Zotin' për shkak të një konflikti mes koreanëve dhe disa afro-amerikanëve, konflikt i cili mund të zgjidhej vetëm në Zotin. Prandaj, i nxita t'i mposhtnin ndarjet racore me dashurinë e

Zotit.

Ky akt kontributi për zbutjen e tensionit mes racave u organizua nga shteti i Merilendit. Guvernatori i Merilendit në shenjë mirënjohje më dha një pllako ndërsa Kryebashkiaku i Baltimorës më dha certifikatën e qytetarit të nderit. E gjitha kjo ishte hiri i Perëndisë.

## Pastorët argjentinas me etje shpirtërore

Në vitin 1996, nga data 21 deri 23 korrik, në Buenos Aires predikova një predikim me titull 'Sekreti i rritjes së kishës' në një konferencë pastorësh dhe në një takim rizgjimi për koreanët e atjeshëm. Konferenca u përkrah nga shumë organizata të krishtera në Argjentinë.

Më shumë se një mijë pastorë morën pjesë në këtë konferencë dhe shumë prej tyre u prekën. Me kërkesën e tyre e njëjta lloj konference u mbajt sërish një vit më vonë.

Konferenca e dytë e pastorëve dhe takimi i rizgjimit u mbajtën në Universitetin Kombëtar Matansa, në Buenos Aires, nga data 15 deri 16 tetor. Organizatorët prisnin që atje të merrnin pjesë rreth 300 pastorë, por në fakt erdhën më shumë se një mijë prandaj u desh ta ndryshonim vendin e evenimentit dhe të shkonim në kishën më të madhe atjc.

Malli dhe etja e pastorëve ishte aq e madhe sa e vazhduam konferencën deri në orën tre pasdite duke e lënë drekën. Pastorët dëshironin aq shumë ta dëgjonin mesazhin saqë munda ta përfundoj atë, vetëm pasi u premtova që sërish do të mbanim një konferencë tjetër. Në konferencën e dytë të pastorëve dhe në takimin e rizgjimit morën pjesë tetë mijë njerëz.

Ambasadori korean në Argjentinë në atë kohë, mori pjesë

Konferenca e Pastorëve në Argjentinë (1996)

Dedikimi i kishës me Kryebashkiakun Barella

Kryqëzata në Argjentinë

në takim dhe tha, "Falënderoj Pastorin Xherok Li që i dha Argjentinës besimin e zjarrtë të kishave koreane të cilat përhapin ungjillin." Ai e vlerësoi shumë këtë takim rizgjimi duke thënë se ishte një kontribut i madh diplomatik nga sektori civil.

Në këtë takim, shumë njerëz u shëruan nga veprat e mrekullueshme të Frymës së Shenjtë. Kjo ishte e vërtetë sidomos për Pastorin Eduador Lecio, Presidentin e Shoqatës së Kishave të Krishtera të Argjentinës. Ai u shërua nga kanceri i lëkurës, problemet kronike që kishte me stomakun dhe i dha lavdi Perëndisë.

# Jetë që kthehen nga dëshpërimi drejt shpresës

Të gjithë kanë periudha të mira dhe të këqija në jetë. Por nëse kanë sëmundje të pashërueshme ose i zbulojnë tepër vonë sëmundjet që kanë dhe nuk mund t'i shërojnë nëpërmjet medikamenteve, atëherë njerëzit mund të bien në dëshpërim. Por dashuria e Perëndisë nuk e thërrmon kallamin e thyer dhe nuk e shuan kandilin që tymos. Në dashurinë e Tij Ai gjithmonë u shfaq mrekulli atyre që ecin përpara me besim.

## Zhdukja e një tumori tre kilogramësh

Dhjake Sunshim Kang filloi të frekuentojë kishën Jeosu Manmin. Në qershor 1997, ajo ndjeu një të fryrë të madhe sa një vezë. Por kur u zgjua në mëngjes, trupi i ishte ënjtur. Ajo ndjente rëndesë në pjesën e poshtme të stomakut dhe përveç kësaj, ecte me vështirësi dhe lodhej shumë shpejt.

Me 14 qershor, ajo u vizitua në spitalin Xheonam. Ajo kishte një cist të rëndë tre kilogram, një tumor i quajtur fibroidë e uterusit. Kanceri në uterus ishte në fazën e fundit. Doktori tha që edhe nëse e hiqnin tumorin, ai kishte më shumë se 10 rrënjë të vogla rreth e rrotull, dhe ishte i pashërueshëm dhe vdekjeprurës.

Ajo mund të ecte vetëm me ndihmën e të tjerëve. Kur shtrihej, barku nuk i futej brenda por më shumë i dilte jashtë, për shkak të tumorit. Në vend që t'i nënshtrohej operacionit të kotë, ajo kërkoi mëshirën e Perëndisë dhe mori lutjen për të sëmurët që ishte regjistruar në sistemin automatik të sekretarisë sonë telefonike.

Ajo kishte parë dhe kishte dëgjuar veprat e Perëndisë në Kishën Jeosu Manmin dhe besonte se do të shërohej nëse do të kishte besim te Perëndia.

Dy vjet më parë, në maj të vitit 1995, Dhjake Sunshim Kang kishte ungjillëzuar tezen e saj, Eumxheon Kim, dhe së bashku kishin marrë pjesë në takimin e tretë të rizgjimit. Kjo grua e moshuar nuk i kishte dy kërce nga kurrizi. Kurrizin e kishte të përkulur nëntëdhjetë gradë, dhe kishte dhjetë vite që nuk ecte dot drejt.

Kurrizi iu drejtua pasi mori lutjet që herën e parë gjatë takimit të rizgjimit, megjithëse për të nuk kishte shërim mjekësor. Që nga ajo kohë, Eumxheon Kim ka ecur pa vështirësi me kurriz të drejtë.

Në 25 qershor 1997, dhjake Kangu dëgjoi se unë do të mbaja një takim rizgjimi për përurimin e shenjtërores së re në Kishën Ulsan Manmin, prandaj ajo erdhi atje. Ajo kishte besim se do të shërohej nëse do të pranonte lutje nga unë. Perëndia e shëroi sipas besimit të saj.

Kur mori lutje, zjarri i Frymës së Shenjtë punoi në të. Që

nga ajo kohë, ajo nuk e ndjeu më fryrjen në pjesën e poshtme të stomakut, dhe të gjitha simptomat i ishin zhdukur. Kur shkoi në spital një muaj më vonë, doktori ishte i çuditur shumë.

"Kur u operove për të hequr tumorin?"

"Nuk u operova. U shërova nga lutjet e një pastori. Më shëroi Perëndia."

Ajo u shërua plotësisht, dhe tani është një punëtore e devotshme për Perëndinë.


## Shërimi nga helmimi me kemikale

Në shërbesën e përurimit të shenjtërores së re të Kishës Ulsan Manmin, Okja Kim kishte ardhur me rroba spitali. Ajo kishte diçka për të thënë.

Ajo ishte martuar në moshën 18 vjeçare dhe familja e tyre ishin fermerë. Pasi pësoi një aksident, ajo nuk mund të lindte dot dhe çdo ditë e jetonte me ndjenjën e fajit.

Ajo kishte shumë probleme në familje dhe me datën 17 qershor 1997, pati një zënkë me pjesëtarët e familjes dhe më pas nga dëshpërimi piu një shishe të tërë me një kemikat të quajtur 'Gramoxone'. Familja e dërgoi në spital.

Doktori tregoi se ky helm ishte shumë i fortë dhe që mund të shkaktonte vdekje dhe nëse prekeshin buzët. Për këtë nuk kishte kundërhelm, dhe nuk do të mund të jetonte më shumë se pesëmbëdhjetë ditë. Doktori u tregoi anëtarëve të familjes së saj të përgatiteshin për funeralin. Por vëllai i saj i vogël, i cili vijonte në kishën tonë, i predikoi asaj Ungjillin dhe i dha të dëgjonte, predikimet e 'Mesazhit të Kryqit'. Ai u kujdes që ajo të merrte edhe "Lutjen për të sëmurët" nga sistemi automatik i sekretarisë sonë telefonike.

Pastori dhe anëtarët e Kishës Guangiu Manmin u kujdesën për të me dashuri, dhe mbollën brenda saj besimin. Asaj iu kthye dëshira për të jetuar dhe me 25 qershor erdhi në Kishën Ulsan Manmin. Në momentin kur isha duke u lutur mbi të, ajo filloi të djersinte pa pushim.

Gjatë gjithë rrugës së kthimit drejt Guangiut, pas mbylljes së takimit të rizgjimit, ajo vazhdoi të djersinte deri sa rrobat iu ujitën nga djersët. Trupin e kishte shumë të nxehtë dhe dhimbja

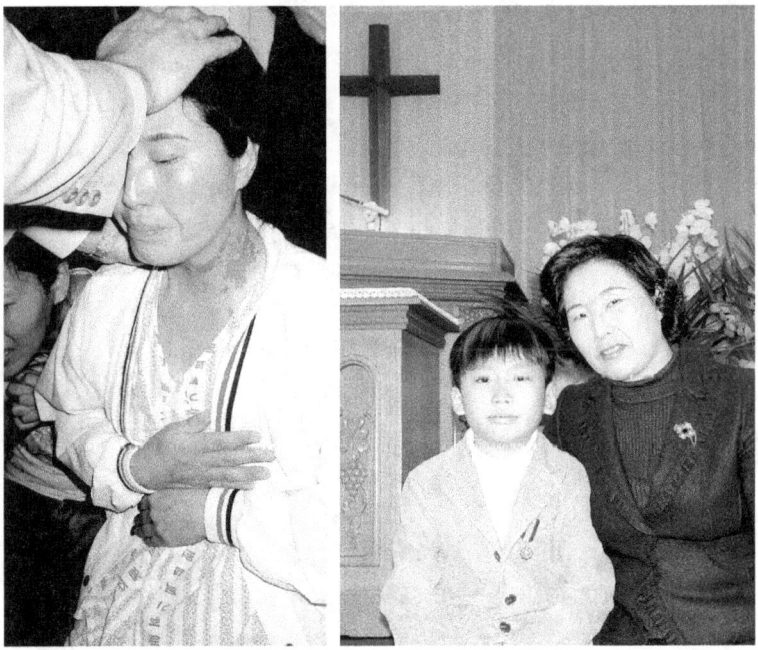

Okja Kim shërohet nga helmimi dhe lind fëmijën e parë pas 21 vitesh martese

i vazhdonte. Më vonë ajo e kuptoi që kjo po ndodhte sepse helmi i kemikalit që kishte pirë po i largohej nga trupi. Ishte momenti kur zjarri i Frymës së Shenjtë po e digjte helmin.

Mëngjesin tjetër ndodhi një mrekulli. Dhimbja i ishte zhdukur dhe të gjithë trupin e ndjente mirë, ndërsa në zemër kishte paqe. Doktorët u çuditën dhe i bënë një kontroll të plotë. Ezofagu i saj i dëmtuar, mëlçia, mushkëritë e kalbura, dhe të gjitha pjesët e tjera të trupit ishin shëruar dhe i ishin kthyer në normalitet.

Kur kishte pirë kemikalin, një pikë prej tij i kishte rënë mbi syrin e majtë, dhe syri pothuajse i ishte shkatërruar. Pas kësaj, ajo duhej ta kishte humbur shiqimin nga ai sy, ose duhej të kishte probleme serioze me shikim, por disa ditë pas lutjes, syri iu shërua dhe shikimi iu kthye si më parë.

Në nëntor të vitit 1997, Okja erdhi në Seul me anëtarët e Kishës Guangiu Manmin për të vijuar shërbesën e natës që mbahej të Premteve dhe unë sërish u luta mbi të. Pas një muaji ajo ndjeu se me të po ndodhte diçka e çuditshme. Kur shkoi në spital për t'u kontrolluar, mësoi që ishte shtatzënë! Më parë për shkak të problemeve me trupin e saj, ajo nuk mund të lindte fëmijë. Por me bekimin e Perëndisë, ajo mbeti shtatzënë pas njëzet e një vitesh martese.

Zemra e saj ishte thyer nga shumë situata të vështira sepse nuk mund të lindte fëmijë. Por kur u prek nga Perëndia, ajo u shërua në moment. Ajo lindi një djalë dhe tani jeton një jetë të lumtur.

## Puna e Frymës së Shenjtë nëpërmjet lutjeve përmes sistemit automatik të sekretarisë së kishës sonë

Veprat e Perëndisë së plotfuqishëm ndodhën edhe përmes

gjërave pa jetë, si makineritë. Ilgon Ço i dhuroi kishës një sistem automatik të sekretarisë së kishës sonë me regjistrimin e lutjes për të sëmurët.

Ndërkohë që ai vijonte kishën tonë, vajza e tij u shërua nga një infektim i veshit të brendshëm, dhe ai vetë u shërua nga një sëmundje kronike e lëkurës. Perëndia shfaqi shumë vepra të fuqishme të Frymës së Shenjtë nëpërmjet kësaj lutjeje të regjistruar në sistemin automatik.

Ja se çfarë ndodhi në familjen e Daljong Li në vitin. Motra e tij Boksun Li po kujdesej për nipin e saj dy muajsh Xhangtaek. Fëmijës iu fut në gojë një kokërr e madhe rrushi, ai e gëlltiti dhe i ngeci në fyt. Fëmija u nxi në fytyrë dhe filloi të humbë ndjenjat ngaqë nuk merrte frymë.

Kokrra e rrushit kishte bllokuar kanalin e frymëmarrjes dhe Boksun Li së bashku me të ëmën e fëmijës, e dërguan në spitalin e zonës. Kokrra e rrushit kishte ngecur në mushkërinë e djathtë dhe në të kishte krijuar një vatër gjaku. Mushkëria e majtë ishte zmadhuar dhe kjo ishte fatale për trurin.

Në reanimacion, fëmija po humbiste ndjenjat dhe retina e syve po i thahej. Madje as maska e oksigjenit nuk mund ta ndihmonte të merrte frymë. Pas goditjeve me rrymë elektrike zemra rrahu lehtë, por kjo zgjati vetëm tridhjetë minuta.

Kur i ati i fëmijës i tha doktorit që do ta çonte fëmijën në një spital tjetër, në fillim doktori nuk pajtohej. Ai i shpjegoi që edhe nëse fëmija do të mbijetonte ai do të ishte i vonuar mendërisht ose i paralizuar, sepse truri tashmë i ishte dëmtuar. Doktori i tregoi të atit të fëmijës të mos ia shtonte vuajtjet dhe vështirësitë.

Por, fëmija u shtrua në Qendrën Mjekësore Samsung me kusht që spitali të mos ishte përgjegjës për jetën e tij. Për shkak të dehidratimit atij duhej t'i jepnin serum por nuk mund t'ia gjenin venat. Doktori i tregoi që fëmija ishte shumë i vogël për t'u operuar dhe kishte shumë pak shpresa për mbijetesë.

Në atë kohë, Daljong Li dhe gruaja e tij nuk ishin besimtarë. Por pas këshillës së motrës së tij, Bukson Li, ata morën lutjen e regjistruar në sistemin automatik të sekretarisë telefonike të kishës. Bukson Li u lut për fëmijën duke agjëruar tri ditë. Edhe Daljong Li agjëroi për tri ditë dhe mori çdo ditë nëpërmjet telefonit lutjen e regjistruar. Pas kësaj, fëmija filloi të ndjehej më mirë.

Në kohën kur mbaroi agjërimi treditor, fëmija u transferua nga reanimacioni në pavijonin e përgjithshëm. Brenda një jave, fëmija që ishte duke vdekur, u shërua plotësisht. Sipas doktorëve nëse do të jetonte do të kishte probleme në tru, por gjithçka në

Daljong Li dhe djali i tij Xhungtaek përjetojnë hirin e Perëndisë (1996)

Xhungtaek është një djalë i shëndetshëm tani.

trurin e tij ishte në rregull. Edhe farat e rrushit në mushkëri ishin zhdukur. Perëndia i shkriu ato me zjarrin e Frymës së Shenjtë. Doktorët nuk kuptonin më asgjë.

Me këtë përvojë, Daljong Li dhe gruaja e tij filluan të besonin në dashurinë dhe pushtetin e plotfuqishëm të Perëndisë. Ata e pranuan Zotin dhe u bënë të krishterë. Djali i tyre Xhangtaek tani rritet si një fëmijë i mbarë duke qenë i dashur në kishë dhe në shkollë.

### Shërbimet me satelit

Shërbimet e kishës sonë transmetohen në të gjithë Korenë nëpërmjet satelitit. Nëpërmjet këtij shërbimi satelitor, në degët e kishës sonë janë shfaqur veprat e Frymës së Shenjtë. Në korrik 1998, Eunkjeong Shin u shërua nga sëmundja e saj herën e parë që erdhi në Kishën Masan Manmin.

Nëna e Eunkjeongut i kishte thënë, "Eunkjeong, kam ndjekur shërbesën në Kishën Masan Manmin, dhe gjeta paqe. Pse nuk vjen edhe ti me mua?"

Eunkjeong ishte në klasë të tetë në atë kohë. Ajo u çudit kur dëgjoi nënën e saj jobesimtare që e nxiste të shkonte në kishë me të. Kështu që, ajo filloi të vijoj në Kishën Masan Manmin. Që nga koha kur ishte në klasë të tretë ajo vuante nga neuroza, dobësia e përgjithshme, mungesa e oreksit, gastriti, dhimbjet e kokës dhe e kishte të vështirë të studionte.

Kur ishte në klasën e katërt, papritur frymëmarrja filloi t'i vështirësohej. Ndërkohë që i binte kraharorit me grushte, asaj i ra të fikët dhe e dërguan në spital. Ndërsa, kur hyri në shkollë të mesme u sëmur me herpes. I gjithë trupi i kruhej dhe i shponte. Nga dhimbjet e forta të kokës nuk e zinte gjumi, dhe i dukej sikur koka do t'i shpërthente.

Ajo ishte aq e dobët sa dukej kockë e lëkurë. Ndërkohë ajo merrte medikamente por nuk shërohej lehtë. Edhe pjesëtarët e familjes së saj vuanin bashkë me të. Eunkjeongu kishte shkuar në kishë që kur kishte qenë e vogël, por nuk kishte besim të vërtetë. Ajo kishte gjithmonë dhimbje dhe nuk kishte shpresa në jetë.

Me 12 korrik 1998, ajo shkoi në shërbesën e së dielës në Kishën Masan Manmin. Pas mesazhit, vijuan lutjet për të sëmurët, dhe besimtarët vendosën duart mbi të dhe u lutën. Në atë moment, Perëndia nëpërmjet zjarrit të Frymës së Shenjtë e shëroi atë nga të gjitha sëmundjet.

Të gjitha dhimbjet i ishin larguar menjëherë. Që nga ajo kohë, ajo nuk ka marrë më medikamente dhe jeton një jetë të shëndetshme dhe këndon në kishën tonë si soliste.

# Parashikimi i krizës financiare, para FMN-së

Në 2 nëntor 1997, në shërbesën e mëngjesit të së dielës, lajmërova se kisha siguruar bileta autobusi të cilat mund t'i merrnin te recepsioni i kishës. Të gjithë mund t'i përdornin për të ardhur në kishë.

Në atë kohë nuk ishin të shumtë ata koreanë që kishin dëgjuar për FMN-në, Fondin Monetar Ndërkombëtar. As unë nuk e njihja, por duke qenë se Perëndia lejoi që unë të dija se ekonomia koreane do të kalonte një situatë të vështirë, sigurova bileta autobusi për anëtarët e kishës që kishin vështirësi financiare.

Nuk kaloi as një muaj nga ajo kohë dhe shtypi filloi të fliste për periudhën e FMN-së në Kore. Në 21 nëntor 1997, vendi hyri zyrtarisht në krizë financiare. Qeveria kërkoi një kredi nga FMN-ja dhe ekonominë koreane e përfshinë trazirat. Shumë kompani falimentuan dhe një numër i madh njerëzish humbën vendet e punës dhe u hodhën në rrugë.

Edhe unë u përpoqa ta shtrëngoja buxhetin. U kërkova

pjesëtarëve të familjes të mos vendosnin në tavolinë më shumë se tre pjata përveç orizit. U kërkova edhe të mos shkonin shpesh në treg. Ishte e qartë që duhej ta shtrëngoja unë rripin i pari, sepse anëtarët e kishës ishin në vështirësi financiare.

Për krizën ekonomike që do të vinte unë isha vënë në dijeni shumë kohë më parë. Në dhjetor 1995, Perëndia lejoi që unë të dija se në Kore do të pllakoste një krizë ekonomike dhe më tha të shtrëngoja buxhetin e kishës.

Kështu, me 28 janar 1996, predikova "Bekimet nëpërmjet vështirësive" në shërbesën e devocionit të punonjësve të kishës. E këshillova kishën ta reduktonte buxhetin në çdo fushë. Unë vetë nuk shpenzova asgjë nga paga apo nga buxheti i aktiviteteve si pastor dhe të gjitha ia ktheva Perëndisë ashtu siç m'u dhanë.

Kur ata që shëroheshin dhe merrnin hir nga Perëndia nëpërmjet lutjeve të mia shprehnin mirënjohjen e tyre, ofertat e tyre i mblidhja dhe ia jepja Perëndisë për bamirësi dhe për misionarët.

Perëndia më dha bekime të shumta financiare, por unë e kam zakon që të kursej edhe qindarkat. Këtë e bëj që të mund të ndihmoj edhe një njeri më shumë, dhe që të zhvillohen shumë punë nga misionarët.

Kisha jonë nuk ishte në gjendje shumë të mirë financiare, por megjithatë ne ndihmuam disa kisha të tjera që ishin në vështirësi, sidomos kisha në zonat rurale, pavarësisht nga denominacioni. Kisha dha gjithçka që mundi për bamirësi dhe për bursat e studentëve në mënyrë që asnjë anëtar të mos vuante nga uria dhe që asnjë studentë të mos i ndërpriste studimet për shkak të mospagimit të shkollës.

# Pesëmbëdhjetë vjetori i Kishës

Në 12 tetor 1997, erdhën shumë të ftuar për të festuar 15 vjetorin e kishës sonë. Në atë kohë, kishim një të ftuar të veçantë. Për të festuar përvjetorin tonë na vizituan Plaku Hiho Li, gruaja e Kim Daexhungut (presidentit të Partisë së Bashkuar të Njerëzve të Politikës së Re), dhe një anëtar nga bordi i Fondacionit të Paqes Azi-Paqësore.

Me kalimin e viteve, duhej të merrnim pjesë në më shumë misione të kishave koreane, dhe kishte gjithnjë e më shumë kërkesa për përkrahjen tonë. Kështu edhe grupet e shfaqjeve të kishës sonë ishin shumë të zënë me punë. Në 5 shkurt 1998, isha i ftuar si predikues në Malin e Lutjes dhe Agjërimit Osanri. Në datën 19 maj, mora pjesë në "Lëvizjen Kundër Dhunës në Shkolla" si president administrativ i Komitetit të Ndjekjes së Ungjillëzimit.

Orkestra Nissi e kishës sonë po bëhej e njohur brenda komunitetit të krishterë dhe luanin në shumë evenimente.

Hiho Li, ish Zonja e Parë e Koresë merr pjesë në 15 vjetorin e Kishës

Ata luajtën në konferencën 'Ta mposhtim krizën kombëtare nëpërmjet lutjes' e cila u mbajt në Stadionin Kryesor Olimpik Jamsil, në 'Koncertin Bamirës për Njerëzit në Nevojë, në 'Koncertin e Lavdërimit' të mbajtur nga Komiteti i Ndjekjes së Ungjillëzimi, në Festivalin e 15të Muzikor të Festimit të Pashkës të mbajtur nga CBS (Christian Broadcasting System), në 44-vjetorin e CBS, dhe në CBS Vizionin e Lëvizjes së Shekullit XXI. Ata gjithashtu performuan edhe në shumë shfaqje të tjera në mbarë vendin.

Predikimet e mia u transmetuan për 980 minuta në javë në

FEBC (Far East Broadcasting Center) dhe në CBS (Christian Broadcasting Station). Predikimet u transmetuan edhe në vende të tjera duke përfshirë Shtetet e Bashkuara, Rusinë, Kanadanë dhe Australinë.

Në gusht 1998, kisha jonë filloi transmetimin e drejtpërdrejtë në internet. Nëpërmjet këtij transmetimi ndodhën edhe shumë vepra shërimi. Në shenjtëroret lokale në Kore, shërbesat e drejtpërdrejta kanë filluar të transmetohen që nga dhjetori i vitit 1996.

Lëvizja "Kundër dhunës në shkolla"

Shërbesa inauguruese e Misionit "Kampionati Botëror 2002"

Orkestra Nissi në evenimente të ndryshme krishtere

# Perëndia dëshiron grurin

Zgjerimi i punës sonë në mision ishte i rëndësishëm, por detyra kryesore e punës së një pastori është t'i kthejë besimtarët në grurë, ashtu siç shkruan në Mateu 3:12. Aty thotë, *"Ai mban në dorë terploten dhe do ta pastrojë plotësisht lëmin e tij; grurin e tij do ta mbledhë në hambar, por bykun do ta djegë me zjarr të pashueshëm."*

Perëndia dëshiron që fëmijët e tij të bëhen grurë i vërtetë, dhe kjo është arsyeja pse Ai kujdeset dhe i rrit njerëzit. Të krishterët duhet të jenë në gjendje të dallojnë nëse janë grurë i vërtetë që do Perëndinë dhe jeton sipas fjalës së Tij, apo byk që do botën dhe bën kompromise me botën me epshin e mishit, epshin e syve dhe krenarinë e kësaj jete.

Gruri mund të marrë jetën e përjetshme dhe shkon në parajsë, por byku do të hidhet në zjarrin e ferrit dhe do të vuajë përgjithmonë. Nëse shkojmë në parajsë, do të kemi vende të ndryshme ku do të banojmë dhe lavdi të ndryshme, sipas besimit

dhe veprave tona. Shumë pjesë të Biblës e dëshmojnë këtë fakt.
Apostulli Pal flet për ringjalljen te 1 Korintasve, kapitulli
15, *"Tjetër është lavdia e diellit dhe tjetër lavdia e hënës dhe
tjetër lavdia e yjeve; sepse ndryshon në lavdi ylli nga ylli"* (1
Korintasve 15:41). Sipas asaj që kemi bërë në këtë tokë, do të
marrim lavdinë e qiellit, lavdinë e hënës, ose lavdinë e yjeve.

## Të duash Perëndinë

Te Gjoni 14:15 është shkruar se Jezusi tha, *"Nëse më doni,
zbatoni urdhërimet e Mia."* Të mbash urdhërimet e Tij do të
thotë të bësh atë që Perëndia na këshillon të bëjmë, dhe të mos
bëjmë ato që Ai na tregon të mos bëjmë, të largojmë atë që na
tregon të largojmë dhe të mbajmë Ligjin e Tij.

Fjalët e Urta 8:13 thotë që të kesh frikë nga Perëndia është të
urresh të keqen, dhe te 1 Thesalonikasve 5:22 thotë se ata që e
duan me të vërtetë Perëndinë do të largojnë prej tyre çdo lloj të
keqe.

Nëse jetojmë në dritë dhe sipas fjalës së Perëndisë, zemra
jonë mund të bëhet sipas zemrës së Perëndisë dhe ne mund të
bëhemi njerëz të frymës. Nëse jemi besnikë në të gjithë shtëpinë
e Perëndisë dhe rritemi për t'u bërë njerëz të plotë të frymës,
atëherë mund të kemi edhe cilësitë që duhen për te hyrë në
Jerusalemin e Ri.

Kur isha i vogël, nëna shkonte në treg duke mbajtur një
ngarkesë të rëndë mbi kokë. Rruga më e shkurtër ishte 12km,
pra 24km vajtje-ardhje. Kur isha rreth 5 apo 6 vjeç, gjithmonë e
ndiqja nga pas kur shkonte në treg.

Më duhej të ecja që herët në mëngjes deri në mbrëmje vonë,
por nuk tregoja që këmbët më dhembnin shumë sepse doja të

rrija me nënën në vend që të qëndroja vetëm në shtëpi. Kishte shumë gjëra për t'i parë në treg, dhe ata që e tërhiqnin komplet vëmendjen time ishin shitësit e ëmbëlsirave.

Goja më lëshonte lëng sapo i shikoja ëmbëlsirat. Në shtëpi ne hanim patate të ëmbla dhe misër mes. Por ato nuk mjaftonin dhe nuk kishte mundësi që nëna të mos e kishte vënë re dëshirën time për ëmbëlsirë.

Pastaj dëgjova zërin e saj kur më tha, "Xherok, a do një ëmbëlsirë?"

Ajo po bëhej gati të nxirrte nga xhepi një uon, të cilin e kishte ruajtur. Në atë moment unë e tërhoqa nga krahu dhe i thashë, "Mami, nuk e dua. Eja të ikim nga këtu."

Me një uon, mund të blinim shumë ëmbëlsira. Por nëna ime kishte ecur në këmbë që të kursente paratë e biletës së autobusit. Një uon ishte shumë për të. Unë e dija këtë dhe u përpoqa ta mposhtja oreksin që kisha për ëmbëlsira.

U përpoqa aq sa munda të mos u shkaktoja shqetësime prindërve të mi, por t'i kënaqja ata. Që kur kam njohur Perëndinë, Atin e frymës time, dëshira ime e vetme është t'i pëlqej Atij.

Nëse kam ndonjë të keqe brenda meje që Perëndia e urren, sa i trishtuar do të ishte Ai! Nuk do të mund ta pranoja dot një të keqe të tillë. Prandaj, fillova ta largoj të keqen nga zemra ime duke agjëruar dhe duke u lutur.

Kapitulli 2

# Kënd të dëgjojmë?

# Perëndia më shfaqi gjërat që do të ndodhnin

Që nga shërbesa e Vitit të Ri 1998, derdhja lot vazhdimisht. Shpesh derdhja lot gjatë predikimit përpara kishës. Kjo vazhdoi për një vit. Perëndia lejoi që unë të kuptoja se në kishë do të kishim sprova dhe disa do të më tradhtonin për motive egoiste, prandaj unë lutesha duke vajtuar.

Perëndia më tha se nëpërmjet tri sprovave, Ai do të shkulte barërat e këqija dhe do të ndante grurin nga byku. Ishte mrekulli e Perëndisë përmbushja e misionit botëror dhe ndërtimi i Shenjtërores së Madhe nga fëmijët e Tij të shenjtëruar.

Në maj 1998, pasi përfundoi takimi i rizgjimit, Perëndia më tregoi një vegim të Shenjtërores së Madhe që do të ndërtohej në fund të kohës sipas vullnetit të Perëndisë. Ai më tregoi edhe një skenë pak pas Rrëmbimit të besimtarëve. Pashë shumë njerëz që ndiqnin shërbesën e adhurimit në Shenjtëroren e Madhe. Në një moment, tavani i Shenjtërores u hap në formë kryqi dhe shumë besimtarë u morën në ajër. Trupat e atyre që u morën u kthyen në trupa shpirtërorë të veshur me pëlhura të bardha.

Por pashë edhe disa që nuk u morën në ajër, por u lanë mbi tokë. Kur panë që nuk ishin marrë me të tjerët, i kapi një dëshpërim i madh. Disave u ra të fikët nga zhgënjimi. Disa të tjerë filluan të vajtojnë e të godasin dyshemenë.

Mes atyre që nuk u morën në ajër kishte pastorë dhe besimtarë që shërbenin me mua. Unë sigurisht e dija pse kjo kishte ndodhur. Ata mendonin që ishin besimtarë, por në sytë e Perëndisë, ata nuk ishin grurë, por byk.

Ata që mbetën mbi tokë me zemra të thyera u penduan, por dera e shpëtimit ishte mbyllur. Ata u mblodhën në Shenjtëroren e Madhe për t'u lutur e për të lavdëruar Perëndinë. Por Fryma e Shenjtë nuk ishte më mbi tokë, dhe ata nuk mund të merrnin hir nga Perëndia. Bota ku ata ishin, ishte bota e së ligës e kontrollohej nga djalli, prandaj ata nuk mund t'i ndihmonte dot Fryma e Shenjtë.

## Dasma festuese në qiell dhe vuajtje dhe fatkeqësi mbi tokë

Besimtarët që janë si gruri do të tërhiqen në ajër, do të takojnë Perëndinë dhe do të marrin pjesë në Dasmën që do të zgjasë shtatë vite. Koha që do të kalojnë do të jetë si në ëndërr. Ndërkohë mbi tokë do të ketë shtatë vite vuajtje dhe fatkeqësi. Gjatë kësaj kohe, siç është shkruar në Librin e Zbulesës, do të shpërthejë Lufta e Tretë Botërore. Kombet më të forta do të përdorin armët e shkatërrimit në masë dhe armët bërthamore. Toka do të përjetojë vuajtje dhe fatkeqësi që nuk i ka përjetuar ndonjëherë.

Shenjtërorja e Madhe e ndërtuar nga kisha jonë ishte në pronësi nga një grup njerëzish të këqij dhe përdorej si vend torturimi. Disa do t'u mbijetojnë vuajtjeve të Luftës së Tretë Botërore, por në momentin kur do të shfaqet Antikrishti, askush prej tyre nuk do të jetë në gjendje të vazhdojë të jetojë pa marrë mbi vete shenjën 666. Kjo do ndodh sepse Antikrishti do t'i ndalojë njerëzit të shesin apo të blejnë pa pasur shenjën në ballë ose në dorën e djathtë (Zbulesa 13:16-18).

Shenja e numrit është njësoj si të kesh biletën për në ferr, dhe ata që e dinë këtë gjë do të largohen drejt maleve për të mos marrë shenjën. Por ata do t'i ndjekin dhe do t'i kapin. Dhe nëse refuzojnë të marrin shenjën 666, do t'i torturojnë.

Perëndia më tregoi skenat e torturave. Mjetet e torturës ishin të frikshme dhe me teknologji të sofistikuar. Disa e mohuan Jezusin gjatë torturave dhe morën shenjën 666. Ata e dinin që nuk do të shpëtoheshin nëse do të mohonin Jezusin dhe do të merrnin shenjën 666, por nuk mund t'i duronin dot torturat.

Imagjinoni fëmijët tuaj të dashur, ose prindërit që u nënshtrohen torturave të paimagjinueshme. Është jashtëzakonisht e vështirë që të durosh dhimbjen dhe të bëhesh martir. Ata që i durojnë këto dhimbje dhe bëhen martirë do të marrin shpëtimin e turpshëm të quajtur 'Shpëtimin pas korrjes'.

## Duke u mbajtur pas Perëndisë me lot dhe vajtime

Zonjusha 'H' shërbente ne rolin e pastoreshes në kishën time. Perëndia i dha asaj shumë mundësi të pendohej dhe të kthehej te Ai, por ajo nuk u pendua. Perëndia i dha asaj një dhuratë shumë të çmuar dhe hirin e Tij, por ajo u bë arrogante. Ajo bëri mëkate

dhe shkaktoi probleme në kishë. Deri në fund, ajo nuk e largoi egoizmin e saj. Më në fund, Perëndia e largoi prej saj fytyrën e Tij.

Në kjo pikë, ajo bënte veprat e Satanit. Ajo mendonte se nëse do të më shkatërronte mua do të ishte në gjendje ta kontrollonte të gjithë kishën. Së bashku me disa persona të tjerë në kishë ajo planifikoi një komplot duke i thënë fjalë të rreme një radioje. Në këtë mënyrë ata mashtruan shumë njerëz.

Krejt në fund, ajo filloi të shpifte dhe përfundimisht u largua nga kisha. Unë pashë në një vegim që ajo ishte lënë pas për të vuajtur gjatë shtatë viteve të vuajtjeve dhe po torturohej. Isha aq i shokuar sa fillova të vajtoj sepse kisha parë njerëzit që nuk ishin rrëmbyer në qiell, por ishin lënë mbi tokë.

Iu luta Perëndisë, "Atë, Perëndi, askush nuk duhet të mbetet mbi tokë. Sidomos ata që mësojnë të tjerët, pastorët dhe punëtorët e kishës, nuk duhet të mbeten mbi tokë gjatë shtatë viteve të vuajtjeve të mëdha. Të lutem, Atë, bëj që të pendohen dhe të largohen nga mëkati dhe të shpëtohen."

Zakonisht nuk qaja për gjëra të vogla, por që nga koha kur pashë atë skenë, fillova të qaja shumë shpesh. Kur shkova në mal për t'u lutur, iu përgjërova Perëndisë me lot duke i kërkuar që të mos i braktiste.

# Bota shpirtërore u hap

Nga data 4 deri me 14 maj 1998, Takimi i gjashtë i Rizgjimit Dyjavor kishte temën 'Perëndia është Dritë'. Shumica e anëtarëve të kishës ishte përgatitur për këtë takim me lutje dhe agjërim. Pas mbylljes së takimit, Perëndia ua hapi sytë shpirtërorë shumë prej tyre dhe ata u mbushën me hirin e Tij.

Nëse e duam Perëndinë, do t'i lutemi vazhdimisht Atij. Ne duam që ta dëgjojmë zërin e Tij dhe presim me padurim ta shohim botën shpirtërore. Ashtu siç duam të flasim dhe t'i takojmë të dashurit tanë çdo ditë, nëse do ta duam Perëndinë, Atin tonë, do të duam gjithmonë ta shohim e të dëgjojmë zërin e Tij.

Perëndia pa që anëtarët e kishës sonë përpiqeshin të jetonin në dritë sipas fjalës së Tij dhe derdhi mbi ta hirin e Tij. Shumë prej tyre ishin në gjendje të shihnin botën shpirtërore. Poashtu ndodhën edhe shumë gjëra nëpërmjet të cilave ata ishin në gjendje të përjetonin drejtpërdrejt veprat e Perëndisë. Te Jakobi 1:17, në lidhje me këtë shkruan, *"Çdo gjë e mirë që na jepet*

*dhe çdo dhuratë e përsosur vjen prej së larti dhe zbret nga Ati
i dritave, pranë së cilit nuk ka ndërrim dhe as hije ndryshimi."*

Te Veprat, Kapitulli 3, Pjetri e bën një sakat të ecë. Kur Pjetri
dhe Gjoni predikuan ringjalljen e Jezusit, pesë mijë njerëz e
pranuan Jezusin brenda një dite të vetme. Zyrtarët dhe skribët, të
cilëve nuk u pëlqente lajmi i mirë i ringjalljes, i thirrën apostujt
dhe i kërcënuan që të mos vazhdonin përhapjen e ungjillit. Te
Veprat 4:18-20 thotë, *"Dhe, si i thirrën, u dhanë urdhër atyre
të mos flasin fare dhe as të mësojnë në emër të Jezusit. Por
Pjetri dhe Gjoni, duke iu përgjigjur atyre, thanë: 'Gjykoni ju,
nëse është e drejtë para Perëndisë t'ju bindemi më shumë juve
sesa Perëndisë. Sepse ne nuk mund të mos flasim për ato që
kemi parë dhe dëgjuar.'"*

Nëse apostujt do të kishin frikë ta predikonin ungjillin vetëm
për shkak të përndjekjeve dhe vuajtjeve, krishterimi nuk do të
ishte përhapur.

Por për shkak të përpjekjeve të apostujve që e donin
Perëndinë me shpirt dhe nuk kishin frikë nga vdekja, sot
krishterimi ka lulëzuar dhe ka prodhuar frute.

## Nuk mund ta mohojmë atë që është parë dhe dëgjuar

Atyre të cilëve iu hapën sytë shpirtërorë, panë Perëndinë,
profetë dhe engjëj. Madje dëgjuan edhe zëra shpirtërorë.
Ndërkohë që mbusheshin me hirin e Perëndisë duke parë botën
shpirtërore, ata u treguan të tjerëve për këtë botë. Por, megjithëse
ata shpjeguan vetëm atë që kishin parë, është normale që disa
gjëra shtohen e largohen kur fjala shkon nga një person te tjetri.

Ishte shumë e drejtë që të flisnin për gjërat që panë e dëgjuan, por kur shtuan mendimet e tyre te gjërat që kishin parë, pa qenë në gjendje të dallojnë çfarë duhej thënë dhe çfarë nuk duhej thënë, kjo gjë shkaktoi probleme. Por unë nuk mund t'i pengoja anëtarët e kishës për shkak të frikës nga efektet anësore të kësaj. Duhej ta duroja këtë gjë që t'u jepja atyre më shumë shpresë për parajsën dhe që të përparonin në nivelin shpirtëror duke pasur Jerusalemin e Ri si qëllimin e tyre përfundimtar.

Në qershor 1998, u thash disa prej punëtorëve të kishës: "Për shkak se anëtarët e kishës po shohin botën shpirtërore, mua më kanë akuzuar si heretik. Pas kësaj do të ketë një sprovë të madhe. Por duke qenë se është vullneti i Perëndisë që të shohin botën shpirtërore, unë nuk kam asnjë zgjedhje tjetër përveçse të vazhdoj në rrugën që po ecim."

E dija që do të vinte momenti që ne do të pësonim sulme të mëdha, por unë nuk i pengova të shihnin botën shpirtërore. Perëndia ishte Ai që u hapi atyre sytë shpirtërorë që të shihnin gjërat shpirtërore, prandaj unë nuk guxova t'i ndaloja.

Sa më shumë që dimë për botën shpirtërore, aq më shumë do ta dëshirojmë mbretërinë e qiejve dhe do të jemi në gjendje ta largojmë tutje errësirën e botës, aq më shumë do të kemi shpresë për mbretërinë e qiejve dhe do të rritemi në besimin shpirtëror dhe do të presim me padurim Jerusalemin e Ri.

Djalli e ka kërkuar Mesinë edhe para se të lindte Jezusi. Sapo lindi Jezusi, djalli u përpoq ta vriste nëpërmjet Herodit. E njëjta gjë ndodhi edhe gjatë veprave publike të Jezusit; kur erdhi momenti, djalli i nxiti njerëzit e ligj ta kryqëzonin Atë.

Mbretëria e Perëndisë arrihet nëpërmjet luftës shpirtërore. Pastorët dhe punëtorët e Perëndisë duhet ta njohin botën shpirtërore. Pa e njohur atë, ata nuk mund të ushtrojnë kontroll mbi Satanin. Vetëm pasi ta njohin mirë identitetin e tij, mund të sundojnë mbi të dhe të manifestojnë fuqinë e Perëndisë.

Te Veprat 16:16-18 shohim se për shumë ditë me radhë, një shërbëtore e ndiqte apostullin Pal nga pas dhe e shqetësonte. Ajo ishte e pushtuar nga demonët dhe ishte fallxhore. Por Pali nuk e dëboi demonin që kishte ajo.

Ai mund të thoshte shumë lehtë, "Frymë e ndyrë, dil në emër të Jezus Krishtit!" dhe demoni do të largohej. Atëherë pse nuk e dëboi demonin ai? Ai priti sepse e dinte që nuk duhej ta bënte këtë gjë.

Nëse do ta largonte demonin nga ajo grua, njerëzit që fitonin para nëpërmjet falleve që ajo hidhte, nuk do të fitonin më, dhe do ta përndiqnin Palin për këtë. Por kur erdhi momenti që ai nuk mund ta duronte më, dhe e përzuri prej saj demonin, çfarë ndodhi? E nxorën në publik, e zhveshën dhe e rrahën deri sa ai derdhte gjak, dhe më pas e futën në burg.

Bibla është një regjistër i botës shpirtërore. Satani e urren kur njerëzit shohin botën shpirtërore sepse nëpërmjet kësaj predikohet ungjilli dhe plotësohet mbretëria e Perëndisë. Te 2 Mbretërve 6:17 thuhet, *"Pastaj Eliseu u lut dhe tha: 'O Zot, të lutem, hap sytë e tij që të mund të shohë'. Atëherë Zoti ia hapi sytë të riut dhe ai pa; dhe ja, mali ishte plot me kuaj dhe me qerre të zjarrta rreth e qark Eliseut."*

Me sytë e tij shpirtërorë, Eliseu pa kuajt dhe karrocat e zjarrta rreth e rrotull malit. Kur Stefani predikoi ungjillin, ai u mbush me Frymën e Shenjtë dhe tha, *"Ja, unë po shoh qiejt e hapur dhe Birin e njeriut që rri në këmbë në të djathtën e Perëndisë"* (Veprat 7:56). Më pas ata ulëritën me zë të lartë, mbyllën veshët dhe iu sulën atij me një qëllim të vetëm. Ata e vranë Stefanin me gurë. Te Veprat kapitulli 7, kur Stefani predikoi ungjillin dhe demaskoi mëkatet e njerëzve, njerëzit e ligj u zemëruan shumë me të (Veprat 7:54).

Por nëse Stefani nuk do të kishte thënë se qielli ishte i hapur dhe po shikonte Jezusin, atë nuk do ta kishin vrarë me gurë. Por për shkak se sytë e tij shpirtërorë ishin hapur dhe fliste për botën fymërore, ata e urrenin faktin që ai shihte diçka që ata nuk mund ta shihnin dot.

Njerëzit thonë gjëra të tilla si, "Engjëj? U bëjnë sytë! E kanë gabim. Është mashtrim kokë e këmbë!" Gjëra si këto ata thonë shumë.

## Pamjet e shfaqura mbi shtyllat e shenjtërores

Me 21 qershor 1998, pas shërbesës së mbrëmjes, filluam të dallonim pamjet e disa njerëzve mbi katër shtyllat e altarit kryesor të shenjtërores. Besoj që Perëndia ishte i kënaqur që pas shërbesës së mbrëmjes unë shkoja për t'u lutur në mal. Ai bëri që pamjet të vendoseshin mbi katër shtyllat e shenjtërores nëpërmjet engjëjve të Tij. Pamjet e qarta mund të shiheshin edhe me sytë fizikë të shumë njerëzve.

Aty kishte figura të Jezusit në kryq kur po shpohej me heshtë në brinjë, pamjet e Palit, Gjonit, dhe Pjetrit. Lajmi u përhap dhe atë javë më shumë se shtatë mijë vetë erdhën të vizitojnë kishën tonë.

Në ishullin Patmos, ndodhet një pikturë e Gjonit. Balli i tij në atë pikturë është i ënjtur sepse duke u lutur ai i kishte rënë fort me kokë një muri prej guri. Edhe në pamjen që u shfaq në shtyllën e shenjtërores, Gjoni e kishte ballin të ënjtur. Ndërsa Pjetri kishte mjekër të madhe.

Ndërkohë që anëtarët e kishës shikonin Jezusin duke derdhur

Apostulli Gjon

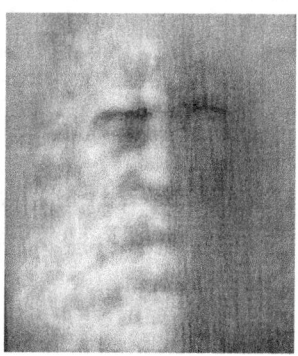

Apostulli Pjetër

Jezusi në kryq
Imazhet mbi shtyllë u hodhën në letër nga një piktor

gjakun, gjembat i shponin kokën, dhe heshta brinjën, ata mbusheshin me emocione. Këto pamje mbetën aty për shumë javë, ditë e natë madje edhe u fotografuan dhe u filmuan. Një dhjak që ishte piktor bëri një skicë të atyre pamjeve.

## Perëndia shfaq dritën e trupit shpirtëror

Njerëzit kanë trup, por qenia e tyre e vërtetë është fryma. Kur Perëndia që është frymë, krijoi njeriun, Ai fryu në vrimat e hundës së njeriut frymën e jetës dhe e bëri atë frymë të gjallë (Zanafilla 2:7). Pasi të mbarojë jeta jonë mbi tokë, dhe të shkojmë në qiell, do të jetojmë si trupa shpirtëror. Sipas masës së ngjashmërisë me zemrën e Jezusit dhe shëmbëllimit të imazhit të Perëndisë, secili prej nesh do të ketë një dritë të ndryshme.

Kur Moisiu zbriti nga Mali i Sinait me Dhjetë Urdhëresat e Perëndisë, fytyra e tij shkëlqente aq shumë sa njerëzit kishin frikë t'i afroheshin. Vetë Moisiu nuk e dinte këtë gjë, dhe vetëm më vonë kur pa që njerëzit kishin frikë prej tij, e mbuloi fytyrën me një vel (Eksodi 34: 29-33).

Ngjarjet e mëposhtme ndodhën në datën, 25 korrik 1998, gjatë sesionit të dytë të shërbesës së premte që zgjaste gjithë natën. Perëndia i dashurisë, i cili dëshironte që besimtarët të kishin më shumë shpresë për mbretërinë e qiejve, u tregoi atyre dritën e trupit shpirtëror. Këtë dritë mund ta shihnin jo vetëm ata që i kishin të hapur sytë shpirtërorë, por të gjithë që ishin në gjendje ta shihnin.

Në një moment, drita doli nga trupi shpirtëror dhe u përhap rreth e rrotull. Drejtuesi i adhurimit nuk dallohej dot për shkak të këtij ndriçimi. Kurora me lule që drejtuesi i adhurimit mbante mbi kokë u shndërrua në kurorë. Ndërsa po ecja drejt qendrës së altarit, rrobat e mia dukeshin si një mantel i plotë, dhe unë vetë dukesha shumë më i gjatë.

Kjo skenë u shfaq në një ekran të madh dhe, anëtarët që ndoqën atë natë shërbesën e panë qartë këtë. Kjo dritë e mbuloi të gjithë ambientin, dhe ata që ishin ulur në radhët e para përjetuan gjëra të mahnitshme. Lodhja që kishin u zhduk dhe ndodhën shërime.

Njëri prej tyre ishte Kjeong-ok Kim. Asaj i kishte ndodhur një aksident në tetor të vitit 1996. Ajo ishte diagnostikuar me paaftësi shumë të rëndë të shkallës së pestë të të dyja këmbëve. Ajo mezi ecte, madje përdorte paterica. Kjeongu kishte filluar ta vijonte kishën tonë pak kohë përpara aksidentit.

Kur pa dritën gjatë shërbesës së natës së premte, në fillim mendoi se po shihte pasqyrimin e ndonjë drite. Por kur e pa dritën me kujdes, pa se ata që hynin në dritë zhdukeshin. Ajo dëshmoi që unë dukesha shumë më i gjatë dhe i veshur me diçka të ngjashme me një mantel të bardhë.

Më pas, ajo e besoi që kjo gjë nuk ishte as koincidencë as ndonjë fabrikim, por puna e vetë Perëndisë. Drita i hyri në sy dhe nuk pushonte së rënkuari duke menduar se do të verbohej.

Por pas shërbesës, ajo pa që mund të ecte lirshëm pa ndihmën e patericave. Mjekët i kishin thënë se gjithë jetën i duhej të ecte me paterica, por me hirin e Perëndisë ajo u shërua dhe u kthye në gjendje normale. Kjo është një përvojë shpirtërore të cilën shkenca nuk mund ta shpjegojë, prandaj një stacion televiziv u shpreh se kjo histori dhe ky shërim ishin të trilluara dhe të fabrikuara.

## Perëndia mbron anëtarët e Kishës

Me sytë e Tij të zjarrtë, Perëndia i dashurisë mbrojti jo vetëm

Furgoni pas aksidentit

anëtarët e kishës kryesore në Seul, por edhe ata të degëve të kishave në mbarë vendin.

Me 15 mars 1998, ndërkohë që anëtarët e Kishës Daegu Manmin ishin në rrugë duke ardhur për të marrë pjesë në shërbesën vjetore të Kishës Masan Manmin, furgoni me të cilin udhëtonin u përmbys në autostradën Kuma.

Ata ishin duke udhëtuar 120km në orë ndërkohë që goma e pasme u shpua dhe furgoni u rrotullua duke goditur murin e mesëm ndarës të autostradës. Në furgon ishin dymbëdhjetë të rritur dhe pesë fëmijë. Automjeti u shkatërrua krejtësisht.

Ky ishte një aksident i rëndë ku të gjithë në furgon duhej

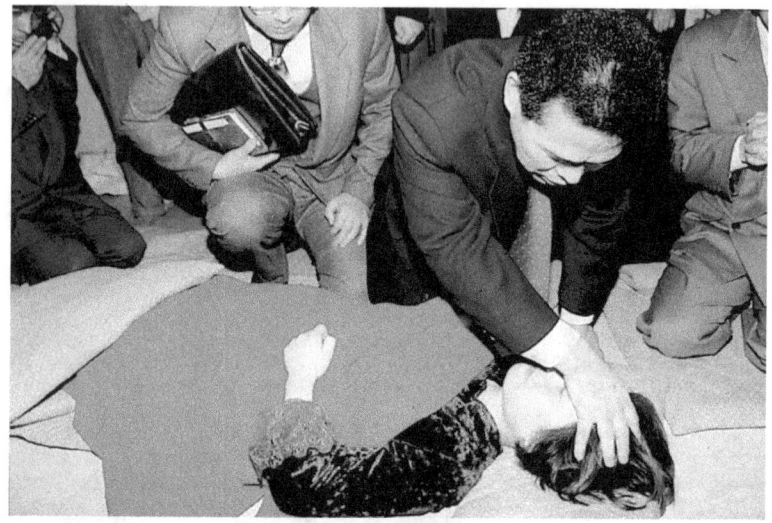

Sunhi Li shërohet nëpërmjet
lutjeve pas aksidentit

të kishin vdekur. Por, Perëndia i mbrojti të shtatëmbëdhjetë anëtarët e kishës. Aty ishte edhe një grua shtatzënë, por ajo nuk ishte lënduar aspak. Ajo tha se kur kishte dalë nga përplasja jashtë dritares së furgonit dhe kishte rënë mbi tokë, kishte ndjerë një engjëll që i kishte mbuluar trupin.

Në atë kohë, Sunhi Li dëmtoi shtyllën kurrizore dhe rruazat e qafës. Ndihma e shpejtë erdhi dhe mjekët u bënë gati ta dërgonin në spital. Por ajo vetë poashtu dhe familja e saj dëshironin që në vend të spitalit të shkonin në Kishën Masan Manmin.

Lajmin e dëgjova pasi kishte përfunduar shërbesa e adhurimit. Kur shkova në dhomën e spitalit, Sunhi Li ishte shtrirë në krevat. Unë u luta për të mbi qafë, shpatull dhe kurriz.

Ajo tha se pasi mori lutjet, ndjeu diçka si zjarr të nxehtë dhe mori fuqi të re. Menjëherë pas lutjes ajo ishte në gjendje të ecte. Sunhi Li tha se në atë moment ishte shëruar edhe nga majasëlli që e kishte pasur për dy vite rresht.

### Dora mbrojtëse gjatë rënies nga 15 metra lartësi

Në 23 dhjetor 1998, Dhjaku Xhung-Ik Çun ishte komandant i skuadrës anti-terror të Forcave Speciale të Seulit. Në atë ditë kishte një demonstratë të priftërinjve budistë të cilët kishin zënë në mënyrë të paligjshme selinë e një sekti budist, Ço Gie Xhong. Skuadra e Xhung-Ik Çun kishte ardhur në Tempullin Ço Gie Sa.

Kur arritën mbi çatinë e ndërtesës 15 metërshe mbi shkallët e një makine zjarrfikëse, platforma ku qëndronte makina u thye papritur dhe makina u përmbys. Pesë anëtarët e forcave speciale të policisë që ishin në shkallë ranë menjëherë.

Fotografi e rënies e botuar në gazetë (Xhung-Ik Çun në rreth)

Kjo ngjarje u raportua në faqen e parë të të gjitha revistave lokale. Por në momentin kur Dhjak Xhung-Ik Çun po binte, në vend që të mendonte se do të lëndohej rëndë, kishte besim se Perëndia do ta mbronte.

Xhung-Ik Çun në shërbim

Nëse do të kishte rënë në tokë me kurriz, shtylla kurrizore do t'i ishte shtypur, dhe i gjithë trupi do t'i ishte thyer. Por në tokë ra nga ana e helmetës. Ai ndjeu edhe një dorë të madhe që mbronte trupin e tij, dhe iu duk sikur në tokë i ishin shtruar shtretër prej pambuku.

Në asfalt ra me një zhurmë të madhe. Në fillim, ishte pak i turbullt për shkak të trondıtjes, por kur shiqoi rreth e rrotull, tempulli Ço Gie Sa kishte marrë flakë.

Katër policët e tjerë ishin plagosur rëndë ndërsa Dhjaku Xhung-Ik Çun nuk ishte lënduar fare.

Ndërkohë që po e dërgonin në spital me ambulancë, së bashku me shokët e tjerë të skuadrës për t'i diagnostikuar, të çuditur doktorët e pyesnin vazhdimisht nëse vërtet ishte edhe ai një nga ata që kishin rënë nga kati i pestë!

# Lutje me lot për ata që më tradhtuan dhe shkaktuan dëme

Nuk kam ndëshkuar askënd, edhe kur punëtorët e kishës dhe pastorët më mashtrojnë ose nuk binden. Unë vazhdoj t'i fal ata deri në fund duke shpresuar që ata do të ndryshojnë.

Në vitin 1987, një pastor donte të punonte në kishën tonë. Ai tha se do të hapte një kishë në Daexheon, dhe kështu unë i dhashë përkrahje financiare. Ditën e hapjes së kishës disa prej anëtarëve të kishës sonë shkuan në Daexheon. Por atje nuk kishte kishë. Pastori kishte gënjyer dhe ishte larguar me paratë.

Pas disa vitesh ai pastor u kthye te unë, u gjunjëzua dhe u pendua. Unë e fala dhe nuk e pyeta në lidhje me të kaluarën, por e lejova të shërbente në kishë. Ai tha se do të hapte sërish një kishë në Daexheon. Sërish e mbështeta financiarisht. Ai e hapi kishën por për shkak se kishte probleme financiare, u largua pa më treguar.

## Jezusi e mësoi Judë Iskariotin deri në fund

Judë Iskarioti i pa shenjat dhe mrekullitë që bëri Jezusi, të cilat mund të bëheshin vetëm me fuqinë e Perëndisë. Por megjithatë, ai nuk mund të besonte në Jezusin.

Edhe pasi kishte parë prova konkrete, zemra e tij ishte e mbushur me gjërat e mishit. Prandaj, ai nuk mund ta kuptonte apo ta pranonte vullnetin e Perëndisë. Megjithatë, Judë Iskarioti ishte i nevojshëm për detyrën e Jezusit dhe për veprën e shpëtimit. Bibla thotë se ai ishte njeriu që do ta tradhtonte Jezusin (Gjoni 6:71).

*"Por janë disa midis jush që nuk besojnë; në fakt Jezusi e dinte që në fillim kush ishin ata që nuk besonin, dhe kush ishte ai që do ta tradhtonte"* (Gjoni 6:64).

Jezusi përpiqej t'i lejonte Judës të kuptonte dhe të pendohej, por dishepujt nuk e kuptonin se çfarë donte të thoshte Jezusi. Megjithëse Ai e dinte që Juda do ta tradhtonte, Jezusi i fali dashuri deri në fund. Ai nuk e dënoi përpara dishepujve të tjerë dhe nuk e braktisi.

## Edhe ata që do të tradhtonin

Pavarësisht nga zemra që ka secili person, unë doja që zemra e të gjithëve të kthehej në një zemër mirësie. Asnjëherë nuk kam menduar, "Nga ky duhet të kem kujdes sepse ka zemër të keqe." Asnjëherë nuk jam distancuar nga askush, dhe u kam besuar të gjithëve.

U kam besuar të gjithëve, megjithëse mund t'i shihja qartë

mendimet e tradhtisë. Por besoja se në të ardhmen ata do të ndryshonin dhe nuk do të mbeteshin siç ishin. Kjo është një nga mënyrat se si ata mund të rriten si pastorë dhe punëtorë të Perëndisë.

Megjithëse u besoja, disa prej tyre më vonë më sulmuan dhe u larguan nga kisha. Vajtoja shumë për shkak të ligësisë së tyre, poashtu humba shumë energji dhe peshë.

Në vitin 1991, një pastor doli vullnetar për të drejtuar misionin 'Drita dhe Kripa', i cili është një grup misioni i përbërë nga anëtarë që punojnë në sektorin e biznesit. Në atë kohë, Perëndia më tha se ky pastor do ta sulmonte kishën pas disa vitesh. E këshillova gruan e tij të lutej për të që ai të mos e ndryshonte mënyrën e të menduarit.

Duke e ditur që ai do të ndryshonte, u kujdesa vetë për misionin, 'Drita dhe Kripa'. Në fund, në vitin 1997, ai u largua nga kisha duke marrë me vete tridhjetë anëtarë. Ai tha se do ta ndihmonte kishën tonë nga jashtë, por në vend të kësaj u përpoq të mashtronte më shumë anëtarë dhe t'i tërhiqte në kishën e tij. Ai përhapi shumë thashetheme duke më gjykuar si të gabuar dhe të larguar nga rruga e drejtë, duke shqetësuar kështu punën e kishës.

# Fillimi i sprovës së parë

Në qershor 1998, Perëndia tha, "Do t'i shkul nga kisha jote barërat e këqija. Por disa prej tyre do t'i lë." Unë rashë në dëshpërim. Dhe në korrik, kishës i erdhi sprova e parë.

Ndoshta zemra ime nuk është shumë e fortë dhe vazhdoj t'i fal njerëzit edhe nëse bëjnë gabime të mëdha. Edhe nëse bëjnë gjëra jashtëzakonisht të liga, unë jam lutur për ta me lot në sy, duke dëshiruar që ata të pendohen dhe të kthehen. Perëndia më ka thënë shumë herë që t'i fshij ata nga zemra ime.

"Atë, mund t'i falësh? Si mund të shpëtohen? Të lutem fali!" Në vitin 1998, për shumë muaj iu luta vazhdimisht Perëndisë me lot në sy. Përgjigja që mora ishte: *"Nëse do të pendohen plotësisht, atëherë do t'i fal."*

Pasi mora këtë përgjigje, u përpoqa që t'i bëja ta kuptonin këtë gjë dhe i këshillova, por ata nuk më dëgjuan. Anëtarët e kishës nuk e kuptonin pse unë derdhja aq shumë lot gjatë predikimeve.

Që nga fillimi i kishës, çdo vit zhvilloja konferencën e pastorëve për rritjen e tyre në frymë. Në korrik 1998, duhej të merrja vendim një javë përpara konferencës së pastorëve.

Sërish mora një përgjigje, *"Shërbëtori im, meqë ti nuk mund ta bësh, do ta bëj Unë. Ti nuk mund t'i prekësh me karakterin tënd, prandaj do ta bëj Vetë."*
Unë nuk mund t'i pranoja njerëzit që Perëndia nuk i pranon. Djalli sillej rreth tyre si luan vrumbullues (1 Pjetrit 5:8). Unë e dija që Satani do t'i nxiste njerëzit e ligj që të përpiqeshin të më shkatërronin, por gjithçka që mund të bëja ishte ta lija në dorën e Perëndisë, sepse Ai më kishte thënë që do të kujdesej për këtë. Shumë demonë u futën brenda njërit prej tyre. Shikoja edhe një person tjetër që ishte i mbështjellë nga një gjarpër i madh.

Disa anëtarë të kishës panë imazhin e Luciferit, prijësit të frymëve të liga, dhe prijësin e ushtrisë qiellore, Kryeengjëllin Mikael, që luftonin furishëm për tradhtarët që qëndronin në mes.
Kjo sepse unë në zemrën time nuk dëshiroja që t'i lija të shkonin, por i mbaja fort që ata të ndryshonin dhe të ktheheshin. Pastaj dëgjova zërin e Perëndisë. *"Shërbëtori im, lëri. Për sa kohë do t'i mbash në zemër, Kryeengjëlli Mikael duhet të luftojë. Duhet t'i fshish nga zemra në mënyrë që Unë të punoj."*

### "Le të bëhet vullneti yt."

Nuk mundja më dhe pushova së luturi për ta. Në momentin që hoqa dorë, sprova e plotë filloi. Kishte njerëz që kishin kryer aq shumë mëkate saqë Perëndia vendosi t'i braktisë. Po ata njerëz hynë në kontakt pikërisht me njeri-tjetrin.

> *"Dhe pas kafshatës, Satani hyri në të. Atëherë Jezusi i tha: 'Ç'ke për të bërë, bëje shpejt!' Por asnjë nga ata që ishin në tryezë nuk e mori vesh pse ai e tha këtë"* (Gjoni 13:27-28).

Në korrik 1998, disa prej tyre që vendosën të më tradhtojnë, bënë një plan pas konferencës së pastorëve. Një nga pastoret tha se do të lutej për më shumë se një muaj që të pendohej, deri sa ta falte Perëndia.

Perëndia i kishte dhënë shumë dhunti të Frymës së Shenjtë që nga fillimi i kishës. Por unë rrallë e kisha parë duke u lutur. Për shumë vite ajo kishte grumbulluar mbi vete shumë mosbindje ndaj Perëndisë dhe nuk ishte më në gjendje të komunikonte me Të. Ajo nuk shfaqte më as vepra të Frymës së Shenjtë.

Perëndia ia kishte larguar dhuntitë. Përveç kësaj, duke qenë se po rriteshin shumë drejtues lutjesh, ajo po e ndjente që pozita e saj ishte në rrezik, dhe kështu te ajo lindi xhelozia dhe smira. Unë e këshillova që të pendohej plotësisht përpara Perëndisë. "Kur të shkosh në mal për t'u lutur, të lutem pendohu plotësisht dhe shkatërroji muret e mëkatit."

Por përgjigja që më dha ishte e papritur. Ajo tha, "Unë të kam vëzhguar gjatë 17 viteve të fundit, dhe gjithmonë e ke ndjekur të vërtetën. Ti jeton një jetë të panjollë, dhe Perëndia të do shumë."

Edhe pse më tha këto gjëra, ajo nuk shkoi në mal të lutej.

Papritur, ajo u bë aktorja kryesore e një plani të pabesë tradhtie. Duke qenë se mëkatet e saj po shfaqeshin haptazi para kishës, ajo u takua me ata që ishin larguar nga kisha dhe së bashku skenuan një plan.

Ajo filloi të përhapë shumë thashetheme dhe botoi materiale të cilat i shpërndau në shoqatat e ndryshme të kishave, në shtyp dhe poashtu te shumë pastorë të denominacioneve të ndryshme. Madje i afishoi edhe në internet. Në to ishin renditur shumë pika të trilluara ku unë gjykohesha si heretik, dhe së shpejti numri i këtyre pikave shkoi në disa qindra. Ata u treguan dokumente të falsifikuara radiove dhe televizioneve që transmetonin predikimet e mia duke u përpjekur që t'i pengonin këto transmetime.

Dëshira e saj ishte të më shkatërronte dhe të bëhej vetë drejtuesja e kishës. Kështu, ajo hapi një kishë pranë kishës sime dhe përhapi disa histori të çuditshme.

Së bashku me dëshmitarët e saj të rremë ajo prodhoi dhe shpërndau disa letra dhe kaseta. Plani i saj ishte të shkaktonte konfuzion mes anëtarëve të kishës sonë dhe t'i tërhiqte drejt kishës së saj. Për këtë arsye, m'u desh t'u tregoja anëtarëve të kishës për këtë fakt dhe të sqaroja situatën.

Unë fillova të ndjeja që mashtrimi mbizotëronte deri në atë pikë sa mund të mposhtte edhe atë që ishte e vërtetë.

Kur gruaja e Potifarit e tundoi Jozefin, ai refuzoi me këmbëngulje. Te Zanafilla 39:12 lexojmë, *"Atëherë ajo e kapi nga rrobat dhe i tha: 'Eja të shtrihesh me mua.' Por ai ia la në dorë rrobën e tij, iku duke vrapuar jashtë."*

Më pas ajo gënjeu duke thënë se Jozefi kishte tentuar ta përdhunonte, por kur ajo kishte filluar të bërtiste, Jozefi kishte lënë rrobën e tij aty dhe ishte larguar me vrap. Potifari u zemërua kur e dëgjoi atë që i tregoi gruaja e tij dhe nuk e pyeti fare Jozefin, por e futi menjëherë në burgun ku mbaheshin të burgosurit e mbretit. Nëse do të gjykoni vetëm sipas fjalëve të një personi, ka gjasa që të jeni duke bërë gjykim të gabuar.

Jozefi u akuzua padrejtësisht dhe u dërgua në burg. Por aty ai heshti sepse e dinte që familja e pronarit të tij do të shkatërrohej nëse e vërteta do të dilte në shesh. Në burg, Jozefi nuk u njollos me gjërat e këqija që pa atje.

Jozefi kishte mësuar si të menaxhonte, duke menaxhuar kështu shtëpinë e Potifarit. Ndërsa në burg, ai mësoi politikën. Megjithëse i burgosur, Perëndia ishte me të, dhe në fund ai u bë kryeministër i Egjiptit. Me këtë, Perëndia dëshmoi që ai ishte i pafajshëm.

# Mrekullia në Takimet e Rizgjimit dhe Shërimit

Në nëntor 1998, filloi sprova e dytë. Në mesin e pastorëve të kishës sonë kishte grurë dhe byk. Në kishën tonë vinte familja e një pastori të cilët kishin marrë hir të veçantë nga Perëndia.

Në vitin 1989, tre nga anëtarët e familjes së pastorit duke përfshirë edhe nënën e tij pothuajse vdiqën, për shkak të një helmimi me gaz, por pas lutjeve të mia ata u shëruan krejtësisht dhe nuk u mbeti asnjë shenjë e helmimit. Ata ishin familje e madhe, dhe shumica e pjesëtarëve të familjes ishin shëruar nga sëmundje t e pashërueshme nëpërmjet lutjeve të mia.

Ata morën shumë hir dhe dashuri nga Perëndia, por ndërkohë që familja e tyre bëhej gjithnjë e më e njohur në kishë dhe ngriheshin në poste, ata filluan të bëhen arrogantë. Këtij pastori i ofrova shumë mundësi të pendohej, por ai nuk u pendua asnjëherë. Ndërkohë që marrëdhënieve tona po u vinte fundi, ai nxori dokumente sekrete që mbaheshin të fshehta brenda kishës. Por mëkatet e tij të mëdha dolën në dritë.

Ndërkohë që mëkatet e tyre dilnin një nga një, familja e tij u largua nga kisha dhe së bashku filluan një kishë të re pranë kishës sonë. Gjithashtu, ata përhapën thashetheme dhe gënjeshtra mes anëtarëve të kishës dhe i ftonin të shkonin në kishën e tyre.

Ndërkohë që kjo ndodhte, kryepastorë të tjerë të kishës filluan të shfaqin brenda tyre dëshira egoiste duke u larguar kështu nga kisha. Ata u bashkuan së bashku për të përhapur thashetheme dhe gënjeshtra për t'i mashtruar anëtarët e kishës që më pas t'i tërhiqnin drejt kishave të tyre. Në fillim ata u bashkuan me njëri-tjetrin për përfitime personale, por duke qenë që opinionet që kishin ishin të ndryshme, mes tyre lindën armiqësi dhe ata filluan të luftojnë kundër njëri-tjetrit.

Perëndia e dinte planin e Satanit dhe më preku në zemër që të organizoja një takim rizgjimi dhe shërimi. Duke filluar nga java e parë e nëntorit, çdo ditë, për gjashtë javë, u shëruan shumë të sëmurë. Kishte edhe nga ata që u shëruan megjithëse kishin qenë të paralizuar që në fëmijëri. Shumë të tjerë u ngritën në këmbë nga karroca e invalidëve dhe ecën, shumë kancere u zhdukën dhe shumë njerëz përjetuan mrekullitë e Perëndisë.

Ndërkohë që shenjat që tregohen në Bibël ndodhnin çdo ditë, unë i jepja falënderime Perëndisë. Perëndia i gjallë na kishte treguar se na donte, dhe që Ai ishte, është, dhe do të jetë me ne. Ishte dashuria e Perëndisë që i ndihmoi anëtarët e kishës sonë të kalonin këto sprova duke parë gjithë ato shenja.

Në nëntor 1998, Buneum Kim, një grua e moshuar, shkoi për vizitë te djali i saj në Seul. Kurrizin e kishte plotësisht të kërrusur nga puna e rëndë në fushë dhe kishte vuajtur për dhjetë vite. Asaj i vinte keq që nuk mund të mbante mbesën në shpinë.

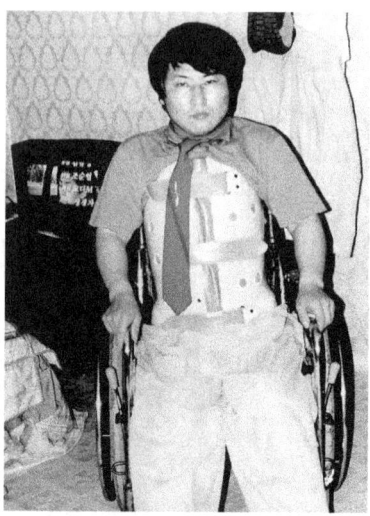
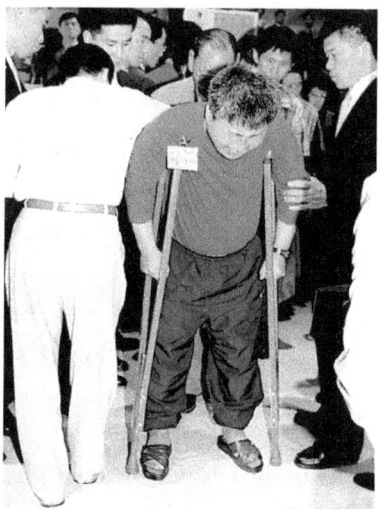

Junsup Kim para se të shërohej, me mbajtëse në shtyllën kurrizore dhe në karrige me rrota

Lutje në takimin e rizgjimit në vitin 1999

Ajo erdhi në këtë takim rizgjimi me kërkesë të të birit. Pasi u lutëm mbi të, kurrizi i saj i kërrusur nëntëdhjetë gradë u drejtua plotësisht dhe ajo i dha lavdi Perëndisë.

Përpara takimit të rizgjimit dhe shërimit të nëntorit 1998, Junsup Kim vuante nga një paaftësi e shkallës së parë dhe nuk mund të ecte pa ndihmën e karrocës me rrota. Në maj 1990, ndërkohë që po bënte disa punime elektrike në Daexheon, ai kishte rënë nga kati i pestë i një ndërtese.

Më pas e kishin dërguar në spital ku kishte qëndruar në koma për rreth gjashtë muaj. Atij i ishin thyer vertebra e katërt, e pestë, e njëmbëdhjetë dhe e dymbëdhjetë. Junsupit iu dëmtua edhe

Shërohet plotësisht dhe ka një familje të lumtur

mëlçia dhe ishte në gjendje kritike.

Pasi iu nënshtrua mjekimeve dhe terapive të ndryshme, në fund të vitit 1993 e diagnostikuan me paaftësi të shkallës së parë. Ndërkohë që kalonte ditët mes dhimbjeve, fqinjët e tij i ungjillëzuan dhe më pas ai erdhi në këtë takim rizgjimi dhe shërimi.

Ai në fillim nuk shkonte dot as në banjë pa ndihmën e dikujt, por pas marrjes së lutjeve tona ai u ngrit në këmbë nga karroca! Nuk kaloi shumë dhe ai pa që nuk kishte më nevojë për hekurat që i mbanin drejt shpinën dhe filloi të ecte me paterica. Vitin tjetër, në maj 1999, ai erdhi në Takimin Dyjavor të Rizgjimit dhe në 12 maj mori zjarrin e Frymës së Shenjtë.

Më përpara, atij i duhej të ecte me paterica dhe kjo nuk ishte gjë e lehtë. Por kur zjarri i Frymës së Shenjtë erdhi në këmbët e tij, ai filloi të ecë vetë. Ishte moment shumë prekës kur për herë të parë pas 9 vitesh që nga koha e aksidentit, ai ishte në gjendje të ecte pa paterica. Më vonë Junsupi u martua, dhe tani ka edhe një vajzë të vogël.

# Perëndia mëson anëtarët e kishës të pastrojnë veshjet e tyre

Perëndia dëshironte që unë dhe anëtarët e kishës sonë të ishim fitimtarë nëpërmjet mirësisë dhe dashurisë. Një nga arsyet pse Perëndia i lejoi sprovat ishte jo vetëm që të më jepte fuqinë të përmbushja mrekullinë e misionit botëror, por edhe sepse Ai dëshironte që të gjithë anëtarët e kishës sonë t'i pastronin rrobat e tyre. Domethënë, Ai dëshironte që ata t'i rrethprisnin zemrat e tyre, t'i largonin të gjitha format e së keqes dhe të bëheshin të shenjtë.

I këshillova anëtarët e kishës të mos shihnin, të mos dëgjonin e të mos thoshin asgjë që nuk ishte e vërtetë. Perëndisë i pëlqejnë buzët e shenjta. Kështu nuk do të ketë gjykime, dënime apo shpifje; errësira nuk mund të vijë dhe djalli nuk mund të shkaktojë trazira.

Satani nuk mund t'i akuzojë besimtarët që jetojnë në dritë. Nëpërmjet kësaj sprove, anëtarët kishin mundësinë të kuptonin të vërtetën dhe të gjenin vetveten. Megjithëkëtë, disa prej tyre u takuan me ata që përhapnin fjalët e errësirës, duke u mashtruar dhe u larguar nga kisha.

Në dhjetor 1998, Perëndia më tha të lutesha në mënyrë që të merrja fuqi atë lloj fuqie sa të mund të ringjallja të vdekurit, siç kishte bërë Jezusi me Lazarin. Nëse do të merrja fuqinë nga Perëndia që të ringjallja një të vdekur nëpërmjet lutjes, sipas vullnetit të Tij, atëherë do të isha në gjendje ta përmbushja shumë shpejt misionin botëror.

Por fuqia e Perëndisë nuk jepet lehtë. Për ta marrë këtë fuqi duhet të kesh edhe masën përkatëse të besimit. Për këtë, duhet të kalojmë edhe prova zjarri për të arritur një nivel shumë të lartë dashurie dhe mirësie.

## Perëndia i pranon me kënaqësi lutjet me betim

Në vitin 1998, duke përjetuar gjithë këto gjëra tronditëse, nuk mund të haja dot. Lutesha duke vajtuar, rashë shumë në peshë dhe humba energjitë e mia.

Si mund të largoheshin nga kisha dhe të ktheheshin në përndjekës ata që kishin parë dhe përjetuar kaq shumë vepra dhe mrekulli të Perëndisë, dhe që kishin dëgjuar fjalën e së vërtetës? Duke menduar për ligësinë e tyre, vajtoja dhe ndjeja keqardhje për ta.

Duke qenë se u luta për të sëmurët me gjithë energjinë time për gjashtë javë rresht, nuk kisha më energji dhe humba më shumë se 10kg peshë. Më dukej sikur do të shembesha në tokë duke ecur. Nëse do të kisha humbur më shumë peshë, nuk do të kisha qenë në gjendje të predikoja gjatë shërbesave. Një ditë, ndërsa po lutesha, Perëndia më tha të ofroja lutje me betim.

*"Shko në mal dhe më ofro një lutje me betim. Lutu për misionin botëror. Unë ta mora të gjithë energjinë fizike që kishe dhe tani do të të mbush me energji të reja hyjnore. Tani ka ardhur koha, prandaj lutu që të marrësh fuqinë për të ringjallur të vdekurit."*

Në janar 1999, fillova lutjen time të parë me betim e cila zgjati një muaj. Perëndia e preku zemrën time që të lutesha për misionin botëror dhe për vullnetin e Perëndisë që duhej të përmbushej në fund të kohës. Perëndia lejoi që unë ta kuptoja fuqinë që vinte pas nivelit të fuqisë për të ringjallur të vdekurit, dhe më tha të lutesha për 'Fuqi më të madhe'.

Perëndia e pranoi këtë lutje të parë me betim dhe më dha shumë përgjigje. Një nga gjërat më mahnitëse ishte se forma ime e trupit ndryshoi dhe fitova fuqi të reja. Po çuditesha me veten time! Kur isha i ri doja shumë që ta kisha trupin në formë 'trekëndëshi', siç i thoshim, dhe i tillë u bë, me kraharor të fortë dhe shpatulla të gjera.

Stomaku që kisha m'u fut brenda dhe me një bel relativisht të ngushtë, isha plot me energji si të isha njëzet vjeçar. Perëndia madje ndryshoi edhe formën e trupit tim në mënyrë që të bëja vepra të mëdha pa u lodhur.

Djalli u përpoq të më shkatërronte, por Perëndia më mbrojti. Ai madje më dha, brenda një momenti, një trup të fortë. Dhjaku që ishte edhe shoferi im u çudit shumë dhe më bëri disa foto. Edhe ndihmës pastorët u çuditën shumë kur panë trupin tim.

## Kapitulli 3

# Çfarë kishte në mendje Jezusi ndërkohë që ngjitej në Golgota duke bartur kryqin mbi vete?

# Fillimi i sprovës së tretë

Pas përfundimit të lutjes së parë me betim, i ofrova Perëndisë çdo muaj lutje me betim, deri në prill. Ndërkohë që lutesha gjatë atyre katër muajve, nuk mund ta kontrolloja dot trishtimin që ndjeja sa herë që kujtoja ata që u larguan nga kisha dhe që dolën kundër meje personalisht, dhe kishës. Nuk isha në gjendje të lutesha siç duhej.

Në prill 1999, gjatë lutjeve erdhi mbi mua fjala e Perëndisë. Ai më tha që nuk do t'i falte ata njerëz të ligjë, dhe për shkak se ishte plotësuar sasia e lutjeve të mia, Ai do ta tregonte veprën e tij përtej kufizimit të kohës dhe hapësirës. Edhe mëparë, shumë njerëz nëpër botë shëroheshin duke marrë lutjet nëpërmjet internetit. Perëndia më tha se kjo lloj pune do të vazhdonte në shkallë të gjerë.

Ai më njoftoi, *"Shërbëtori im, mos u lut më për ata që të braktisën e të sulmuan. Mos u trishto pavarësisht se në çfarë gjendje do të përfundojnë. Nuk do t'i fal më ata njerëz dhe nuk do të fal asnjë njeri që shkakton trazira në këtë kishë."*

Disa prej pastorëve që kishin braktisur kishën u bashkuan me të tjerët që ishin larguar nga kisha. Ndërkohë që veprat e tyre mëkatare ekspozoheshin, ata filluan të planifikonin plane të këqija. Njëra prej tyre ishte një pastore e cila kishte xhelozi të jashtëzakonshme dhe kontrollohej nga Satani.

Ata që braktisën kishën për përfitime personale thurën plane për të shkatërruar kishën tonë. Ata bashkoheshin për interesa personale dhe nëse shihnin që interesat e tyre ndryshonin, ndaheshin.

Në prill 1999, pasi përfundova lutjen e katërt me betim, Perëndia më tha se do të vinte një sprovë e tretë. Vullneti i Perëndisë ishte që nëse do ta kaloja këtë sprovë, Ai do të më jepte fuqi të pakufishme të cilat as vetë Satani nuk do t'i kundërshtonte dot.

Perëndia më tregoi se takimi i rizgjimit që do të zhvillohej atë vit do të reklamohej gjerësisht, dhe se ne do të bëheshim të njohur në mbarë botën nga transmetimi i këtij takimi. Gjatë predikimit u tregova anëtarëve të kishës se nëpërmjet transmetimit do të bënim jehonë të madhe. Por nuk e imagjinoja kurrë se do të ndodhte incidenti në televizionin e transmetimit.

## Transmetuesit duhet të kenë një këndvështrim objektiv

Në maj të vitit 1999 zhvilluam Takimin e Veçantë Dyjavor të Rizgjimit. Kur planet e tyre për të më shkatërruar dështuan, ata zgjodhën transmetimet në televizionet publike si mjetin e fundit kundër meje.

Kështu, ata planifikuan ta shkatërrojnë kishën nëpërmjet transmetimeve. Dërguan dokumente të falsifikuara dhe dëshmitarë të rremë te ekipi i producentëve të MBC në Munhwa Broadcasting Corporation.

Në 15 prill 1999, ekipi i producentëve përgatiti një program bazuar në informacionet që u dhanë dhe vendosën ta hedhin në transmetim me 4 maj.

Është e qartë që transmetuesit duhet të mbajnë një këndvështrim objektiv dhe duhet të kontrollojnë vlefshmërinë dhe besueshmërinë e informacionit të tyre. Ata po transmetonin diçka që ishte shumë larg nga e vërteta. Duke e ditur këtë, punonjësit e kishës u kërkuan atyre të mos e transmetonin këtë program kaq të njëanshëm sepse së shpejti do të zhvillonim një eveniment të madh, Takimin e Veçantë të Rizgjimit, dhe do të bashkëpunonim me ta plotësisht kur të mbaronte ky takim.

Por me 7 maj, ekipi i producentëve erdhi në shtëpinë time për të bërë një intervistë ndërkohë që nuk kishin caktuar takimin me mua para se të vinin. Ata erdhën me kamera dhe më kërkuan të kryejnë një intervistë. Në fakt unë nuk e dija që ata kishin ardhur, sepse askush nuk më kishte treguar.

Unë kisha dalë nga shtëpia për në shkuar në kishë, siç bëja zakonisht për shërbesën e së premtes që zgjaste gjithë natën. Zakonisht nuk jam vonë në asnjë shërbesë adhurimi, dhe nëse vonohem qoftë edhe një minutë, agjëroj në shenjë pendimi.

Për shkak se punonjësit e kishës e dinin këtë, ata u shpjeguan atyre shumë mirë që atë ditë nuk mund t'u jepja një intervistë. Por, më vonë ata u shprehën se i kishin dhënë kishës një mundësi për të folur me ta në intervistë, por unë nuk kisha bashkëpunuar.

## Kjo çuditi gjithë botën

Punonjësit e kishës aplikuan në gjykatë për të ndaluar transmetimin. Duke qenë se apeli u pranua, transmetimi u shtyrë për një javë. Më 11 maj, gjykata urdhëroi që disa pjesë të programit të mos transmetoheshin. Pas lëshimit të këtij urdhri nga gjykata, punonjësit e kishës u takuan me producentët dhe u kërkuan atyre që programin ta transmetonin pasi të ishte zhvilluar takimi i rizgjimit dhe vetëm pasi t'i kishin kontrolluar të gjitha faktet. Por ata nuk i morën parasysh kërkesat tona duke thënë se data e transmetimit ishte e caktuar.

Me 11 maj, ishte dita e shtatë e takimit të rizgjimit. Programi do të transmetohej në orën njëmbëdhjetë të asaj mbrëmjeje, ndërsa si zakonisht takimi i rizgjimit mbyllej rreth orës dhjetë e njëzet të darkës. Por diçka e papritur ndodhi. Atë natë pas takimit u ktheva në shtëpinë time dhe të nesërmen mora lajme tronditëse nga punonjësit e kishës.

Rreth orës dhjetë e njëzet të mbrëmjes së asaj dite, pas mbylljes së takimit të rizgjimit, disa prej anëtarëve të kishës kishin shkuar për të protestuar pranë stacionit televiziv që do të transmetonte programin. Ata e dinin që programi do të kishte shumë fakte të deformuara dhe, për këtë arsye, ata shkuan për të protestuar. Te stacioni televiziv arritën rreth orës njëmbëdhjetë e pesë të mbrëmjes.

Fillimisht, njëzet deri tridhjetë anëtarë të kishës mbërritën pranë televizionit dhe hynë brenda duke qenë se te porta kryesore nuk kishte roje. Në katin e katërt takuan disa punonjës të televizionit dhe i pyetën se ku ishte studioja e transmetimit. Disa prej tyre i drejtuan në katin e katërt disa të tjerë në katin e shtatë. Kështu anëtarët e kishës u ndanë në dy grupe për të kërkuar studion e transmetimit.

Disa prej atyre ishin në katin e dytë dhe vërejtën një derë që ishte gjysmë e hapur. Kur u futën, panë një mur me monitorë televizorësh dhe në to shfaqej programi për kishën tonë.

Ndërkohë që shihnin akuza të tilla të pabazuara që po transmetoheshin për kishën tonë, ata u zemëruan shumë. Mes anëtarëve të kishës sonë dhe stafit të transmetimit filloi një grindje sepse u kishim kërkuar të ndërprisnim transmetimin. Dikush uli çelësin dhe transmetimi u ndërpre. Kjo gjë u bë e njohur në mbarë botën.

# Theksimi në respektimin e ligjit

Unë u kam mësuar njerëzve t'i binden jo vetëm ligjit të Perëndisë, por edhe ligjeve shtetërore pavarësisht nëse çështja është e madhe apo e vogël. Në fakt, shumica e anëtarëve të kishës sonë e respektojnë ligjin, i shërbejnë shoqërisë dhe jetojnë si drita dhe kripa e botës. Por atë ditë disa nga anëtarët e kishës nuk mund ta kontrollonin veten dhe e shkelën ligjin për një moment. Kishës sonë iu desh ta paguante rëndë këtë gjë. Megjithëse ne kishim të drejtë, ishte e gabuar ta thyenim ligjin.

Për të qetësuar anëtarët e kishës që ishin në studion kryesore të transmetimit, Pastori Hjeonkuon Xhu hipi në një tavolinë. "Mos lëndoni njeri dhe mos dëmtoni asnjë pajisje. Mos i prekni. Ju lutem largohuni menjëherë që këtu." Por kjo skenë u raportua në lajme sikur Pastori Xhu po i nxiste njerëzit.

Televizioni i dënoi të gjithë anëtarët e kishës si shkaktarë trazirash. Ata fshinë zërin dhe e montuan filmimin ku mund të shiheshin vetëm gjestet. Lajmi që u shfaq tregonte krejtësisht të kundërtën e situatës reale.

Në tavolinën e sallës së madhe të transmetimit ndodhej një kamerë e madhe e çmontuar që ndoshta ishte për riparim. Por në lajme, ata treguan kamerën e çmontuar duke thënë se ne i kishim dëmtuar seriozisht pajisjet e tyre.

Shikuesit, të cilët nuk dinin se çfarë po ndodhte, i besuan lajmet.

Për shkak të këtij incidenti, kisha jonë pati një imazh negativ sipas të cilit ne kishim pushtuar një stacion televiziv dhe kishim ndërprerë transmetimet. Shumica e anëtarëve të kishës që jetonin një jetë të mirë e humbën imazhin e mirë që kishin për shkak të këtij incidenti.

Sigurisht, asgjë nuk ishte e planifikuar. Gjithçka ishte e rastësishme, por përsëri duhej të kërkonim të falur përpara njerëzve. Për shkak të shqetësimeve publike që u shkaktuan, ne botuam deklaratën tonë të kërkim faljes në revistat *Çosun Ilbo, Dong-A Ilbo, Hankjere Shinmun,* dhe në revista të tjera të përditshme në Kore.

Unë mendoj se personeli i televizionit mund ta kishte parashikuar se anëtarët e kishës do të shkonin për të protestuar sepse ata po transmetonin një akuzë të pabazë dhe të njëanshme kundër një kishe të madhe. Nëse ata do të kishin roje në portat e televizionit, anëtarët e kishës sonë nuk do ta kishin aq të lehtë të hynin.

Shtypi shkruante se kisha jonë e kishte planifikuar këtë deri në detaje. Policia thirri shumë anëtarë të kishës që shkuan në stacionin televiziv dhe u bëri pyetje, ku zbuloi që e gjitha kjo kishte qenë një rastësi.

Televizioni bëri një program bazuar në informacionet e rreme të dhëna nga personat që u përpoqën të shkatërronin kishën tonë. Për shkak të këtij transmetimi, jo vetëm kisha por edhe anëtarët e kishës duhej të përballeshin me pasoja serioze sepse filluan t'i quajnë anëtarë të një kishe të dhunshme. Shumë të rinj të kishës sonë shiheshin me sy tjetër dhe liheshin të veçuar në shkollë. Shumë prej tyre nuk mund të vinin më në kishë.

# Një qytetar i ndershëm humb punën

Në atë kohë Dhjaku Ikseon Ju ishte shef policor. Ai kishte 20 vite që punonte dhe njihej si polic besnik. Ai jepte shembullin e mirë si i krishterë dhe u shpallte ungjillin shumë njerëzve. Por disa prej atyre që braktisën kishën u përpoqën ta dërgonin në gjyq duke i dhënë informata të falsifikuara policisë dhe stacioneve televizive.

Ata ngritën akuza kundër tij duke thënë se ai ishte njeriu që e kishte drejtuar atë incident dhe ishte futur brenda në televizion me anëtarët e kishës. Shtypit iu duk shumë interesante që një punonjës aktiv policie të kishte drejtuar një incident të tillë.

Autoritetet e policisë e thirrën Ikseonin dhe hetuan çështjen. Shtypi dhe televizioni u shprehën se dukej sikur punonjësi i policisë kishte ndërhyrë qëllimisht në incident. Më 17 maj, në edicionin e lajmeve të orës 9, kanali MBC raportoi si më poshtë:

**"Policia ka filluar një hetim për akuzën se punonjësi**

i policisë Ju në rajonin e policisë Jangçeon kishte rol drejtues në hyrjen me forcë në stacionin televiziv Munhwa Broadcasting Corporation. Rezultoi se punonjësi i policisë Ju ishte në kishë atë ditë pas pune, dhe e dinte se anëtarët e kishës do të shkonin në stacionin televiziv por ai nuk ia raportoi këtë policisë..."

Në fakt, hetimi i policisë zbuloi se ai ishte në kishë në kohën kur anëtarët e kishës shkuan në stacionin televiziv, dhe i telefonoi stacionit televiziv që ata të përgatiteshin për ardhjen e tyre.

Që të zbulohej e vërteta, ai kërkoi tërheqjen dhe korrigjimin e lajmit pranë Komisionit Arbitrues të Shtypit, por e anuloi këtë për shkak të dikujt tjetër. Policia bëri hetime për një muaj e gjysmë por nuk gjeti asnjë faj. Hetimi përfundoi me rezultatin se ai nuk ishte fajtor.

Pas kësaj, ai vazhdoi të punojë si punonjës policie për një vit e gjysmë por gjithnjë ishte nën mbikëqyrje. Edhe njerëzit e shihnin me dyshim. Në fund ai vendosi të japë dorëheqje. Një qytetar i ndershëm dhe një polic besnik pothuajse u shndërrua në kriminel nga njerëzit, për shkak të akuzave të rreme, dhe në fund iu desh të linte punën.

# Veprat e Perëndisë vazhdojnë pa asnjë ndryshim

Me 3 maj 1999, filloi Takimi i Veçantë Dyjavor i Rizgjimit me titull, "Perëndia është Dashuri" (1 Gjoni 4:16). Perëndia tregoi vazhdimisht shumë shenja, mrekulli dhe vepra të jashtëzakonshme gjatë takimit të rizgjimit.

Napshim Parku ishte 85 vjeçare. Ajo vijonte në kishën në Goesan, në provincën Cungbuk dhe ishte prekur nga predikimet e kishës sonë që i kishte dërguar i biri. Që nga dita kur kishte lindur, ajo nuk shikonte me syrin e majtë dhe kapaku i syrit i varej.

Kur ishte 30 vjeçare, xhaxhai i burrit e kishte goditur sepse ajo besonte në Jezusin. Si rezultat i kësaj goditjeje, asaj i ishte çarë daullja e veshit. Që nga ajo kohë ajo nuk dëgjonte nga veshi i djathtë. Por me 3 maj 1999, ditën e parë të takimit të rizgjimit, ajo filloi të shikonte nga syri i majtë dhe të dëgjonte me veshin e djathtë.

Për herë të parë pas 85 vitesh ajo mund të shihte qartë me syrin e majtë, ndërsa veshi i djathtë me të cilin nuk dëgjonte gjatë 55 viteve të fundit, i ishte shëruar.

Në takim ishte edhe Hikjeong Song e cila ishte shëruar dy vite më parë. Ajo kishte lindur shtatanike dhe kishte paralizë infantile dhe nuk i përdorte dot krahun dhe këmbën e majtë që kur ishte e vogël.

Ajo ishte shëruar pjesërisht nëpërmjet kurave të vazhdueshme, por këmba e majtë ishte 4cm më e shkurtër se këmba e djathtë. Shpinën e kishte të kërrusur, po ashtu edhe legenin e kishte të shtrembëruar dhe kishte shumë dhimbje. Ajo çalonte dhe fëmijët e tjerë e tallnin shpesh.

Në vitin 1997 ajo filloi kolegjin dhe erdhi për herë të parë në Takimin e Pestë të Veçantë Dyjavor të Rizgjimit. Me 6 maj 1997, ajo mori lutjen time në takimin e parë për të sëmurët. Këmbët iu forcuan dhe ajo filloi të kërcente nga gëzimi.

Në atë moment ndodhi një mrekulli. Këmba e saj e majtë preku tokën. Pas vizitës në spital, ajo zbuloi se këmba e saj, që kishte qenë 4cm më e shkurtër, ishte zgjatur. Songut iu drejtua edhe shpina e kërrusur dhe legeni i shtrembëruar. Që nga ajo kohë, ajo është martuar dhe ka një familje të lumtur me dy fëmijë.

Nga programi që transmetoi ekipi i producentëve për kishën tonë, te ne erdhën shumë reporterë nga CNN, ABC, BBC dhe NHK. Ata filmonin dhe bënin foto ndërkohë që shihnin mrekullitë që ndodhnin gjatë takimit të rizgjimit.

Disa prej tyre dërguan raporte në selitë përkatëse ku flisnin për të verbër që fillonin të shikonin, për sakatë që hidhnin tutje patericat dhe të tjerë që ngriheshin nga karrocat e invalidëve. Në fakt ata raportuan të vërtetën.

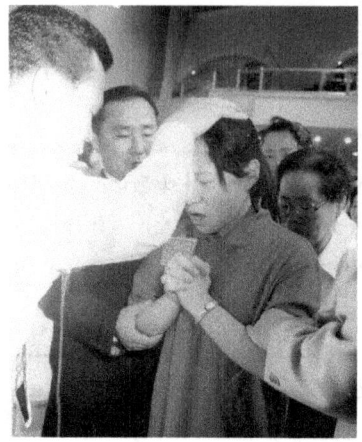

Lart: Lutje gjatë takimit të rizgjimit (1997)
Poshtë: Familja e Hikjeong Song

Që nga incidenti në televizion, nuk shkova në shtëpi për shumë muaj por qëndrova në kishë duke u lutur. Me gjithë ato vajtime dhe tronditje, humba shumë peshë dhe këmbët më dridheshin.

Deri në atë kohë kisha jonë kishte bërë vepra të mira. Kishim mbajtur shumë shërbesa për zhvillimin e kishave të krishtera dhe kishim zhvilluar edhe punë shoqërore. Asnjëherë nuk kishim shkaktuar ndonjë problem për shoqërinë.

Kishte shumë familje që ishin pranë divorcit të cilat u kthyen në familje të lumtura. Kishte shumë njerëz që ishin shëruar dhe tani jetonin jetë të shëndetshme. Kishte edhe nga ata që kishin ardhur në kishë për herë të parë të varfër, por duke jetuar me fjalën e Perëndisë kishin marrë bekime financiare dhe tani kishin një jetë të pasur.

Stacioni televiziv nuk kishte si qëllim të tregonte gjërat e mira në kishë. Ata mendonin se të gjitha kishat e mëdha kanë probleme, dhe ajo që po ndodhte ishte e ngjashme me persekutim.

Nëse dëgjojnë dikë që u jep informacione të pavërteta dhe shkruajnë një skenar dhe më pas e shfaqin duke mos treguar të vërtetën, atëherë kjo quhet shkelje e rëndë. Është përtej imagjinatës që një stacion televiziv të prodhojë një program të tillë kaq të njëanshëm. Por sigurisht, veprimet e papjekura të disa anëtarëve të kishës më shkaktuan edhe më shumë vështirësi.

Gjëja e vetme që mund të bëja ishte të meditoja në Jezusin i cili në heshtje barti kryqin. Unë mund të agjëroja dhe të lutesha me lot përpara Perëndisë që di gjithçka.

Në predikimin tim, nuk i përmenda emrat e atyre që

përhapën thashethemet e pabazuara dhe nxorën dëshmitarë të rremë.

Isha shumë i skandalizuar, por nëse do të shfaqja fajet e tyre, do të ishte shumë e vështirë që ata persona të ktheheshin. Prandaj, vendosa të marrë të gjithë fajin mbi vete. Por punonjësit e kishës menduan që nëse e vërteta nuk do të tregohej atëherë do të kishim shumë vështirësi në kryerjen e punëve misionare. Kështu ata e hodhën në gjyq stacionin televiziv.

Në maj 1999, pasi u transmetua programi i producentëve, Pastor Xhongman Li, Presidenti i Shoqatës së Misionit Botëror për Rilindjen e Krishterë ishte i çuditur aq shumë sa erdhi në kishën tonë. Ai është një nga pastorët më të mirënjohur të Koresë, por në përgjithësi nuk kishte shumë marrëdhënie me kishën tonë.

Ai erdhi vetëm sepse kur pa programin në televizion kuptoi se unë po akuzohesha pa të drejtë dhe botoi një deklaratë me titull "Ne kërkojmë ndershmëri në transmetimet televizive." Pjesa e mëposhtme është shkëputur nga kjo deklaratë.

> **"…kur përmendet feja, duhet të kemi kujdes të mos nëpërkëmbim individët e veçantë dhe qëllimin e asaj feje. Në veçanti, televizionet duhet të pranojnë faktin se ata nuk kanë aftësinë të vendosin mbi çështjet fetare, sidomos në dhënien e argumenteve për herezinë. Ajo që mund të bëjë një televizion është thjesht të raportojë argumentet e të dyja palëve në mënyrë të drejtë dhe të paanshme…"**

Por transmetimi i fundit i MBC e lëri anash këtë qasje. Çështjet fetare duhet të trajtohen nëpërmjet metodave të përshtatshme dhe të pranueshme studimore shkencore.

Programi i MBC nuk e mori në konsideratë këtë mënyrë veprimi. Ata thjesht u mbështetën në opinionet e disa personave si të ishin opinionet e shumicës së njerëzve.

Shtypi po e nëpërkëmb fenë dhe po pengon kryerjen e misionit dhe detyrave të saj duke e gjykuar fenë sipas standardeve jofetare.

Më vonë, Pastori Xhongman Li në një intervistë për shtypin tha:

"Mendoj që ky incident ndodhi pasi që ata nuk e njihnin botën shpirtërore e keqkuptuan Kishën Qendrore Manmin.

Sot, ne kemi një nevojë për veprat e Frymës së Shenjtë dhe përvojat nga Perëndia. Por kur flasim për përvojat hyjnore, shumë njerëzve u duket e çuditshme. Duhet që ta shërojmë këtë sëmundje që kanë kishat koreane të cilat i gjykojnë të tjerët me arrogancën e tyre dhe sipas standardeve të veta.

Arsyeja pse e dua Kishën Qendrore Manmin është sepse aty ndodhin shumë vepra të Frymës së Shenjtë. Mendoj se Kisha Qendrore Manmin është një nga kishat kryesuese e cila jep shembullin më të mirë të përjetimit të Frymës së Shenjtë."

Unë nuk kisha mundësi të shihja programin, prandaj nuk i di hollësirat. Por kur dëgjoj nga punëtorët tanë se çfarë ishte transmetuar, kuptoj që ajo ishte veçse një shtrembërim dhe kjo gjë më bën të vajtoj.

Ashtu siç nuk bëra në atë kohë, dhe tani, nuk kam asnjë dëshirë të justifikoj apo të përpiqem të zbuloj kush mund të ketë të drejtë e kush nuk mund. Por kur flas për të vërtetën, ata besimtarë që kanë mendime të shëndosha do të bëjnë gjykime të drejta.

Njerëzit në përgjithësi u besojnë televizioneve publike. Televizioni është diçka shumë e fuqishme. Nëse një producent pret fillimin dhe fundin e një filmimi, dhe më pas e monton programin siç ai dëshiron, atëherë rezultati do të jetë shumë ndryshe nga e vërteta e materialit origjinal. Më lejoni t'ju shpjegoj disa gjëra që u shfaqën në programin e producentëve.

# Ngjarja në Las Vegas

Pas mbylljes së një kryqëzate apo rizgjimi jashtë vendit, personave të cilët merren me përgatitjen e aktiviteteve u jap një periudhë kohe për të pushuar. Pas mbylljes së rizgjimit në Los Anxhelos, i pyeta se çfarë donin të bënin. Shumica donin të vizitonin Kanionin e Madh sepse është një vepër madhështore e Perëndisë Krijuesit. Për të shkuar në Kanionin e Madh duhej të kalonim nëpërmjet Las Vegasit.

Las Vegasi ka shumë hotele dhe brenda në hotele ka kazino. Atje është normale që familjet apo çiftet e moshuara të luajnë nëpër lojërat elektronike me monedha.

Qeveria amerikane legalizoi kumarin dhe Las Vegasi u shndërrua në një qytet turistik ku shumica e turistëve luajnë nëpër lojërat e fatit.

Sigurisht, disa futen në lojë me shuma të mëdha parash, por ditët e sotme është pjesë e kulturës dhe argëtimit të luash në lojërat e kazinove.

Gjatë udhëtimeve të misioneve, ne filmojmë të gjithë udhëtimin me kamera dhe kur kthehemi, e shfaqim përpara të gjithë kishës për t'i dhënë lavdi Perëndisë. Pas rizgjimit në Shtetet e Bashkuara, u shpjegova anëtarëve të kishës se si vizituam një kazino në Las Vegas, dhe e gjithë kisha e dinte këtë.

E gjitha ndodhi kur isha në Las Vegas. Një nga pjesëtarët e ekipit tonë hodhi idenë që të luanim në ndonjë lojë elektronike në kazino. Unë nuk ia kisha idenë kazinove. Por kur zgjodha një nga lojërat me monedha, sipas frymëzimit të Frymës së Shenjtë, dhe luajta, dolën shumë monedha. Duke qenë se kisha besim se mund t'i mundja makineritë e lojërave me anë të besimit, fitoja vazhdimisht.

Të gjithë në ekipin tonë luajtën, por shumica e tyre humbi. Pasi humbën disa herë me radhë loja filloi të mos u dukej shumë zbavitëse dhe kështu erdhën te unë për të më shikuar duke luajtur.

Kudo që ulesha, monedhat vërshonin më shumë se 10 herë radhazi. Të gjithë u çuditën shumë. Për ta kjo ishte një pamje ku mund të kuptonin që besimi mund të kontrollojë edhe lojërat e fatit.

Kur u ktheva në kishë, ua shpjegova këtë anëtarëve të kishës për të mbjellë te ta farën e besimit. Sigurisht, kjo gjë duhet luajtur vetëm për argëtim dhe më pas nuk duhet të vazhdohet. Asnjëherë nuk duhet të luajmë në lojëra fati për të fituar të ardhura të pamerituara.

Një nga ata që u larguan nga kisha ishte edhe drejtuesi i të gjithë incidentit në televizion. Ky person, duke gënjyer, dëshmoi se unë kisha humbur disa dhjetëra mijëra dollarë në kazino. Programi i producentëve tregoi një dokument në të cilin ishte shkruar 'Shpenzime për Lojëra'. Ata e kishin bërë të dukej sikur ky dokument ishte shkruar nga kisha jonë por kisha jonë nuk ka krijuar ndonjëherë një dokument të tillë; ishte kryekëput i falsifikuar.

Për të përhapur fjalë të këqija për mua, ata e nxorën në transmetim këtë letër duke e bërë të dukej si të ishte një dokument i vërtetë. Madje të gjithë programin e edituan me qëllim që të dukej sikur unë kisha humbur dhe harxhuar shuma të mëdha nga financa e kishës duke luajtur kumar. Gjithsesi, nëse dikush do të humbte para duke luajtur kumar, pse duhej ta dokumentonte këtë dhe ta regjistronte si 'Shpenzime për Lojëra'?

# 'Bari' është shprehje biblike

Bibla na tregon se Jezusi ishte Bariu i Madh (Hebrenjve 13:20), dhe Kryebariu (1 Pjetrit 5:4). Por çfarë është bariu? Jeremia 3:15 thotë, *"Do t'ju jap pastaj barinj sipas zemrës sime, që do t'ju kullosin me dije dhe dituri."* Barinjtë do ta ushqejnë popullin e Perëndisë me dituri dhe arsye.

Këtu, me fjalën barinjtë, u referohet atyre që mund ta mësojnë shumë mirë popullin e Perëndisë.

Jeremia 23:2-4 thotë, *"Prandaj kështu thotë Zoti, Perëndia i Izraelit, kundër barinjve që kullosin popullin tim: 'Ju keni shpërndarë delet e mia, i keni përzënë dhe nuk keni pasur kujdes për to; ja, unë do t'ju dënoj për ligësinë e veprimeve tuaja', thotë Zoti. 'Por do të mbledh kusurin e deleve të mia nga të gjitha vendet ku i kam shpërndarë dhe do t'i çoj përsëri në kullotat e tyre, ku do të jenë pjellore dhe do të shumohen. Do të caktoj mbi to barinj që do t'i kullosin dhe nuk do të kenë më ndrojtje as frikë; nuk do të mungojë asnjë prej tyre', thotë Zoti."*

Thotë gjithashtu se janë barinjtë ata që mund ta prijnë popullin e Perëndisë. Barinjtë janë ata të cilëve u është besuar tufa e Zotit, kryebariut, dhe të cilët i mësojnë dhe i prijnë ata. Edhe sot, të thuash që një pastor është bari është e saktë dhe në përputhje me Biblën.

Gjithashtu, shumë organizata misionarësh apo organizata misionesh studentore e përdorin termin 'bari' për ata që mësojnë studentët, megjithëse mund të mos jenë emëruar si pastorë. Vetëm pse disa njerëz e thërrasin pastorin 'bari', nuk mund t'i gjykojmë se po e hyjnizojnë pastorin.

# Keqkuptimet në lidhje me shërbesën, të jemi një me Frymën e Shenjtë

Ata që braktisën kishën dhe shkaktuan sprovat dhe zemërimin, fabrikuan dokumente të falsifikuara ku thuhej se unë isha Perëndia dhe se predikoja sikur Perëndia ishte i përbërë nga katër persona.

Kjo gjë më çuditi dhe u shtanga sepse unë predikoj vetëm Perëndinë Trini dhe faktin që të gjitha veprat në Bibël janë të vërteta.

Për shkak se kisha jonë ka treguar punët e fuqishme të Frymës së Shenjtë, Satani na urren dhe përpiqet të na shkatërrojë. Edhe sot ekzistojnë njerëz që përhapin fjalë të liga duke thënë se unë isha shprehur se jam Perëndia apo se jam Fryma e Shenjtë.

Unë u kam mësuar njerëzve se nëse largojmë nga vetja çdo formë të së keqes nëpërmjet lutjeve të zjarrta dhe nëse i ngjajmë zemrës së pastër dhe të panjollë të Perëndisë dhe Zotit, atëherë mund të marrim fuqinë e Perëndisë dhe mund të bashkohemi gjithashtu me Frymën e Shenjtë dhe mund të tregojmë veprat e fuqishme të Frymës së Shenjtë.

Edhe Jezusi foli për të qenit një me Perëndinë.

Te Gjoni kapitulli 17, vargjet 21 dhe 22 është shkruar se Jezusi tha, *"Që të gjithë të jenë një, ashtu si ti, o Atë, je në mua dhe unë në ty; edhe ata të jenë një në ne, që bota të besojë se ti më ke dërguar. Dhe unë u kam dhënë lavdinë që më ke dhënë, që ata të jenë një, ashtu si ne jemi një."*

Të supozojmë që drejtori i një kompanie u thotë punonjësve të bashkohen me të si të ishim një. Kuptimi i kësaj është të kenë një vullnet dhe një mendje si ai, por nuk do të thotë që punonjësit do të bëhen drejtorë.

Unë as që mund ta imagjinoj që të them se jam Perëndia apo Fryma e Shenjtë! Zemra ime e vërtetë mund të shprehet në predikimet e mia të mëparshme,

> "Unë dëgjoj shumë e shumë gjëra. Për shkak të shumë shenjave e mrekullive, dhe veprave të mrekullueshme, unë dëgjoj se disa njerëz janë të shqetësuar se unë do ta quaj veten Perëndi. Motra e vëllezër, a mendoni edhe ju ashtu?
>
> Ndërsa isha i sëmurë për 7 vite të gjata, familja dhe prindërit më braktisën. Por Perëndia më shëroi njëherësh. Unë u luta dhe punova me besim për Perëndinë. Tani edhe familja ime jeton një jetë të përkushtuar për mbretërinë dhe drejtësinë e Perëndisë.
>
> Ju e dini shumë mirë se Perëndia i plotfuqishëm

ka qenë me mua për të na treguar shumë shenja dhe mrekulli, dhe vepra të jashtëzakonshme. Sa prej nesh nuk e kanë përjetuar dorën e plotfuqishme të Perëndisë nëpërmjet meje këtu?

Disa prej jush ishin të dënuar me vdekje nga spitalet. Disa prej jush ishin të çalë, disa ishin të paralizuar, e kishin shumë sëmundje të tjera. Por ju u shëruat nëpërmjet lutjes dhe u bëtë të shëndetshëm. Familjet tuaja dëgjuan ungjillin.

Ju e braktisni botën, i largoni larg vetes mëkatet dhe errësirën; ju agjëroni dhe luteni gjithë natën për të jetuar sipas fjalës së Perëndisë. Ju po vraponi në garën e besimit, me shpresë për mbretërinë e qiejve.

Atëherë, pse duhet të vetë-deklarohem unë Perëndi? Është e paimagjinueshme. Në shumë e shumë mesazhe që kam predikuar, si 'Mesazhi i Kryqit', dëshmohet se unë jetoj vetëm për lavdinë e Perëndisë.

Unë ia kam dhënë të gjithë lavdinë vetëm Perëndisë. A do të mund të ndryshoja dot brenda një momenti dhe të bëhesha si Perëndia, si Zoti ynë? A do të mund ta mohoja dot Biblën?

Ka njerëz që i thonë këto fjalë të paimagjinueshme. Nëse janë kaq të shqetësuar për mua, atëherë a e dinë se sa seriozisht më lëndojnë? Si mund të ndodhë diçka e tillë? Të dashur motra dhe vëllezër në Krishtin, sido që të jetë, ju nuk duhet të mendoni apo të thoni diçka të tillë.

Një gjë të tillë as që duhet ta imagjinoni. Nëse e quaj veten Perëndi, atëherë ju lutem të më dënoni dhe të largoheni nga kjo kishë sepse ekziston vetëm një

Perëndi.

Vetëm Krishti Jezus është Shpëtimtari ynë. Perëndia është Ati, Biri dhe Fryma e Shenjtë, Perëndia Trini. Ne i besojmë të 66 librat e Biblës. Sigurisht, nuk është se ju anëtarët e kishës po i thoni këto gjëra, por unë po i përmend sepse kam dëgjuar edhe unë të flitet për këto."

(Marrë nga predikimi i datës 31 korrik 1998, Mësime mbi Fjalët e Urta.)

Poashtu dëgjova që në programin e producentëve kishin thënë se unë e kisha bërë veten Perëndi. Prova që dhanë ishte një skenë ku disa anëtarë të kishës ishin duke u përulur përpara meje. Pas gjithë kësaj qëndron një histori në vete.

Në vitin 1998, Perëndia u hapi sytë shpirtërorë shumë anëtarëve të kishës dhe bëri që ata të kishin shumë përvoja shpirtërore. Të premten, më 15 maj, ishte ditëlindja ime, prandaj zhvilluam një shërbesë falënderimi e cila u drejtua nga Misioni i Grave të kishës.

Në mëngjes zhvilluam shërbesën dhe dëgjova se në qiell kishte dalë një ylber i dyfishtë. Pas përfundimit të shërbesës dola dhe pashë një ylber të madh.

Që nga ajo ditë Perëndia na tregon shpesh ylbere sa herë që zhvillojmë aktivitete me kishën. Kjo është shenjë e Perëndisë që na tregon se Ai është me ne.

Ylberi nuk ishte e vetmja gjë. Shumë anëtarë panë dritat e botës shpirtërore dhe pika ngjyrë ari dhe argjendi që spërkatnin engjëjt në ajër. Jashtë në oborrin e kishës, duke parë drejt qiellit disa prej tyre panë engjëj.

Të jesh në gjendje të shohësh botën shpirtërore ose jo, ka ndryshim të madh. Anëtarët e kishës i treguan njëri-tjetrit atë që panë. Ishte e premte, dhe në orën 11 të mbrëmjes filloi shërbesa e natës së premte. Gjatë pjesës së parë zakonisht kemi një shërbesë adhurimi ndërsa gjatë pjesës së dytë kemi lavdërim dhe adhurim dhe më pas kohën e lutjes.

Ajo që po drejtonte lavdërimin gjatë pjesës së dytë papritur u përkul përpara meje. Ata që nuk i njohin zakonet koreane duhet të dinë që në Kore është e zakonshme të shprehësh falënderime apo respekt me atë që njihet si "përkulja e madhe." Kjo përkulje zakonisht përdoret kur përkulesh përpara prindërve apo në kohët e vjetra kur njerëzit përkuleshin përpara zotërisë së tyre. Gjithçka ndodhi brenda një momenti.

Drejtuesja e lavdërimit të asaj dite tha se po përkulej përpara meje në ditëlindjen time për të më falënderuar që e kisha rritur me fjalën e jetës deri atë ditë. Ndërkohë që ajo u përkul, edhe pleqtë e kishës filluan të përkulen përpara meje. Sigurisht, i kuptoj zemrat e tyre; përkulja ishte në shenjë falënderimi dhe respekti për bariun e tyre që u kishte mësuar hirin e Perëndisë.

Unë u vura shumë në siklet dhe u përpoqa t'i ndaloj. Ishte hera e parë që kjo gjë ndodhte në historinë e kishës sonë. Personi që i nxiti të tjerët ta bëjnë këtë më pas u largua nga kisha. Ajo ishte shkaktarja e të gjitha problemeve të mëvonshme.

Ata u përkulën përpara meje jo sepse po më shërbenin si Perëndi, por si shenjë e falënderimeve të tyre ndaj meje si një bari që i rriti me fjalën e Perëndisë.

Por televizioni nuk i tregoi dhe as nuk i shfaqi arsyet e mira dhe të pastra pas këtij veprimi. Ata e redaktuan filmimin në mënyrë që të dukej sikur mua më pëlqente që po më adhuronin, duke më bërë të dukesha si drejtuesi i ndonjë kulti.

# Bibla është e mbushur me gjëra të misterioze të mrekullueshme

Producentët bashkëpunuan me Këshillin e Krishterë të Koresë (CCK), dhe e shfaqën kishën tonë si sekt heretik që ka kaluar në misticizëm. Komiteti i CCK për Kundërmasat ndaj Heretikëve dhe Kulteve e dënoi menjëherë kishën tonë si heretike në bazë të materialeve që u dhanë nga personat që braktisën kishën.

Komiteti përmendi incidentin e vitit 1990 me Kishën e Shenjtërisë së Jezusit. Atë që ndodhi e kam shpjeguar n në ajër hollësi në volumin e parë të librit *"Jeta Ime, Besimi Im."* Por, shkurtimisht, Kisha e Shenjtërisë së Jezusit në atë kohë keqpërdori autoritetin që kishte, për të më dënuar dhe shkishëruar.

Nuk dua të shpenzoj më shumë kohë për të qartësuar falsitetin e intervistave, dhe as për të thënë se kush kishte të drejtë dhe kush jo. Por dua të qartësoj atë që nënkuptohej me "misticizëm."

Duke filluar që nga libri i Zanafillës e deri në librin e Zbulesës,

Bibla është e mbushur me mistere. Perëndia është frymë, dhe Ai ekziston në dimensionin e katërt, i cili është bota shpirtërore. Ai e shkroi Biblën nëpërmjet të zgjedhurve të Tij, profetëve dhe apostujve të cilët ishin të drejtë në sytë e Tij.

Profetët dhe apostujt kuptuan zemrën e Perëndisë nëpërmjet frymëzimit të Frymës së Shenjtë dhe shkruan Biblën. Ata ishin shkrimtarët, por jo autorët e vërtetë të Biblës.

Le të supozojmë sikur një nënë që jeton në fshat nuk di shkrim apo këndim dhe i kërkon njërit prej fqinjëve t'i shkruajë në letër atë që dëshiron t'i thotë të birit. Fqinji është thjesht shkruesi i letrës ndërsa personi që mund të quhet autori zyrtar i letrës është nëna.

Bibla na mëson për Perëndinë që është frymë. Ajo na mëson për botën shpirtërore dhe krijimin e Perëndisë, që e krijoi nga asgjëja. Bibla është plot me gjëra që nuk mund të kuptohen sipas logjikës së njerëzve.

Perëndia zbriti mbi Malin Sinai dhe foli me Moisiun, korbat i sollën bukë dhe mish Eliseut, Pjetri u arratis nga burgu me ndihmën e një engjëlli dhe Jezusi do të kthehet i shoqëruar nga tingulli i trumpetave. Atëherë, si mund t'i besojmë këto gjëra sipas arsyes dhe logjikës së njerëzve?

Te Eksodi 19:18-19 thotë, *"Mali i Sinait ishte tërë tym, sepse Zoti kishte zbritur mbi të në zjarr; tymi i tij ngrihej si tymi i një furre, dhe tërë mali dridhej fort. Ndërsa zëri i borisë po bëhej gjithnjë më i fortë, Moisiu fliste, dhe Perëndia i përgjigjej me një zë gjëmues."*

*"Pastaj u shtri dhe e zuri gjumi poshtë gjineshtrës, por ja që një engjëll e preku dhe i tha: 'Çohu dhe ha'. Ai*

*shikoi dhe pa pranë kokës së tij një kulaç të pjekur mbi gurë të nxehtë dhe një enë me ujë. Ai hëngri dhe piu, pastaj përsëri u shtri. Engjëlli i Zotit u kthye për herë të dytë, e preku dhe i tha: 'Çohu dhe ha, sepse rruga është tepër e gjatë për ty'. Ai u ngrit, hëngri dhe piu; pastaj me forcën që i dha ai ushqim eci dyzet ditë dhe dyzet net deri sa arriti në malin e Perëndisë, në Horeb"* (1 Mbretërve 19:5-8).*

*"Dhe ja, një engjëll i Zotit u duk dhe një dritë e ndriçoi qelinë; dhe ai i ra Pjetrit në ijë, e zgjoi duke thënë: 'Çohu shpejt!' Dhe zinxhirët i ranë nga duart. Pastaj engjëlli i tha: 'Ngjishu dhe lidhi sandalet!' Dhe ai bëri kështu. Pastaj i tha: 'Mbështillu me mantelin dhe ndiqmë!'"* (Veprat 12:7-8)

*"Sepse Zoti vetë, me një urdhër, me zë kryeengjëlli dhe me borinë e Perëndisë, do të zbresë nga qielli dhe ata që vdiqën në Krishtin do të ringjallen të parët;"* (1 Thesalonikasve 4:16).

Sot, nëse flasim për këtë botë shpirtërore, shumë njerëz na gjykojnë duke thënë se kemi kaluar në misticizëm. Janë të paktë mësuesit që mësojnë të vërtetën e plotë mbi botën shpirtërore, dhe për këtë arsye janë të shumtë ata që nuk kanë besim të vërtetë.

Edhe nëse frekuentojnë kishën, shumë prej tyre nuk i kanë përjetuar veprat e Frymës së Shenjtë. Prandaj ata nuk e kanë sigurinë e shpëtimit. Shumë prej tyre nuk besojnë që ka parajsë dhe ferr dhe mëkatojnë njësoj si edhe jobesimtarët.

## Në lidhje me intervistën mbi ofertat e detyruara

Një grua që ishte larguar nga kisha jonë u intervistua dhe tha se jepte shumë oferta dhe biznesi që kishte falimentoi dhe tani familja e saj është në gjendje të keqe financiare.

Ajo u shpreh se fitonte shumë. Të ardhurat e saj arrinin në 6 milionë uon (rreth 6,000 dollarë), dhe shumicën e kësaj shume ajo e jepte si ofertë. Por kur kontrolluam regjistrin e ofertave, pamë që e gjitha kjo ishte gënjeshtër e pastër.

Sipas fëmijëve të saj dhe punonjësve që punonin në biznesin e saj, ajo kishte shumë borxhe. Dhe këto borxhe nuk ishin për shkak të ofertave por për shkak të punëve personale. Më shumë se gjysma e të ardhurave të saj shkonin si interesa për kreditë që kishte marrë. Duke qenë se këto borxhe ishin grumbulluar përgjatë një periudhe të gjatë kohore, në fund ajo falimentoi.

Djali i saj e dinte që e ëma e tij kishte gënjyer gjatë intervistës sipas marrëveshjes që kishte bërë me ata që shkaktuan probleme për kishën. Por ai nuk mund të bashkëpunonte dot me të ëmën e tij.

Përpara se të ndodhte kjo, kisha dëgjuar një herë se kjo familje po përballej me probleme financiare, dhe personalisht i ndihmova duke u dhënë një shumë të konsiderueshme parash. Por megjithatë ajo u largua nga kisha së bashku me ata që sollën mbi kishë sprovat dhe problemet, dhe dha dëshmi jo të vërtetë. E gjithë kjo më bënte të vajtoja për të.

Ata që kishin probleme financiare i ndihmova duke i kursyer nga shpenzimet e mia. Por kur ata njerëz më tradhtonin dhe e kthenin të mirën me të keqe, më dhembte zemra.

# Videoja e paligjshme me kamera të fshehta

Në maj të vitit 1999, Dhjake Hjeonxhu Kim, një nga anëtaret e kishës, u shtang kur pa veten e saj në një intervistë në programin e producentëve. Në atë kohë ajo ishte në muajin e pestë të shtatzënisë dhe u trondit shumë.

Në fund të prillit 1999, Dhjake Kimi mori një telefonatë nga një zonjë që s'e kishte takuar ndonjëherë, e cila kërkoi ndihmë nga Dhjake Kimi. Duke i ardhur keq për këtë zonjë, Dhjake Kimi pranoi të takohej me të, por nuk mund ta imagjinonte kurrë që kjo zonjë po e filmonte me kamera të fshehta.

Ata dhanë emra të rremë, bënë disa pyetje dhe më pas e montuan duke transmetuar në programin e tyre një filmim ku gjithçka ishte shumë ndryshe nga e vërteta.

Në prill të vitit 1998, Dhjake Hjeonxhu Kim kishte ardhur në kishën tonë nga Franca për të shëruar nëpërmjet besimit djalin e saj Xhunsu, i cili qante vazhdimisht për shkak se truri i tij nuk rritej. Ajo erdhi në një takim rizgjimi dhe mori lutjet e mia. Që nga ajo kohë Xhunsu pushoi së qari dhe bebet e syrit iu kthyen në normalitet.

Dhjake Hjeonxhu Kim përjetoi shërimin hyjnor dhe u kthye në Francë ku studionte i shoqi i saj. Pas përfundimit të studimeve të tij, ata u kthyen në Kore dhe filluan të vijonin kishën tonë.

Dhjake Kimi mbeti sërish shtatzënë në vitin 1999, dhe djali i tyre i parë Xhunsu, i cili kishte lindur me dobësi, shkoi në parajsë. Në frymë, për Xhunsunë ishte bekim që të shpëtonte dhe të shkonte pranë Zotit sesa të vuante mbi këtë tokë.

Çifti e kuptoi që Perëndia tregoi dashuri duke u marrë birin e tyre dhe duke u dhënë një fëmijë tjetër. Prandaj, ata nuk u trishtuan por me mirënjohje e vazhduan jetën e tyre si të krishterë.

Dhjake Kimi dha dëshminë e saj për këtë jetë të lumtur që ajo po jeton dhe e nxiti zonjën të pranojë Zotin. Por asnjë pjesë e kësaj bisede nuk u transmetua. Duke bërë shumë pyetje sugjestive dhe duke i montuar pjesët sipas një qëllimi të caktuar, programi i tyre tregoi sikur ky çift po jetonte në dëshpërim një jetë të trishtuar.

Këtu kam përmendur vetëm disa gjëra që u transmetuan në televizion për kishën tonë. Në fakt, nuk doja fare që t'i përmendja këto gjëra. Për të sqaruar çdo gjë që u transmetua në programin e producentëve do duhej të shkruheshin shumë libra.

Por duke parë një numër çështjesh, mund të shohim se si e vërteta e një situate kthehet në falsitet. Ky ishte dhunim nga ana e shtypit sepse ata transmetuan diçka që qëllimisht u bë të dukej sikur ishte e vërtetë. Në fakt ishte persekutim i fesë.

Disa nga këto pjesë i shpjegova duke shpresuar që askush tjetër të mos i vuajë të njëjtat gjëra për shkak të një transmetimi të tillë televiziv. Nëse ndodh diçka e ngjashme, atëherë kjo është edhe një shpifje serioze personale.

# Aplikimi për Raportin e Përgënjeshtrimit

Kisha jonë u përball me një dëm të paimagjinueshëm për shkak të transmetimit të këtij programi mashtrues, dhe aplikuam pranë Komitetit të Arbitrimit të Shtypit për arbitrimin e çështjes. Por, stacioni televiziv u shpreh se nuk kishte asnjë lloj synimi të vazhdonte me arbitrimin. Prandaj, aplikuam në gjykatë për raportin e përgënjeshtrimit.

Raporti i përgënjeshtrimit jep mundësinë që një situatë të përgënjeshtrohet apo shpjegohet. Ky raport i jepet palës që pretendon se ka pësuar dëme nga raportimi i publikuar në shtyp ndërkohë që e vërteta e çështjes nuk është qartësuar ende.

Ky raport është mundësia që të dalë në dritë drejtësia dhe e vërteta ndaj atyre që janë dëmtuar për shkak të raportimeve të njëanshme dhe të pavërteta.

Në 14 tetor 1999, Gjykata e Distriktit Jugor të Seulit shpalli vendimin ku thuhej,

1999년 11월 7일 (일요일)

**교회연합신문**

# "MBC는 만민중앙교회 반론을 보도하라"

### 서울지법남부지원 판결 MBC 보도내용 대부분 사실 아닌 것으로 해석

1999년 11월 7일(일)

**기독교연합신문**

## "MBC, 만민교회 반론 보도" 판결

### 남부지원, 총 14회 걸쳐

서울지방법원 남부지원(재판장양병) 종합부(재판장)은 최근 MBC에 대한 만민중앙교회의 반론보도구 소송 선고공판에서 "MBC는 법정에 기독 보도를 정해진, 시간과 프로그램, 방 법대로 정해진, 시간과 MBC 송출시 및 4개의 라디오 만민교회의 반론을 보도하라"는 판결을 내렸다.

99년 11월 7일

## 기독교신문

### 종교관련 한건주의식 선정

만민중앙교회 관련 반론보도

2001년 6월 31일 경요일

## 조선일보

### "MBC PD수첩 만민중앙교회 방영금지 가처분조치 정당"

### 헌법재판소 결정

99년 MBC 'PD수첩'이 방영하려 던 만민중앙교회의 관련한 프로그램 에 대해 교회측의 방영금지 가처분 신청을 법원이 받아들인 것은 합헌이 라고 헌법재판소가 30일 결정했다.

현재는 MBC가 "법원의 결정이 언론자유를 침해한 검열행위"라고 주장하며 낸 헌법소원 청구를 기 하면서 이같이 결정했다.

재판부는 결정문에서 "헌법상 자본 검열은 모든 형태의 사전 심 가 아니라 행정기관에 의한 것을 한다"면서 "방영금지 가처분은 부가 아닌 사법부의 결정이기에 에 검열이 아니다"고 밝혔다.

/李明♦

### 제보에만 근거, 적절한 확인절차 없이 방송

### 남아있는 명예훼손등 소송에 영향 미칠 듯

1999년 10월 28일 목요일

**國民日報**

## MBC 만민중앙교회 관련
## 반론보도 14건 대거 방송

MBC가 만민중앙교회 이재록 목사 에 대한 비리의혹 보도와 관련, 30일 까지 방송사상 가장 많은 14건의 반론 보도문을 내보낸다. 26일 'PD수첩', 27일 '화제집중, 생방송6시' 첫머리에 반론보도문을 내보낸데 이어, 28일부 터 '뉴스데스크' 등 5개 TV 뉴스 프 로그램, '아침 종합뉴스' 등 6건의 라 디오 프로그램에 이를 방송한다.

"MBC duhet të transmetojë deklaratën e përgënjeshtrimit të Kishës Qendrore Manmin Joong-ang, sipas kohës së caktuar, programit dhe mënyrave të përmendura në aneks, për një total prej 14 herësh duke përfshirë 7 programe televizive dhe 6 programe radiofonikë."

Gjykata shpalli se,

"Nëse MBC nuk e zbaton këtë urdhër, nga dita e afatit përfundimtar deri kur të fillojë të zbatohet si urdhër, MBC duhet të paguajë 5 milionë uon çdo ditë për secilin raport përgënjeshtrimi që duhet të transmetojë."

Kështu, sipas vendimit të gjykatës, MBC transmetoi "raportimin e përgënjeshtrimit" në Edicionin Kryesor të Lajmeve të MBC, në Lajmet e Mesditës ora 12, në edicionin e orës 6 Hauxhe Xhipxhung (Fokusi i Interesimit), në Lajmet e Mbrëmjes, etj. për 14 herë. Por kjo nuk mund të mbulonte as pjesën më të vogël të dëmit që na ishte shkaktuar.

## Për shkak të zilisë së tyre, udhëheqësit hebrenj e tradhtuan Jezusin

Jezusi predikoi ungjillin e mbretërisë së qiellit, shëroi sëmundjet e shumë njerëzve, dhe u dha jetë shumë të tjerëve. Por, për arsye se ai tregoi fuqinë e Perëndisë, si p.sh. duke shëruar të verbrit gjë që s'mund ta bënin njerëzit, atëherë farisenjtë, skribët dhe udhëheqësit hebrenj u bënë xhelozë për Jezusin dhe filluan të flisnin keq për të.

Gjoni 10:20 thotë, *"Dhe shumë nga ata thoshin: 'Ai ka një*

*demon dhe nuk është në vete; përse e dëgjoni?'"* Jezusi bëri vetëm vepra të mira, por duke qenë se këto vepra u kryen me fuqinë e Perëndisë, ata e dënuan Atë duke e quajtur të çmendur.

Edhe në një rast kur Jezusi shëroi një person që ishte verbuar dhe shurdhuar nga një demon, farisenjtë thanë, te Mateu 12:24, *"Ky i dëbon demonët vetëm me fuqinë e Beelzebubit, princit të demonëve."*

Mos ndoshta Jezusi i dëbonte demonët me pushtetin e Beelzebubit? Ata thoshin gjithfarë gënjeshtrash të tilla që ta vrisnin Jezusin. Shumë njerëz folën keq për të dhe u përpoqën ta përbaltnin emrin e Tij.

Edhe apostulli Pal tregoi fuqinë e Perëndisë nëpërmjet mrekullive, por edhe ai u dënua si drejtues i sektit të Nazarenëve, siç tregohet te Veprat 24:5. Ndërsa te Veprat 26:24 shohim se edhe atë e quanin të çmendur.

Për shkak se edhe nëpërmjet meje manifestohen veprat dhe fuqia e Frymës së Shenjtë, djalli është përpjekur në mënyrë të vazhdueshme që të më shkatërrojë.

Ata që ishin xhelozë për veprat e manifestuara të Perëndisë dhe për rritjen e kishës, përhapën shumë thashetheme të rreme për të më dënuar si heretik.


### Një kishë e themeluar mbi shkëmb nuk mund të rrëzohet

Pas incidentit të televizionit, shumë njerëz menduan se kisha jonë do të mbyllej.

Në një farë mënyre ky mendim ishte shumë i kuptueshëm. Në vitin 1999 nga 11 maji deri 22 maj, kisha jonë u shfaq 67 herë në transmetime, 33 herë në televizion dhe 34 herë në radio. Stacioni televiziv e dënoi kishën tonë duke përdorur informacione jo të vërteta, prandaj ishte shumë e kuptueshme që njerëzit të mendonin ashtu.

Por një kishë e themeluar mbi shkëmb nuk mund të rrëzohet sado fort që ta tundin forcat e errësirës. Një kishë e themeluar nga Perëndia mbahet lart nga dora e Tij e fuqishme.

Kur Jezusi hyri në qytetin e Jerusalemit, izraelitët e mirëpritën duke thirrur "Hosana", por më pas papritur u shndërruan në një turmë që duke bërtitur kërkonte kryqëzimin e Tij.

Jezusi duhej të tradhtohej nga njëri prej dishepujve të Tij të cilin Ai e donte dhe e mësonte. Kur u arrestua Jezusi, dishepujt e Tij u larguan të gjithë. Si është ndjerë Jezusi kur pa që dishepujt u larguan të frikësuar se mund t'u ndodhte diçka?

Atij mund t'i ketë ardhur keq për ta, por nuk mund të ketë pasur asnjë ndjenjë urrejtjeje apo zhgënjimi ndaj tyre. Ashtu edhe unë, nuk pata asnjë ndjenjë urrejtje apo antipatie për ata që më tradhtuan dhe më sulmuan.

Ata kryen padrejtësi dhe vepra të mishit të cilat janë shumë të vështira për t'u falur, por unë vazhdova t'i fal ata pa ua zbuluar fajet.

Ata pretendonin se ishin dele të mira por në fshehtësi ata bënë komplote për të më shkatërruar. Ata u përpoqën të më shkatërrojnë mua dhe kishën. Megjithëse mëkatin e tyre e urreja, kundër tyre nuk kisha asnjë urrejtje dhe vetëm lutesha me lot dhe me vajtime që asnjë prej tyre të mos shkonte në rrugën e shkatërrimit, por të pendoheshin dhe të ktheheshin që të merrnin shpëtimin.

Duke kaluar një seri incidentesh të tilla, isha në gjendje të ndjeja zemrën që kishte Perëndia, kur kryeengjëlli i Tij i dashur Lucifer u bë arrogant dhe e tradhtoi. Ndjeva zemrën e Jezusit kur e tradhtoi Judë Iskarioti.

Jezusi tha, *"Ç'ka lindur nga mishi është mish; por ç'ka lindur nga Fryma është frymë"* (Gjoni 3:6), prandaj ne nuk mund ta besojmë mishin sepse mishi ndryshon. Kur e largojmë tutje nga zemrat tona mishin, të pavërtetën, dhe e kthejmë në frymë, të vërtetën, atëherë mund të kemi zemra të vërteta dhe besim të përkryer pa asnjë të ligë.

Gjatë tre sprovave nga viti 1998 deri 1999, kisha më shumë kohë në dispozicion për të medituar për Jezusin i cili në heshtje mori rrugën e Golgotës me kryqin mbi vete.

Ai asnjëherë nuk u mbrojt duke thënë se ishte i pafajshëm dhe se e kishin akuzuar pa të drejtë. Ai mori mbi vete kaq shumë dhimbje dhe vuajtje vetëm për të plotësuar planin e Perëndisë. Në ato momente munda të ndjeja se sa e thellë ishte bindja dhe dashuria e Zotit.

Kapitulli 4

# Dua vetëm të përmbush vullnetin e Perëndisë

# Në momentin që mora hir

Përpara se ta njihja Perëndinë, kisha shtatë vite që dergjesha në shtrat. Pas nxitjes nga motra ime, vizitova Altarin Shinae Hjun. Për mua kjo ishte një ngjarje që më ndryshoi jetën, si nata me ditën.

Njerëzit atje i thërrisnin Perëndisë dhe unë u ndjeva shumë i marrëzuar duke ndenjur vetëm në këmbë. Nuk dija si të lutesha, por prapë se prapë u gjunjëzova. Zjarri i Frymës së Shenjtë më shëroi menjëherë. Një herë dhe një kohë më quanin "dyqani i sëmundjeve", por brenda një momenti u pastrova nga çdo fatkeqësi që kisha. Sëmundjet që kisha ishin larguar. Isha kthyer në një njeri plotësisht të shëndetshëm.

Megjithëse jo nga lutja e Dhjakes Shinae Hjun, unë u shërova në atë kishë dhe isha shumë mirënjohës! Sa herë që flisja në një takim rilindjeje, tregoja për ditën kur takova Perëndinë tim i cili më preku dhe më shëroi.

Tani Shinae Hjun nuk jeton më mes nesh, por kishën tonë e ka vizituar disa herë me karrocë invalidi. Ndonjëherë më kërkonte ta ndihmoja në mënyra të ndryshme, dhe asnjëherë nuk kam refuzuar. Ndonjëherë, përballesha me vështirësi për shkak të saj, por gjithmonë jam përpjekur me sa mundesha që ta ndihmoja.

Që nga koha kur isha besimtar i ri dhe deri kur hapa kishën, u kam shërbyer pastorëve të ndryshëm, dhe vazhdoj t'u tregoj atyre mirënjohjen time në shumë raste. I jam gjithashtu mirënjohës pastorit Taekgu Son, i cili ishte profesori im i seminareve si dhe presidentit të Kishës (së Bashkuar) të Shenjtërisë së Jezusit në atë kohë. Vetë nuk mund ta takoj dot për shkak të agjendës së ngjeshur, por çdo vit gjithmonë dërgoj gruan time ose punëtorë të tjerë të kishës për t'i dërguar përshëndetjet e mia.

Është e rëndësishme që ta kthejmë hirin që marrim nga të tjerët. Ajo çka është më e rëndësishme është të falënderojmë për hirin e Perëndisë. Por në ç'mënyrë dhe me çfarë mund ta paguajmë dashurinë dhe hirin e Perëndisë?

Perëndia thotë se Ai do t'i dojë ata që e duan dhe, ata që e kërkojnë Atë do ta gjejnë (Fjalët e Urta 8:17). Unë iu përmbajta këtij vargu, e desha Perëndinë në fillim dhe u përpoqa të shkoja kudo që Ai mund të gjendej.

Perëndia është Dritë, prandaj edhe ne duhet të shkojmë në dritë për ta takuar Atë. Perëndia është mirësi, prandaj edhe ne duhet të veprojmë në mirësi. Ai është Dritë, dhe prandaj ne mund ta takojmë kur kemi dashuri shpirtërore.

Të duash Perëndinë do të thotë të mbash urdhërimet e Tij, dhe Ai do të na dojë sipas masës që praktikojmë Fjalën e Tij.

Ashtu siç shtegton dreri i etur në kërkim të ujit, është kënaqësia ime më e madhe që ta kuptoj Fjalën e Perëndisë thellë në zemrën time dhe t'i bindem asaj. Në gjithë qenien time u mbusha me një ndjenjë përgjegjësie për ta përmbushur edhe më shumë mbretërinë e Perëndisë dhe drejtësinë e Tij.

# Fuqi mbi Fuqi

Në momentin që kisha kaluar të tri sprovat me besim, bindje dhe dashuri, Perëndia më drejtoi drejt niveleve më të thella të dashurisë së Tij. Për mua do të ishte më e lehtë të vdisja sesa t'i kaloja ato tri sprova.

Abrahami u bë ati i besimit duke kaluar sprovën e bindjes për të djegur si ofertë birin e tij të vetëm, Isakun. Ashtu si me Abrahamin, Perëndia u kënaq me mua që i kalova të tre sprovat dhe më bekoi me fuqi edhe më të madhe se më parë.

Te Gjoni 14:12 Jezusi thotë, *"Në të vërtetë, në të vërtetë po ju them: kush beson në mua do të bëjë edhe ai veprat që bëj unë; madje do të bëjë edhe më të mëdha se këto, sepse unë po shkoj tek Ati."* Kjo do të thotë që kur jetojmë plotësisht sipas fjalës së Tij, ne do të jemi një në frymë me Atin Perëndi dhe do të jemi në gjendje të kryejmë veprat e fuqisë që tregoi Jezusi.

*"Perëndia ka folur një herë; dy herë kam dëgjuar këtë, që fuqia i përket Perëndisë;"* (Psalmi 62:11). Siç është thënë,

djalli nuk mund të bëjë asgjë me fuqinë që i përket Perëndisë. Duke qenë se Satani është qenie shpirtërore, ai i nxit njerëzit që ta kundërshtojnë Perëndinë. Por djalli nuk mundet as ta imitojë fuqinë e Perëndisë. Fuqia për të kontrolluar jetën, vdekjen, fatin dhe fatkeqësitë e njeriut, fuqia për të drejtuar historinë e njerëzimit dhe për të krijuar diçka nga asgjëja, e gjithë kjo është fuqia që i përket vetëm Perëndisë. Megjithatë, kjo fuqi mund të manifestohet nga ata që i përkasin Perëndisë që është dritë, të cilët jetojnë në këtë dritë, të cilët janë shenjtëruar dhe kanë arritur masën e besimit të Jezus Krishtit.

## Ndryshimi mes autoritetit, fuqisë dhe fuqisë autoritare

Në përgjithësi kur flasim për fuqinë e Perëndisë, zakonisht i përdorim sipas të njëjtit kuptim termat autoritet, fuqi dhe fuqi autoritare. Por ekzistojnë ndryshime. Fuqia ka të bëjë me gjërat që janë të pamundura për njerëzit por të mundshme për Perëndinë.

Autoriteti është fuqia madhështore dhe e lavdishme e caktuar nga Perëndia. Në botën shpirtërore mosprania e mëkatit është fuqi. Prandaj, mund të themi se autoriteti është vetë shenjtëria. Fëmijët e Perëndisë që kanë larguar nga zemrat e tyre të ligën dhe të pavërtetën dhe janë shenjtëruar, do të marrin autoritetin shpirtëror.

Tani, çfarë është fuqia autoritare? Ajo është fuqia e Perëndisë e shoqëruar me autoritetin që u është dhënë nga Perëndia atyre që kanë larguar çdo formë të lige nga vetja dhe janë shenjtëruar. Është fuqia dhe autoriteti së bashku. Por kur i referohemi fuqisë autoritare zakonisht dhe në mënyrë të thjeshtuar përdorim vetëm fjalën 'fuqi'. Kjo fuqi autoritare ka fuqinë të dëbojë demonët e papastër dhe ka fuqinë për të shëruar të gjitha sëmundjet dhe dobësitë.

Dobësitë nuk janë vetëm sëmundjet e thjeshta. Ato janë paralizat apo përkeqësimi i funksioneve të pjesëve të trupit, duke bërë që një person të mos marrë pjesë në aktivitete normale. Dobësitë janë gjërat që nuk mund të shërohen me anë të aftësive të njerëzve. Ato përfshijnë verbërinë, shurdhërinë, memecërinë, si dhe disa paraliza të tjera.

## Ndryshimi mes Dhuntisë së Shërimit dhe Fuqisë

Njerëzit zakonisht mendojnë se dhuntia e shërimit dhe fuqia e Perëndisë janë e njëjta gjë. Por këto janë shumë të ndryshme. Dhuntia e shërimit e përmendur te 1Korintasve 12:9 është për shkatërrimin e mikrobeve dhe sëmundjeve.

Me këtë dhunti shërimi, ne nuk mund të shërojmë pjesët e dobësuara të trupit, t'i kthejmë dëgjimin apo të folurën dikujt që nuk flet për shkak të nervave të dëmtuara, por këto mund të shërohen kur një person që ka marrë fuqinë e Perëndisë lutet me besim.

Kur marrim fuqinë e Perëndisë, ajo do të punojë në mënyrë të vazhdueshme. Por me dhuntinë e shërimit nuk ndodh e njëjta gjë. Dhuntia e shërimit mund të jepet pavarësisht nëse personi që merr dhuntinë është shenjtëruar apo jo. Kjo dhunti u jepet atyre që kanë grumbulluar shumë lutje me dashurinë e tyre për shpirtrat, ose atyre që janë të guximshëm dhe mund të përdoren nga Perëndia.

Por fuqia e Perëndisë që është dritë, mund t'i jepet vetëm një personi që është i shenjtëruar. Kur merret kjo fuqi, ajo nuk dobësohet apo zhduket. Sa më shumë i ngjasojmë zemrës së Zotit, aq më shumë fuqi do të marrim, dhe do të ketë vepra më të mëdha.

Vetëm me dhuntinë e shërimit nuk është e lehtë të shërohen sëmundje shumë serioze apo të rralla. Është edhe më e vështirë kur personi i sëmurë ka pak besim. Por me fuqinë e Perëndisë, edhe nëse personi i sëmurë ka vetëm shumë pak besim do të funksionojë menjëherë. Këtu, besimi nuk i referohet besimit intelektual por besimit shpirtëror.

# Katër nivelet e fuqisë së Perëndisë

Perëndia lejoi që unë të kuptoja se ekzistojnë katër nivele të fuqisë së Tij. Ne mund të hyjmë ose të marrim nivele më të larta të fuqisë së Tij sipas sasisë së të vërtetës që është kultivuar në zemrat tona.

*"Por për ju që keni frikë nga emri im, do të lindë dielli i drejtësisë me shërimin në krahët e tij, dhe ju do të dilni dhe do të hidheni si viçat që dalin nga stalla"* (Malakia 4:2).

Ata, të cilëve u janë hapur sytë shpirtërorë, mund të shohin drita që ngjajnë me rrezet lazer të cilat derdhen poshtë dhe shërojnë sëmundjet.

Niveli i parë i fuqisë së Perëndisë është fuqia e shoqëruar me dritë të kuqe. Kjo është drita e zjarrit të Frymës së Shenjtë me të cilin digjen sëmundjet. Me zjarrin e Frymës së Shenjtë, ky nivel fuqie djeg sëmundjet që shkaktohen nga mikrobet dhe viruset. Me këtë fuqi mund të shërohen edhe kanceret, tuberkulozi i mushkërive, diabeti, leukimia, sëmundjet e zemrës, SIDA, si dhe sëmundje të tjera të pashërueshme.

Por niveli i parë i fuqisë nuk mund t'i shërojë të gjitha sëmundjet. Në rastin e kancerit apo tuberkulozit që janë në shkallë të fundit, nëse pacienti e kalon vijën e jetës që është caktuar nga Perëndia, atëherë është e vështirë që kjo sëmundje të kurohet me nivelin e parë të fuqisë. Kur organet e trupit ose indet janë të dëmtuara dhe kanë humbur aftësinë e tyre për të funksionuar, nuk është më çështje mikrobesh. Trupi duhet të krijojë dhe rigjenerojë inde dhe organe të reja. Për ta bërë këtë nevojitet një nivel më i madh fuqie.

Por edhe në këtë rast, nëse personi i sëmurë dhe familja e tij janë të bashkuar nga dashuria dhe tregojnë besimin e tyre, do të kryhen veprat e Perëndisë. Në kishën tonë gjatë fazave të para kanë ndodhur shumë vepra që i përkasin nivelit të parë të fuqisë.

Niveli i dytë i fuqisë është fuqia për të dëbuar forcat e errësirës dhe kjo fuqi shoqërohet nga një dritë blu. Në këtë nivel, ne zakonisht dëbojmë errësirën nga ata persona që janë të pushtuar nga demonët dhe kryejnë veprat e Satanit.

Ky nivel i dytë i fuqisë mund të shërojë gjithashtu shumë çrregullime mendore apo probleme me sistemin nervor duke përfshirë autizmin, neurozën, skizofreninë, shkatërrimin nervor, dhe dobësinë kronike mendore dhe fizike të depresionit. Këto lloj sëmundjesh kryesisht ndodhin mes atyre që kanë urrejtje të vazhdueshme kundër të tjerëve, që shtypin ndjenjat, që nuk kanë vetëbesim ose që janë gjaknxehtë.

Kështu, me fuqinë e nivelit të dytë, do të shërohen shumë

lloje sëmundjesh që shkaktohen nga forcat e errësirës. Forcat e errësirës do të largohen edhe nga familjet, bizneset dhe vendi i punës. Me këtë fuqi mund të ketë edhe ringjallje të vdekurish ose marrje të frymës së dikujt.

Apostulli Pal ringjalli Eutikun (Veprat 20:9-12). Kur ma shtruan Frymën e Shtrenjtë, Pjetri mallkoi Ananian dhe Safirën, dhe ata ranë në tokë e vdiqën (Veprat 5:1-11). Kur Eliseu mallkoi të rinjtë që e tallën, dy arusha dolën dhe i vranë shumë prej tyre (2 Mbretërve 2:23-24). Këto veprime u bënë me nivelin e dytë të fuqisë së Perëndisë.

Niveli i tretë i fuqisë vepron me dritë të bardhë ose

transparente. Ai manifestohet në shenjat dhe veprat e krijimit. Një shenjë është diçka që mund të shihet qartë me sy, si në rastin e të verbërve që fillojnë të shikojnë, memecëve që fillojnë të flasin dhe të shurdhëve që fillojnë të dëgjojnë.

Kjo fuqi bën edhe të çalët të ecin dhe të paralizuarit të shërohen, bën që të shërohen shformimet trupore, paaftësitë dhe të rigjenerohen organet dhe pjesët e shkatërruara të trupit. Kockat e thyera ngjiten, dhe madje rigjenerohen edhe kockat që mungojnë.

Niveli i katërt i fuqisë manifestohet me një dritë në ngjyrë të artë dhe ky nivel është niveli i përsosmërisë. Këtë nivel të fuqisë e shohim të manifestuar nga Jezusi. Në këtë nivel gjendet fuqia për të ndikuar në kushtet e motit dhe kjo fuqi manifestohet te 'mrekullitë.' Konkretisht, mund të bëhet që të bjerë ose të pushojë shiu. Në këtë nivel fuqie mund të lëvizen retë. Niveli i katërt i fuqisë së Perëndisë jep mundësinë të kontrollohen dhe menaxhohen të gjitha gjërat.

Edhe gjërat jo të gjalla u binden urdhrave në nivelin e katërt të fuqisë. Helmimi nga gazi i monoksidit të karbonit del prej atyre që janë helmuar me gaz. Nxehtësia largohet nga ata që janë djegur. Kur Jezusi mallkoi pemën e fikut që nuk nxirrte frute, ajo u vyshk menjëherë (Mateu 21:19). Kur Ai qortoi erën dhe detin, ato u qetësuan (Mateu 8:26).

Pemët, era dhe deti, dhe gjithçka tjetër në natyrë i bindet fjalës së urdhëruar nga Jezusi. Ashtu siç krijoi Perëndia qiellin dhe tokën me Fjalën e Tij, ashtu edhe kur Jezusi fliste, gjërat bindeshin dhe bëheshin realitet.

Si te Hebrenjve 11:1, nëse kemi besim të përkryer si ky, gjërat për të cilat shpresojmë do të bëhen realitet, dhe gjërat që nuk mund të shihen do të shihen. Do të ketë vepra krijimi pa pasur asgjë të manifestuar.

Në nivelin e katërt të fuqisë, fuqia do të kapërcejë kufijtë e kohës dhe hapësirës, vetëm nga fjala e folur. Perëndia dëshiron t'ua japë fuqinë e Tij fëmijëve të Tij të dashur, por është e rrallë të gjendet një person që arrin këtë nivel.

Te Marku 7:24-30, një grua që kishte një vajzë të pushtuar nga një demon erdhi përpara Jezusit dhe i kërkoi Atij ta dëbonte demonin. Jezusi pa përulësinë dhe besimin e saj dhe tha, "Shko; demoni doli nga vajza jote." Menjëherë, e bija u shërua. Kur gruaja u kthye në shtëpi demoni ishte larguar prej së bijës.

Jezusi nuk vajti te vendi ku ishte e sëmura. Vetëm me një urdhër të Tijin, u manifestua fuqia e Perëndisë e cila shkon përtej kohës dhe hapësirës.

## Veprat e jashtëzakonshme

Te Veprat 19:11-12 është shkruar, *"Dhe Perëndia bënte mrekulli të jashtëzakonshme me anë të duarve të Palit, aq sa mbi të sëmurët sillnin peshqirë dhe përparëse që kishin qenë mbi trupin e tij, dhe sëmundjet largoheshin prej tyre dhe frymët e liga dilnin prej tyre."*

Ashtu siç tregoi mrekulli të jashtëzakonshme nëpërmjet apostullit Pal, Perëndia ka treguar vepra të tilla edhe nëpërmjet meje. Si me rastin e Palit, shamitë mbi të cilat unë lutem kanë fuqinë e dritës, dhe kur njerëzit luten me to me besim, ndodhin vepra shërimi.

Në kishën tonë, shumë punëtorë të kishës dhe pastorë kryejnë vepra shërimi nëpërmjet këtyre shamive dhe zhvillojnë takime rizgjimi në vende të tjera.

Në nivelin e katërt të fuqisë, shërohen sëmundjet dhe largohen forcat e errësirës nëpërmjet fuqisë së Perëndisë që tejkalon kufijtë e kohës dhe hapësirës. Në nivelin e katërt manifestohen shenja dhe i gjithë universi bindet. Në dritën e artë të nivelit të katërt të fuqisë së Perëndisë mund të manifestohen të gjitha veprat që i përkasin nivelit të parë, të dytë, të tretë dhe të katërt.

# Historia e vajzës në Pakistan me emrin Sinthia

Pastori Uillson Xhon Gill në Pakistan kishte një vajzë të vogël me emrin Sinthia. Papritur, në korrik 1999, ajo filloi të kishte të vjella dhe jashtëqitje me gjak prandaj u shtrua në spitalin Rashiid në Lahor. Doktorët vunë re se zorra e saj e trashë ishte bllokuar dhe ajo kishte nevojë urgjente për operacion. Por trupi i saj ishte tepër i dobët për të përballuar operacionin.

Sëmundja që ajo kishte quhej 'Seliak' dhe përveç kësaj shoqërohej edhe me bllokim të zorrës së trashë.

Në atë kohë, motra më e madhe e Sinthias, Maria, ishte në Kore dhe më solli një foto të Sinthias. Ishte 23 korrik 1999 dhe unë u luta me zjarr mbi atë foto. Në atë moment, për herë të parë pas 10 ditë bllokimi, Sinthia pati një lëvizje në zorrë. Ajo u shërua shumë shpejt dhe të nesërmen mundi të ngrihej në këmbë. Ajo doli nga spitali pas tri ditësh dhe ishte shëruar plotësisht.

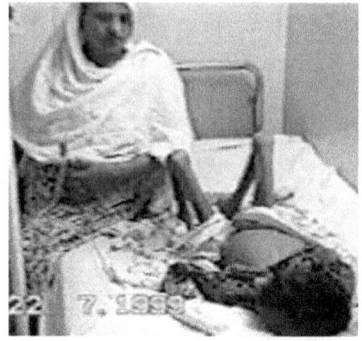

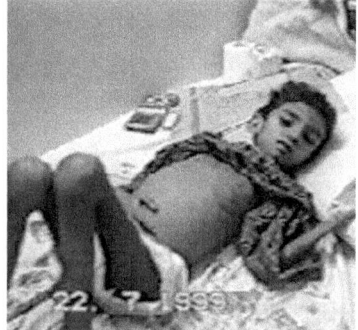

Sinthia në spital (22 korrik, 1999)        Sinthia e shëndetshme (2007)

Lutje mbi foton e Sinthias

# Fuqia më e lartë e krijimit

Ekziston një nivel fuqie që është më i lartë se këto katër nivele fuqie. Kjo është fuqia që i përket Perëndisë Krijuesit në Zanafillë. Kur Perëndia tha, "Le të bëhet drita," drita u bë. Kjo është fuqia nëpërmjet së cilës u bë gjithçka siç u urdhërua.

Kur Perëndia e urdhëron të verbrin të hapë sytë, sytë e tij hapen. Kur Perëndia e urdhëron një të çalë të ecë, ai ecën. Veprat që tregoi Jezusi u manifestuan nëpërmjet Fuqisë Më të Lartë të Krijimit, e cila është mbi katër nivelet e fuqisë, dhe kjo është fuqia e Krijuesit në krijim.

Ky nuk është një nivel ku krijesat marrin fuqinë nga Perëndia dhe manifeston vepra të ndryshme. Kjo është fuqia që vjen nga drita që kishte Perëndia në fillim kur Ai ishte vetëm në kohën përpara se të fillonte krijimi.

Te Ungjilli i Gjonit kapitulli 11, shohim që Lazari i vdekur, i cili kishte katër ditë që ishte i vdekur dhe mbante erë të keqe, u ringjall dhe doli nga varri duke ecur pas urdhrit të Jezusit, *"Lazar, dil!"*

Kur një njeri i largon të gjitha format e së keqes, shenjtërohet, bëhet njeri me frymë të plotë duke i ngjasuar zemrës së Perëndisë, dhe fiton njohuri shpirtërore të pafundme, ai mund të kalojë në një nivel që shkon përtej katër niveleve të fuqisë.

Kur ai arrin nivelin e Fuqisë Më të Lartë të Krijimit, mund të ndodhin vepra të tilla të mahnitshme si krijimi nga Perëndia i të gjitha gjërave nëpërmjet Fjalës së Tij.

# Mijëvjeçari i ri filloi me një shenjë madhështore

Në vitin 2000, Perëndia preku zemrën time për t'i ofruar atij një lutje me betim. Unë ofrova lutje me betim katër herë. Perëndia kërkonte nga unë që të përqendrohesha te lutjet e mia në mënyrë shumë intensive. Ai më bëri të kuptoja që duhej të lutesha në mal i vetëm, pa pasur kontakt me njeri.

Në atë kohë, isha shumë i ngarkuar me problemet financiare të kishës dhe me gjëra të tjera, dhe në fakt ishte shumë e vështirë që të përqendrohesha në lutjet e mia. Nëse nuk do të isha në komunikim me Perëndinë, do të kisha probleme serioze për shkak të stresit të jashtëzakonshëm.

Gjatë jetës së Tij në tokë, Jezusi u lut në çdo moment që kishte kohë. Nëpërmjet Jezusit manifestohet fuqia e Perëndisë, sepse Ai kishte trup njeriu dhe nëpërmjet lutjes duhej të mbushej me mbushullinë e Frymës së Shenjtë, për të demonstruar plotësisht fuqinë e Perëndisë.

Duke filluar nga 21 shkurti, unë ofrova lutjen e parë me betim për 10 ditë. Në mal, flija disa orë në ditë dhe haja dy herë në ditë. Ushqimi ishte shumë i thjeshtë, prandaj mjaftonin 10 minuta për të ngrënë. Me përjashtim të kohës për ngrënie, u luta gjithë ditën në gjunjë, dhe gjatë pushimeve lexoja Biblën.

"Si mund të marr më shumë fuqi të shpall Perëndinë Krijuesin dhe të shpëtoj më shumë shpirtra? Si mund ta shpall Jezusin Shpëtimtarin tonë? Si mund të predikoj më shumë parajsën dhe ferrin dhe t'i bëj njerëzit të pranojnë Zotin? Si mund t'i ungjillëzoj botës?"

Dëshira ime e vetme ishte të arrija mbretërinë e Perëndisë dhe drejtësinë e Tij. Por pas lutjes së parë me betim u ndjeva disi i turpëruar dhe i shqetësuar përpara Perëndisë.

U luta me gjithë shpirt, por e ndjeja që lutja ime nuk mund ta arrinte lutjen e Jezusit, kur djersa e Tij binte si pika gjaku kur lutej në Getsemani. Por Perëndia Atë u kënaq me lutjen time dhe më dha një dhuratë të madhe.

## Shenja e ujit të hidhur që u kthye në ujë të ëmbël

Në ndërtesën numër 153 të fshatit Çun-Xhang, të qytetit Hexhe, në distriktin Muan të provincës Çeonnam ndodhet Kisha Manmin Muan. Tani ky vend është i lidhur me tokën por dikur ishte një ishull i quajtur 'Xhukdo'. Atje ndodhej ndërtesa e një kampi rinor dhe Kisha Manmin Muan e bleu këtë ndërtesë për ta përdorur si shenjtërore. Kisha është vetëm pesë minuta me makinë nga fshati ku unë kam kaluar fëmijërinë time.

Kisha Manmin Muan u transferua këtu në shkurt të vitit 1999, por shpejt kuptuan që në atë vend nuk kishte ujë të pijshëm të mjaftueshëm. Më parë aty kishte pasur një pus, por prej tij dilte ujë i kripur dhe e përdornin vetëm për të mbushur pishinën.

Pastori Mjeongsul Kim i Kishës Manmin Muan gjithmonë mendonte se sa mirë do të ishte nëse uji që ata nxirrnin të ishte ujë i pijshëm. Ujë të pijshëm nuk kishte, prandaj ujin e sillnin nga tri kilometra larg nëpërmjet një tubi plastik.

Gjatë dimrit ata kishin vështirësi të mëdha sepse uji ngrihej dhe e çante gypin.

## Perëndia është i njëjtë dje dhe sot

Pastori Mjeongsul Kim i Kishës Manmin Muan lexoi në librin e Eksodit për ujin e hidhur të Maras që ishte kthyer në ujë të pijshëm dhe mendoi që uji i detit mund të kthehej në ujë të pijshëm nëse merrte lutje nga unë.

Eksodi 15:23-25 na thotë, *"Kur arritën në Mara nuk mundën të pinë ujërat e Marës sepse ishin të hidhura; prandaj ky vend u quajt Mara. Atëherë populli murmuriti kundër Moisiut, duke thënë: 'Ç'do të pimë?' Kështu ai i bërtiti Zotit; dhe Zoti i tregoi një dru; ai e hodhi atë në ujë, dhe ujërat u bënë të ëmbla."*

Kjo ndodhi 3500 vite më parë kur izraelitët kaluan Detin e Kuq. Ata po kërkonin ujë në shkretëtirën e Shurit, por nuk mundën të gjenin dot ujë të pijshëm dhe filluan të ankohen kundër Moisiut. Kur Moisiu iu lut Perëndisë, uji i papijshëm u kthye në ujë të freskët të pijshëm.

Pastori Mjeongsul Kim dhe anëtarët e kishës jo vetëm u lutën që uji të kthehej në ujë të pijshëm por kërkuan që edhe unë të vizitoja kishën e tyre dhe të lutesha për ujin. Ata kishin besim se uji i kripur mund të kthehej në ujë të pijshëm.

Pusi i Muanit me ujë të ëmbël

Gjatë lutjes sime të parë në mal, u luta në veçanti për Kishën Manmin Muan. Dëgjova që gjatë 10 ditëve të lutjes sime mbi Kishën Manmin Maun ishin shfaqur ylbere ditë e natë. Më vonë kuptova që anëtarët e Kishës Manmin Muan kishin agjëruar dhe ishin lutur gjatë kohës që unë isha në mal duke u lutur.

Kur u ktheva nga lutjet në mal, me 3 mars, pas përfundimit të shërbesës së premte që zgjaste tërë natën, pastori Mjeongsul Kim erdhi te unë me disa kërkesa lutje.

Unë e dija që anëtarët e kishës në Muan po vuanin shumë, prandaj nuk u luta vetëm për ato që ai kërkoi nga unë, por u luta edhe që uji i kripur të kthehej në ujë të ëmbël. Perëndia e dëgjoi këtë lutje dhe duke kapërcyer kohën dhe hapësirën, manifestoi veprat e Tij në pusin që ndodhej në Muan, disa qindra kilometra larg.

Ditën tjetër, kur pastor Kim së bashku me anëtarët e kishës së tij kontrolluan ujin e pusit, vërejtën që uji që kishte qenë i kripur dhe i hidhur ishte kthyer në ujë të pijshëm.

Pastor Kim më telefonoi për të më dhënë lajmin, "Pastor i nderuar, ka ndodhur një mrekulli! Uji i kripur është kthyer në ujë të pijshëm. Uji i detit është kthyer në ujë të pijshëm!"

Përmes telefonit dëgjoja zërat e gëzueshëm të anëtarëve të Kishës Manmin Muan.

## Shërime nëpërmjet ujit të ëmbël

Uji i ëmbël i Muanit është i varfër në lëndë alkaline dhe i pasur në minerale. Jo vetëm që ishte i pijshëm, por me të u kryen vepra shërimi. Koreanët zakonisht nuk kanë 'qepalla të palosura', pra nuk e kanë palosjen e lëkurës mbi qepallën e sipërme siç i kanë për shembull evropianët. Por shumë njerëzve që e përdorën ujin me besim iu krijuan menjëherë palosjet e lëkurës mbi qepallën e sipërme. Shumë të tjerë u shëruan nga problemet e stomakut dhe lëkurës.

Pastori Sungçil Li, nga kisha jonë, solli tre fëmijët e tij për të më treguar qepallat e tyre të palosura. Që të tre nuk kishin pasur kurrë qepalla të palosura, por me ujin e ëmbël iu ishin krijuar. Ka shumë dëshmi edhe nga vende të tjera.

Në Muan, brenda pusit është një tub. Disa besimtarë mund të shihnin me sytë e tyre shpirtërorë se si nga froni i Perëndisë zbrisnin rreze drite dhe rrethonin pjesën fundore të gypit.

Kur uji i kripur i detit kalon nëpërmjet atyre dritave, ai kthehet në ujë të pijshëm. Këtë vend e vizituan jo vetëm njerëz nga Koreja, por edhe shumë njerëz nga vende të tjera. Edhe disa

Peshqit e ujërave të ëmbla nuk mund të jetojnë në ujë të kripur dhe e anasjelltas. Por në ujin e ëmbël të Muanit mund të jetojnë si peshqit e ujërave të ëmbla ashtu edhe peshqit e ujërave të kripura

prej atyre njerëzve i panë me sytë e tyre shpirtërorë rrezet e dritës dhe dritën e fuqisë në ujin e ëmbël.

Në 29 mars të vitit 2000, Dhjake Hjeonxhu Oh, ishte duke marrë ujë të nxehtë nga një poçe e madhe metalike dhe aksidentalisht uji iu derdh poshtë qafës dhe shpatullave.

Asaj iu shkaktuan djegie serioze në kraharor dhe në qafë. Menjëherë ajo me besim mori lutjen për të sëmurët të regjistruar në sistemin automatik të sekretarisë telefonike të kishës sonë dhe ndjeu që nxehtësia po i largohej. Më vonë ajo kishte flluska nga të djegurat, por kur i lagu me ujin e ëmbël të Muanit, edhe ato u zhdukën.

Pas tri ditësh, ajo mori lutjet e mia dhe brenda një jave mbi plagë ishin formuar kore. Kur ato i ranë, lëkura iu bë krejtësisht e pastër dhe ajo u shërua pa pasur asnjë shenjë.

## Edhe kafshët ringjallen nga uji i ëmbël i Muanit

Kjo ndodhi në shtëpinë e lutjeve Galile ku unë po lutesha. Ishte maj i vitit 2003. Një pëllumb i egër po luante pranë një qeni kufiri. Zogu nuk kishte frikë kur qeni i lehte dhe unë isha i shqetësuar.

"Qeni është i lidhur, por kur t'i afrohet më pranë do ta kafshojë. Pse po luan zogu aty?"

Kur qeni lehte, zogu sprapsej pak por vazhdonte të luante aty. Besoj se duhet të kenë kaluar disa orë ashtu. Qeni dukej i lodhur dhe nuk lehte më.

Unë dëgjova një histori interesante nga kujdestari i shtëpisë së lutjes. Disa ditë më parë, një pëllumb i egër kishte rënë në oborr dhe po përpëlitej në tokë. Kur pa zogun, shumica e puplave i kishin rënë dhe ishte duke ngordhur. Si dukej zogu kishte ngrënë diçka helmuese.

Kështu, kujdestari vendosi ta shpëtojë këtë pëllumb. U lut për të dhe i dha të pijë ujë të ëmbël nga pusi i Muanit. Pasi i dha të pijë disa herë nga ai ujë, zogu mori fuqi dhe fluturoi.

Që të nesërmen, pëllumbi filloi ta vizitojë atë vend çdo mëngjes. Luante në oborr ose ulej mbi pemë dhe largohej në mbrëmje. Ndonjëherë, sillte me vete edhe zogj të tjerë dhe luanin atje. Para se të ndodhte kjo nuk kisha vënë re ndonjëherë që në shtëpinë e lutjes të vinin pëllumba.

Duke dëgjuar këtë histori, u preka dhe më bëri përshtypje që edhe një zog e njeh hirin. Zogu vinte vazhdimisht atje si për të kthyer mbrapsht hirin. Në mal duhet të ketë pasur shumë shokë, por ai vinte vetëm dhe nuk largohej.

I kërkova kujdestarit që të hidhte ushqim në oborr që zogu të vinte dhe të luante atje së bashku me shokët.

## Xhindoli u kthye nga pragu i vdekjes pas 18 ditësh

Ne kemi një qen të racës koreane xhindo që e quajmë Xhindol. Ai rrinte i lidhur, por roja e linte të lirë një herë në ditë. Xhindoli shkonte në malin që kishim aty pranë dhe kthehej pas rreth një gjysmë ore. Por një ditë me borë, Xhindoli u zhduk dhe nuk u kthye edhe pas disa ditësh. E kërkuam kudo por nuk e gjetëm dot.

Pothuajse u dorëzuam. Por pas 18 ditësh ai u kthye dhe pamë që kishte ngecur në një grackë në mal dhe kishte vuajtur tmerrësisht. Rreth qafës kishte një tel çeliku dhe ishte i plagosur rëndë.

Xhindoli ishte dobësuar shumë, ishte bërë kockë e lëkurë. Qafa i ishte rrjepur dhe teli i kishte arritur deri në kockë. Duhet të ketë luftuar aq shumë në baltë sa i gjithë trupi i ishte mbuluar me baltë. Punonjësit e kishës atje e spërkatën vazhdimisht Xhindolin në qafë me ujë nga Muani dhe i sollën peshk të gatuar që të ushqehej. Më vinte keq dhe u luta për të.

Zakonisht, Xhindoli nuk ishte se më kishte shumë për zemër. Herë pas here e përkëdhelja, por vetëm kur shkoja në shtëpinë e lutjes. Prandaj, nuk ishte shumë i dashur me mua. Ai nuk i shkone pas as personin që e ushqente.

Por pas kësaj që i ndodhi, Xhindoli ndryshoi krejtësisht. Vetëm kur dëgjonte zhurmën e makinës sime, ai s'e kontrollonte dot gëzimin dhe tundte bishtin. Tani i vjen prapa personit që e ushqen dhe të gjithë e duan.

Ashtu si njerëzit që kur kalojnë sprova bëhen më të pjekur, edhe Xhindoli dukej se e kishte kuptuar vlerën e shtëpisë së tij dhe ishte mirënjohës për pronarët e tij. Kur e kuptoi që mund të vdiste nëse do të largohej nga pronari, ai u bë një qen i dashur.

### Vërtetuar nga testi i FDA-së

Disa njerëz janë keqkuptuar për ujin e ëmbël të Muanit. Kohët e fundit një stacion televiziv korean i quajtur MBC, transmetoi një reportazh për ujin e ëmbël të Muanit. Duke qenë se këndvështrimi i tyre ishte i njëanshëm, ekzistonin keqkuptime.

FDA (Administrata Amerikane e Ushqimeve dhe Medikamenteve) është një organ qeveritar që i përket Departamentit të Shërbimeve Shëndetësore të Shteteve të Bashkuara të Amerikës. Ata kujdesen për masat e sigurisë dhe standardet e ushqimeve, medikamenteve, lëndëve kimike, produkteve kozmetike dhe lëndët që u shtohen ushqimeve. Kjo administratë i kontrollon dhe i miraton ato.

FDA-ja kreu teste me ujin e ëmbël të Muanit në pesë fusha duke përfshirë një test mineralesh, një test të metaleve të rënda, testin e mbetjeve të pesticideve, testin e irritimit të lëkurës dhe testin e helmueshmërisë orale akute.

Nga testi rezultoi që uji i ëmbël i Muanit është i mirë për t'u pirë dhe i sigurt për shëndetin e njeriut në përgjithësi. U zbulua që ishte i pasur veçanërisht në minerale që janë të nevojshme për trupin e njeriut, dhe sidomos i pasur në kalcium, i cili ishte tre herë më i lartë sesa te ujërat e burimeve të mirënjohura të Francës dhe Gjermanisë.

U provua që uji i ëmbël i Muanit është ujë i pijshëm i shkëlqyer. Edhe në aspektin shpirtëror, ata që besojnë se ai ujë përmban fuqinë e Perëndisë dhe e pinë ose pastrohen me të, përjetojnë vepra të shërimit hyjnor.

### Ata që thoshin, "Janë plot me verë të ëmbël."

Pas ringjalljes së Zotit, Pjetri mori Frymën e Shenjtë dhe manifestoi shumë shenja si shërimin e të sëmurëve dhe dëbimin e demonëve. Hebrenjtë u bënë xhelozë për të dhe e burgosën Pjetrin së bashku me apostujt e tjerë. Edhe kur dëboi demonë, Pjetrin e rrahën dhe e burgosën.

Në ditën e Rrëshajave, hebrenjtë nga të gjitha kombet panë dishepujt e Zotit të mbushur me Frymë dhe duke folur në gjuhë të tjera. Ata u çuditën, por nuk e menduan këtë si vepër të Frymës së Shenjtë. Në fakt ata u tallën me ta duke thënë se ishin dehur me verë të ëmbël.

Në të njëjtën mënyrë, ka njerëz që kritikojnë veprat e Frymës së Shenjtë duke thënë se këto janë ndodhi misticizmi apo lojëra teatri. Mua më vjen shumë keq kur dëgjoj këto gjëra.

Perëndia na tregoi shenjat e shndërrimit të ujit të kripur në ujë të ëmbël pas lutjes sime të parë në mal. Ai na lejoi të kuptojmë se do të më jepte urtësinë e një dimensioni tjetër nëpërmjet një lutjeje të dytë në mal. Kjo urtësi ishte urtësia për të zgjidhur çdo lloj problemi të vështirë.

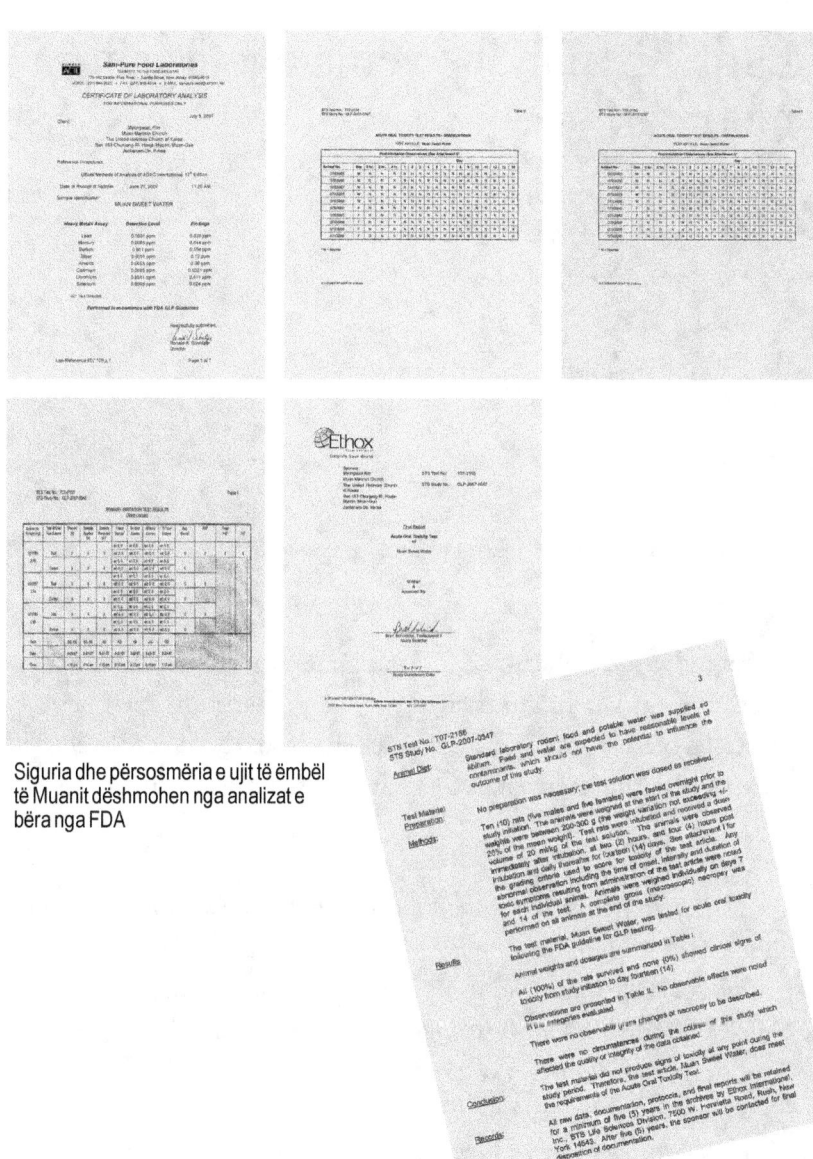

Siguria dhe përsosmëria e ujit të ëmbël të Muanit dëshmohen nga analizat e bëra nga FDA

# Lutja në mal dhe vënia e jetës sime në rrezik

Perëndia më udhëzoi të lutesha gjatë lutjes së tretë në mal ashtu siç u lut Jakobi kur theu zgavrën e ijës. Perëndia më tha që të lutesha njësoj si të më dilte zemra nga vendi. Kjo do të thoshte që të jepja gjithë jetën time. Gjatë lutjes Perëndia më dha fjalën e Tij.

*"Shpëtoji shpirtrat shpejt me këtë ungjill të shenjtërisë. Me buzët e tyre ata thonë, 'Zot, Zot, unë besoj.' Por ata nuk kanë besimin që të më pranojnë Mua brenda tyre. Nëse me të vërtetë besojnë në Mua, pse kanë besim te spitalet kur u ndodh diçka? Ata pretendojnë se janë të shenjtë nga jashtë, por brenda ata i gjykojnë, i dënojnë dhe flasin keq për të tjerët. Ata janë si varre të lyera me gëlqere. Si një i verbër që drejton një të verbër tjetër, ata janë mësues që dërgojnë shumë shpirtra drejt rrugës së vdekjes. Predikoje me shpejtësi këtë ungjill në gjithë*

*botën. Mësoji se si mund të shpëtohen. Zgjoji të gjithë
shpirtrat në botë."*

Kjo do të thoshte se gjatë ditëve të fundit janë të paktë ata
njerëz që kanë besim shpirtëror për t'u shpëtuar.

Perëndia më tregoi se si u lut Moisiu. Ai më shpjegoi se si
u lut Moisiu për të marrë Dhjetë Urdhërimet në Malin Sinai,
madje pa pirë as ujë.

Mali Sinai nuk kishte as ujë, as pemë, as lule, as zogj. Ai mal
ishte një shkretëtirë plot me gurë e rërë ku mezi mund të gjeje
një bimë të vogël. Moisiu u lut i vetëm. Ndërkohë që ai tha lutjet
e para, me të ishte Jozueu. Por kur u lut për herë të dytë për të
marrë urdhërimet, ai u lut i vetëm.

Pasi i kishte kaluar të tetëdhjetat, Moisiu nuk mund të
ketë qenë njeri i ushqyer mirë. Ai kishte veshur rroba të vjetra
dhe lutej me zell i gjunjëzuar, natë e ditë. Gjaku i rridhte nga
pëllëmbët e duarve dhe gjunjët i ishin gërvishtur aq shumë sa i
kishin dalë kockat. Me këtë dhimbje ai u lut ditë e natë për 40
ditë dhe mori përgjigjen e Perëndisë, Dhjetë Urdhërimet.

Nuk është gjë e lehtë të marrësh urdhërimet e Perëndisë dhe
të dëgjosh zërin e Tij. Për të arritur këtë duhet të jesh plotësisht i
bindur dhe i pastër. Pas lutjes së tretë në mal, Perëndia më tha se
isha lutur duke rrezikuar jetën dhe më mësoi disa sekrete të botës
shpirtërore dhe gjërat që do të ndodhin.

Duke u mbështetur te Gjoni 14:12, u luta për të marrë
dyfishin e fuqisë dhe frymëzimin për të kryer veprat më të
mëdha për të cilat kishte folur Jezusi.

Kjo, sepse fuqia dhe frymëzimi i pastër i Perëndisë është i
domosdoshëm gjatë kohëve të fundit kur bota është e mbushur
plot me mëkate, si dhe për të shpëtuar ata që nuk besojnë edhe

pasi kanë parë, si dhe për të shkatërruar idhujt dhe mendimet darviniste që mbizotërojnë në mbarë botën. Perëndia u kënaq me këtë lutje dhe më dha premtimin që kjo gjë do të përmbushej.

Nga fundi i prillit, pak përpara Takimit të Rizgjimit të Majit 2000, fillova lutjen e katërt me betim. Perëndia më tha të mos mendoja për asgjë tjetër, as për familjen time e as për kishën. Mendova ditë e natë vetëm për parajsën dhe për Perëndinë Atë dhe thirra duke u lutur.

Shpesh pashë retë dhe diellin gjatë ditës, hënën dhe yjet gjatë natës, duke mësuar më shumë për dashurinë dhe mëshirën e Perëndisë. Ai më mësoi shumë gjëra për sekretet e botës shpirtërore, dhe më mësoi më shumë për mbretërinë e qiellit dhe për frymët e liga që kontrollojnë ferrin.

Pasi mbaruan të katër lutjet me betim, Perëndia bëri që fuqia të ishte e njëjtë me atë që do të manifestohej në Ujëvarat Iguaçu. Perëndia do të përgjigjej nëse besimtarët do të tregonin vetëm pak besim. Në takimin e rizgjimit në maj, nuk i vendosa duart mbi secilin prej të sëmurëve, por u luta për të gjithë ata nga podiumi ku isha.

Shumë sëmundje u shëruan vetëm pas një lutjeje; të verbërve u erdhi shikimi; dhe shumë u ngritën nga karrocat me të cilat kishin ardhur dhe unë i dhashë falënderime Perëndisë.

### Mos i shkatërroni shpërblimet e grumbulluara në qiell

Me 2 qershor 2000, po bëhesha gati të dilja nga shtëpia për shërbesën e së premtes. Do të takohesha me plakun Xhongkju Li i cili ishte i sëmurë rëndë. Kur e pashë, e kuptova se duhej të lutesha për shpëtimin dhe jo për shërimin e tij. Ai ishte i tmerruar nga diçka dhe nuk fliste.

Nëpërmjet frymëzimit të Frymës, pashë se engjëjt dhe frymët e këqija po luftonin për shpirtin e tij dhe kjo donte të thoshte se ishte e vështirë që ai të shpëtohej në atë gjendje. Djalli e akuzonte atë përpara Perëndisë që të mund ta merrte në ferr.

Unë e kuptova seriozitetin e situatës dhe u luta, "Të gjithë frymët e këqija, sundimtarët e ajrit, largohuni! Atë, pranoje frymën e tij."

Njerëzit rreth e rrotull meje u çuditën dhe më treguan të lutesha për shërimin e tij.

Njëri prej tyre tha, "Pastor i nderuar, ai ka qenë drejtues i grupit të vullnetarëve për shumë vite me radhë, dhe duhet të marrë pjesë në shërbesën e ardhshme të përkushtimit të grupit të vullnetarëve."

Atëherë unë u thashë, "A nuk e dëgjuat lutjen time? Është ashtu siç u tha."

Pasi mori lutjen time, fytyra e plakut pati paqe dhe mbi faqe i rrodhën lot. Ai kishte marrë paqen në mes të një dhimbjeje të paimagjinueshme. Unë iu tregova familjarëve të tij të përgatiteshin për funeralin. Gjithashtu udhëzova edhe punëtorët e kishës që të bënin gjithçka për funeralin e tij duke qenë se, siç thanë ata, ai kishte punuar si drejtues i grupit të vullnetarëve për shumë vite.

Ai punonte për kishën, por në fakt mezi u shpëtua. Të nesërmen, me 3 qershor, plaku vdiq. Perëndia më tregoi se ai ishte në varrin e epërm, vendi ku presin njerëzit e shpëtuar. Shumë njerëz po prisnin aty në një radhë të gjatë, dhe ai e mbante kokën ulur.

*"A e di pse ky bir e mban kokën ulur? Sepse është anëtar i kishës Manmin që ka ngrënë nga ti ushqimin*

*shpirtëror të fjalës."*

Si anëtar i Manminit, ai e kishte dëgjuar fjalën e jetës. Ai ishte një plak në kishë dhe drejtues i grupit të vullnetarëve. Ai duhej të kishte shkuar në një nga vendet më të mira të qiellit si mbretëria e tretë e qiejve apo Jerusalemi i Ri. Por përkundrazi ai mezi ishte shpëtuar. Me fjalë të tjera, ai mori shpëtimin e turpshëm dhe hyri vetëm në parajsë. Ja pse ai nuk mund ta mbante kokën lart. Perëndia lejoi që unë të dija se ai po falënderonte me lot që ishte shpëtuar dhe rrëfeu se do të lutej për mua deri ditën kur të takoheshim sërish.

Atëherë, pse një punëtor besnik si ai në atë moment duhej të merrte këtë lloj shpëtimi të turpshëm? Ajo që Perëndia më lejoi të dija ishte si më poshtë:

Kur kisha jonë u përball me tri sprovat, si drejtues i grupit të vullnetarëve, ai duhej t'i kishte qëndruar pastorit dhe anëtarëve të kishës më pranë se askush tjetër. Por u vu në dyshime duke dëgjuar thashethemet dhe duke parë materialet e përgatitura nga njerëzit e ligj.

Unë u kisha mësuar anëtarëve dhe u kisha theksuar shumë herë të mos shihnin, të mos dëgjonin dhee të mos përhapnin diçka që nuk ishte e vërtetë, por ai nuk u bind. Ai dëgjoi ata që po përpiqeshin të shkatërronin kishën dhe zemra e tij u lëkund.

Edhe në incidentin e televizionit në vitin 1999, ai ishte në pozicionin ku duhej të mbronte kishën dhe bariun, por u mashtrua nga njerëzit e ligj dhe nuk e bëri detyrën e tij. Duke qenë se e zhgënjeu Perëndinë në këtë mënyrë, Ai nuk mund ta mbante më atë. Thesaret që ai kishte ruajtur në qiell ishin zhdukur dhe madje ishte e vështirë që ai të shpëtohej.

Për shkak të kësaj situate, djalli ngriti kundër tij akuza që ta dërgonte në ferr, por ishin engjëjt ata që po përpiqeshin ta merrnin në parajsë. Sa e dhimbshme duhej të ketë qenë për të në këto kushte! Në atë gjendje që ishte, kur u luta për të dëbuar djallin, frymët e këqija u larguan dhe ai u shpëtua.

Po ashtu, nëse dikush e dënon si heretike një kishë të cilën Perëndia e do, apo dënon si heretik një pastor të cilin e do Perëndia, apo flet keq kundër tyre në mënyra të tjera, mëkton akundër Frymës së Shenjtë. Nëse dikush e kryen këtë lloj mëkati, ai nuk mund të falet edhe nëse pendohet. Do të jetë shumë e vështirë për të që të shpëtohet, dhe thesaret që ai ka mbledhur në qiell do të shkatërrohen.

Prandaj, duhet ta zbatojmë Fjalën e Tij dhe të punojmë për shpëtimin tonë me frikë dhe me dridhje (Filipianëve 2:12).

# Profecia për Korenë e Veriut

Me 13 qershor 2000, Presidenti Kim Daexhung arriti në aeroportin Sun An në Pjong-jang të Koresë së Veriut. Ishte hera e parë që Presidenti i Republikës së Koresë vizitonte Korenë e Veriut për bisedime.

Në dhjetor 1983, profetizova që Koreja e Jugut do të komunikonte me Korenë e Veriut pas 3 vitesh. Kjo profeci u tha jo shumë kohë pas sulmit terrorist të Koresë së Veriut kundër shumë prej ministrave koreanë në Birmani. Në atë kohë marrëdhëniet mes dy Koreve ishin plotësisht të ngrira. Nëse dikush do të thoshte diçka që nuk ishte në përputhje me politikën qeveritare ndaj Koresë së Veriut, kjo do të thoshte se po shkelnim 'Ligjin e Sigurisë Kombëtare.'

Akti terrorist ndodhi në tetor të vitit 1983 kur Presidenti Duhuan Cun ishte gjatë turit të vizitave të tij në gjashtë vende. Birmania ishte vendi i parë i këtij turi. Ndërkohë që po vizitonin varrin e Aung Sanit, një shpërthim i madh vrau 17 vetë dhe plagosi 14 të tjerë nga shoqëruesit e turneut presidencial.

U njoftua që ky sulm ishte drejtuar nga Kim Il Sung, në atë kohë lideri i Koresë së Veriut. Marrëdhëniet Jug-Veri ishin plotësisht të ngrira dhe askush nuk mund të imagjinonte asnjë lloj marrëdhënieje mes Veriut dhe Jugut.

Por pas 3 vitesh, duke filluar nga janari 1987, filluan të hidhen sugjerimet e zhvillimit të bisedimeve ushtarake dhe politike mes Jugut dhe Veriut, për bisedime në rang kryeministrash si dhe negociata për reduktimin e forcave ushtarake. Po ashtu, gjatë gjysmës së parë të vitit 1990, profetizova se marrëdhëniet mes Jugut dhe Veriut do të përmirësoheshin edhe më shumë dhe se do të vazhdojnë të përmirësohen.

Në shtator të atij viti, në Seul u zhvilluan Bisedime e para Zyrtare të Rangut të Lartë mes Veriut dhe Jugut. Në tetor u zhvillua një ndeshje futbolli mes Jugut dhe Veriut dhe njerëzit u çuditën shumë nga ky kthim i papritur i rrjedhës së ngjarjeve. Që nga ajo kohë, janë kryer shumë shkëmbime mes të dyja palëve duke përfshirë edhe Bisedimet Atletike si dhe më shumë Bisedime Zyrtare të Rangut të lartë gjatë vitit.

Menjëherë pas hapjes së kishës sonë, Perëndia më lejoi të dija se mes Veriut dhe Jugut do të kishte Samite Bisedimesh dhe se si do të zhvilloheshin situatat deri në fund të kohës.

Zoti më tregoi se në kohën kur të ketë bisedime për të zgjedhur një president të përbashkët për jugun dhe veriun, atëherë do të thoshte se Ai ishte pranë derës. Kjo do të thotë se këto ngjarje kanë lidhje të ngushtë me ardhjen e Zotit në ajër.

## Samiti i Bisedimeve ashtu siç u profetizua

Ashtu siç Perëndia më lejoi të dija në vitin 1983, me 15 qershor 2000 u mbajt Samiti i Bisedimeve Veri-Jug. Pak përpara zhvillimit të këtij samiti, me 4 qershor 2000, unë shpalla se çfarë do të ndodhte në të ardhmen në lidhje me Samitin e Bisedimeve.

"Koreja e Veriut ka programin e vet në lidhje me këtë samit bisedimesh. Përfaqësuesit tanë nuk duhet të mashtrohen. Një nga arsyet është ekonomia, por kjo është diçka e vogël. Ju nxis juve si anëtarë të kishës të luteni për këtë."

Me 11 qershor, gjatë shërbesës të së dielës, shpjegova atë që Perëndia kishte lejuar që të dija.

"Bisedimet do të zhvillohen dhe bisedimet e para do të jenë shumë miqësore, duke bërë shëtitje, madje edhe duke bërë shaka. Do të ketë shumë shkëmbime politike, ekonomike dhe atletike. Por duke filluar nga bisedimet e dyta, presidenti do të hasë në vështirësi për shkak të axhendës së tyre. Ju lutem lutuni që të jemi në gjendje të parandalojmë një vështirësi të madhe. Këtu, "shëtitje" do të thotë që të dy liderët do të ecin dhe do të bisedojnë së bashku në mënyrë miqësore dhe të ngushtë."

Në fakt, në 13 qershor, kur Presidenti Kim Daexhung mbërriti në Pjong-jang, atij erdhi t'i uroë mirëseardhjen në aeroport Kim Xhong-il. Shumica e njerëzve menduan se mënyra e bisedimeve do të ishte disi e vështirë dhe e ashpër.

Por gjatë vizitës së Presidentit, Kim Xhong-il u tregua shumë miqësor, duke shëtitur së bashku me Presidentin Kim Daexhung me një sjellje shumë miqësore. Kjo gjë i çuditi njerëzit në Jug. Veprimet e tij madje i magjepsën njerëzit në Jug dhe pati shprehje të tilla si, 'Sjellja e Kim Xhong-il trondit Jugun,' ose 'Sindroma

Kim Xhong-il.'

Siç më kishte shfaqur Perëndia, samiti u zhvillua në një atmosferë shumë miqësore, dhe ata premtuan se do të kishte bisedime të mëtejshme. Kur u zhvillua raundi i parë i bisedimeve, njerëzit u mbushën me emocione. Në të gjithë vendin njerëzit ishin të gëzuar për atmosferën miqësore.

## Planet e thurura në fshehtësi

Pas kthimit të Presidentit Kim Daexhung nga vizita në Korenë e Veriut, në datë 16 dhe më pas në datë 18, gjatë shërbesës së natës së premte dhe gjatë shërbesës së dielës, shpjegova se çfarë Perëndia më kishte lejuar që të dija. Koreja e Veriut tregoi sjellje miqësore dhe e mirëpriti Presidentin e Koresë së Jugut sipas një plani shumë të hollësishëm.

Perëndia tha se menjëherë pasi Kim Xhong-ili e përcolli Presidentin Kim Daexhung për në Jug, ai zhvilloi një mbledhje sekrete për ribashkimin e të dyja vendeve me forcë. Ata analizuan çdo person nga Jugu që mund të ishte i dobishëm për Veriun.

Ndërkohë që njerëzit në Jug, të mashtruar nga sjellja miqësore e Veriut, ëndërronin një bashkim paqësor, veriu bënte plane për ribashkimin me forcë të të dyja vendeve.

Perëndia më lejoi të dija se Kim Xhong-il kishte pushtuar mendjet e njerëzve në Jug nëpërmjet momenteve të shkurtra kur mirëpriti Presidentin Kim Daexhung. Deri në atë kohë njerëzit në Jug kishin një përshtypje negative nga Kim Xhong-il. Por pas këtij takimi, ky imazh u kthye në imazh pozitiv. Pra, Kim Xhong-il ia arriti me sukses planit për të fituar simpatinë e njerëzve në jug me qëllim që të përmbushte synimet e tij.

Perëndia më lejoi të dija gjithashtu se e ashtuquajtura 'Politika e Diellit' nuk do të kishte rezultate shumë të mira. Kur Koreja e Veriut të marrë ndihma, ata do të bashkëpunojnë, por do të jetë vetëm diçka e përkohshme. Ata duken miqësor nga pamja e jashtme, por në brendësi janë krejtësisht ndryshe. Kjo fjalë doli e vërtetë në realitet. Veriu ka përgatitur armët bërthamore duke ndjekur planet e tyre.

Pak pasi hapa kishën, Perëndia më lejoi të dija se Koreja e Veriut do të hapet një ditë dhe kjo ditë po afrohet nëpërmjet presionit nga Shtetet e Bashkuara dhe vendet e tjera. Kur të vijë kjo kohë, ne kemi përgatitur disa pastorë dhe punëtorë të kishës për punën misionare në Korenë e Veriut.

Por do të jetë e shkurtër koha që Koreja e Veriut do të mbetet e hapur. Ata do të kuptojnë që sistemi i tyre do të kërcënohet, dhe do t'i mbyllin dyert sërish. Përpara se të mbyllin vendin, ata do të paralajmërojnë të gjithë të huajt të largohen nga vendi. Prandaj, shumë misionarë do të largohen nga Veriu, por prej tyre disa do të mbeten deri në fund për të predikuar ungjillin, dhe në fund do të bëhen martirë.

Kapitulli 5

# Si uji që mbulon
# detin

# Fillimi i misioneve në shkallë të gjerë përtej detit

Duke qenë se kisha fillimisht i hapi dyert në korrik 1982 në një vend të vogël prej rreth 70 metrash katrorë, jam lutur së bashku me disa punëtorë të kishës për misionin botëror dhe ndërtimin e Shenjtërores së Madhe, që ishte vegim i dhënë nga Perëndia.

Shtatëmbëdhjetë vite më vonë, në prag të Mijëvjeçarit të ri dhe sipas hirit të Perëndisë, filloi në shkallë të gjerë misioni botëror.

Në Librin e Veprave, shohim rizgjimin e madh në Jerusalem në kohën e kishës së hershme. Pas egërsimit të përndjekjeve kundër kishës, besimtarët u shpërndanë kudo.

Pavarësisht nga përndjekjet, besimi i besimtarëve u forcua më tej dhe ky ishte fillimi i përhapjes së krishterimit në gjithë botën. Megjithë pengesat e djallit, vullneti dhe hiri i Perëndisë do të përmbusheshin në mënyrë të padiskutueshme.

Që nga fillimi, kisha jonë ishte e mbushur me Frymën e Shenjtë. Në kishën tonë u manifestuan shumë shenja dhe mrekulli, dhe ajo u rrit shumë shpejt. Sigurisht, djalli u përpoq ta shkatërronte kishën.

Ne e kaluam çdo sprovë që erdhi, me besim dhe dashuri dhe Perëndia na dha fuqi gjithnjë e më të mëdha. Duke filluar me Ugandën në korrik të vitit 2000, ne mundëm ta fillonim misionin botëror në shkallë të gjerë.

## Uganda, pika e fillimit të Misionit Botëror

Megjithëse quhet "Perla e Afrikës," Uganda ka shumë nevojë për hirin e Perëndisë. Në vend kishte varfëri, sëmundje dhe luftëra civile. Nga ana statistikore, 30% e të gjithë popullsisë ishte e infektuar me HIV, dhe sëmundja përhapej shumë shpejt.

Edhe të krishterët në Uganda ishin në rrezik për shkak të tendencës së rritjes së fesë islamike.

Ndërkohë që flisja në Kryqëzatën e Bashkuar të Ugandës, mund ta ndjeja pse Perëndia më dërgoi në atë vend.

Gjatë udhëtimit me avion nga Londra në Najrobi, jashtë dritares pashë një ylber. Ishte një ylber i jashtëzakonshëm. Brenda ylberit ishte forma e avionit. Që nga ajo kohë, sa herë që shkonim në vende të tjera për punë misionare, na shfaqeshin ylbere. Na janë shfaqur ylbere të trefishta, ylbere të drejta, dhe shumë ylbere të tjera.

Me 4 korrik të vitit 2000 mbërrita me delegacionin e misionit tonë në Uganda. Në aeroport erdhën të na prisnin drejtues të ndryshëm politikë dhe fetarë, duke përfshirë edhe Sekretarin e Presidentit për Fetë, Kryebashkiakun e qytetit Kampala, dhe Ministrin e Drejtësisë Z. Jehoah. Vendasit, me veshjet e tyre tradicionale, na uruan mirëseardhjen me vallet dhe brohoritmat e tyre entuziaste.

Gjatë rrugës nga aeroporti në hotel, shumë njerëz na përshëndesnin me dorë. Shikoja gjithashtu shumë afishe të mëdha të kryqëzatës mbi mure. Kryqëzata u reklamua në televizor shumë herë dhe i i interesuar ishte edhe shtypi vendas.

Në Hotel Nili në Kampala mbajtëm një konferencë shtypi dhe atje u mblodhën shumë pjesëtarë të medias duke përfshirë edhe CTV. U premtova atyre se i verbri do të shihte dhe i çali do të ecte, dhe se shumë vepra të mrekullueshme do të manifestoheshin për t'i dhënë lavdi Perëndisë.

Por bashkë me reklamimin e kryqëzatës, Satani u përpoq ta ndërpriste këtë kryqëzatë. Nëpërmjet disa misionarëve koreanë, u përhapën shumë thashetheme të pavërteta. Ata nxitën edhe disa media që ta ndalonin kryqëzatën.

Por besimi i pastër i afrikanëve për Perëndinë reagoi në një mënyrë krejtësisht të ndryshme nga ç'kishin shpresuar misionarët koreanë. Puna e tyre në vend që ta pengonte kryqëzatën bëri që ajo të reklamohej dhe të njihej edhe më shumë. Jo vetëm zyrtarët qeveritarë por edhe shumë revista dhe televizione u interesuan shumë për kryqëzatën.

### Konferenca e Drejtuesve të Kishës

Me datën 5 dhe 6 korrik, u mbajt Konferenca e Drejtuesve të Kishës në Sallën Ndërkombëtare të Konferencave. Në të morën pjesë pastorë jo vetëm nga Uganda, por edhe nga Kenia dhe Tanzania. Konferenca u mbush me zjarrin e mijëra pastorëve.

Edhe vendet mes radhëve të karrigeve ishin plot.

Aty unë dhashë mesazhin me titull 'Shenjtëria për Perëndinë.' Të gjithë ishin shumë të vëmendshëm dhe kur në mes të mesazhit u shfaqën shenjat dhe mrekullitë e Perëndisë, ata i dhanë lavdi Perëndisë me thirrje gëzimi dhe duartrokitje. Ata po gëzoheshin njësoj si të ishin ata vetë që po i përjetonin ato vepra të Perëndisë.

Ka shumë njerëz në Kore që shohin me dyshim kur përmenden veprat e Perëndisë, dhe përpiqen t'i mohojnë, t'i pengojnë dhe të shkaktojnë përçarje. Në Uganda ishte shumë ndryshe nga Koreja. Ugandasit kishin zemra të pastra dhe e besuan Fjalën e Perëndisë ashtu siç është.

## Kryqëzata e Bashkuar mbushet me vepra shërimi

Që nga dita tjetër, Kryqëzata e Bashkuar u zhvillua për tri ditë rresht në Stadiumin Nakivubo. Ditën e parë në kryqëzatë morën pjesë rreth 70,000 njerëz. Ajo filloi me lajmërimin e Peshkopit Grivas Musisi, dhe më pas unë predikova një mesazh për Perëndinë, Krijuesin.

Mesazhi u përkthye në anglisht dhe në gjuhën vendase ugandase, prandaj koha e vërtetë e mesazhit ishte vetëm rreth 20 minuta.

Pas mesazhit u luta për të sëmurët vetëm për rreth 5 minuta. Megjithëse koha ishte e shkurtër, u kryen vepra të mëdha shërimi që ditën e parë. Pashë një zonjë që ishte e shtrirë pranë skenës dhe nuk ishte në gjendje të lëvizte.

Disa persona që dukeshin sikurse ishin anëtarët e saj të familjes e tundën por ajo nuk lëvizte. Por, pasi mbaroi lutja, ajo u ngrit dhe u ngjit në skenë. Kur njerëzit e panë këtë, u emocionuan shumë.

Një vajzë që kishte të djegura mbi këmbë dhe nuk ecte dot, filloi të ecë. Një tjetër që e kishte një këmbë më të shkurtër se tjetrën arriti të ecte siç duhet. Përveç këtyre gjërave kishte shumë njerëz që u ngjitën në skenë për të dëshmuar që ishin shëruar nga SIDA, nga sëmundjet e lëkurës dhe për të dëshmuar shumë mrekulli të tjera të Perëndisë që kishin ndodhur.

Ditën e dytë dhe të tretë u manifestuan vepra edhe më të fuqishme të Perëndisë. Kur dikush hidhte tutje patericat dhe bastunët dhe vinte në skenë, njerëzit brohorisnin sipas mënyrës së tyre të veçantë. Blicet e aparateve të fotografëve dhe gazetarëve shkrepeshin vazhdimisht, dhe në tonin e zërit të një reporteri aty ndjeheshin emocionet e tij të mëdha.

Një burrë që kishte ecur me paterica për 14 vite, i hodhi tutje. Një i verbër fitoi shikimin. Një burrë që nuk ecte dot për shkak të kancerit, filloi të ecte. Një djalë gjashtë vjeçar nuk kishte qenë në gjendje të fliste apo të ecte, por tani fliste dhe ecte.

## Raportimi në CNN

Me dëshmitë e shërimeve, me duartrokitjet dhe brohoritjet, stadiumi ishte një vend ku bashkoheshin emocionet dhe gëzimi i njerëzve. Disa prej tyre tundnin shamitë, disa të tjerë vallëzonin dhe ngrinin lart karriget.

Kryqëzata u transmetua drejtpërdrejt nga televizioni kombëtar i Ugandës dhe nga WBS. Lajmi për kryqëzatën u raportua çdo ditë në katër stacione televizive si dhe në radio të ndryshme. Madje raportime dhe transmetime nga stadiumi u

Raportohet nga CNN

transmetuan edhe nga CNN dhe një televizion anglez.

"**Dr. Xherok Li vërtetoi se ishte njeri i Perëndisë duke treguar shenjat dhe mrekullitë e Jezus Krishtit nëpërmjet fuqisë së Perëndisë. Këto janë shenja dhe mrekulli që mund të vijnë vetëm nga Perëndia...**"

Edhe pas përfundimit të kryqëzatës, CNN vazhdoi të raportojë edhe tri herë të tjera për fuqinë e Perëndisë. Perëndia e planifikoi këtë në mënyrë që veprat e Tij të njiheshin në vende të tjera. Ndërkohë që ata që u shëruan dëshmonin për shërimin e tyre, të tjerë fituan besim duke parë veprat e Perëndisë dhe më sollën shumë shami për t'u lutur mbi to.

Poashtu më sollën një pirg me letra dhe foto me kërkesa për lutje por nuk kisha kohë të lutesha për secilën prej tyre, kështu që u luta për të gjitha së bashku. Më pas erdhën të tjerë njerëz që sollën një tjetër pirg.

Drejtuesit e kishës së Ugandës dëgjuan mesazhin e pastër dhe të gjallë, dhe dëshmuan veprat e pamohueshme të fuqisë së Perëndisë. Ata rrëfyen se kishin fituar besim të ri dhe ishin inkurajuar.

Pas kryqëzatës, disa pastorë erdhën te unë dhe u penduan në gjunjë që ishin përpjekur të pengonin Kryqëzatën. Dëgjova që edhe organizatorët e kryqëzatës kishin pranuar shumë telefonata nga njerëz që ishin penduar sikurse këta pastorë. Ata nuk e kishin kuptuar se unë isha një njeri i Perëndisë dhe ishin përpjekur të më pengonin, prandaj donin të dinin se çfarë mund të bënin që ta shlyenin këtë gabim.

## Pranimi i veprave të fuqisë së Perëndisë

Një vajzë myslimane 22 vjeçare e cila nuk ecte për shkak të një paralize të pjesës së poshtme trupore, u shërua gjatë kryqëzatës. Disa autoritete myslimane lëshuan një urdhër heshtjeje ku ndalohej që të flitej për këtë vajzë apo shërimin e saj në kryqëzatë. Por dëgjova se ajo kishte thënë, "Unë shkova në kryqëzatë dhe u shërova, prandaj duhet të flas për këtë."

Zemra e ugandasve kishte nevojë për ungjillin dhe ata e pranuan ungjillin e shenjtë dhe veprat e fuqisë së Perëndisë me zemër të pastër. Qofshin pastorë apo besimtarë të thjeshtë, nëse shihnin se dikush pranë tyre shërohej, thërrisnin me gëzim njësoj si të ishin vetë ata që po shëroheshin. Edhe pas përfundimit të kryqëzatës, për një kohë të gjatë njerëzit nuk u shpërndanë. Unë u preka nga zemrat e tyre të pastra dhe të mira.

Një grua aty pa diçka me sytë e saj shpirtërorë. Ajo rrëfeu se kishte parë kuaj dhe karroca të zjarrta rreth vendit të kryqëzatës (2 Mbretërve 6:17). Nëpërmjet tyre Perëndia i dëboi veprat e djallit. 'Kuajt dhe karrocat e zjarrta' do të thotë se ushtria qiellore ishte e pranishme atje.

Pas kryqëzatës, kur u luta për popullin e Ugandës, Perëndia më lejoi të dija se megjithëse i këndonin këngët e lavdërimit me gjithë zemër, ata nuk e njihnin shumë Fjalën e Perëndisë.

*"Njerëzit e këtij vendi këndojnë këngë lavdërimi me gjithë zemër për t'i dhënë lavdi Perëndisë. Ata e njohin Perëndinë nëpërmjet lavdërimit, por nuk e njohin nëpërmjet Fjalës. Këtë herë tregoju qartë për Perëndinë nëpërmjet Fjalës."*

Fjala e Perëndisë dhe veprat e fuqisë së Perëndisë të manifestuara në këtë kryqëzatë u bënë të njohura gjerësisht nëpërmjet mediave dhe televizioneve të ndryshme. Nga kjo, kishat në Uganda u bashkuan dhe u forcuan.

# Dhjetë shurdhmemecë u shëruan në Kryqëzatën e Nagojas

Pas kryqëzatës në Uganda, Perëndia na drejtoi të zhvillonim një kryqëzatë në Japoni. Japonia u shërben shumë idhujve dhe të krishterët në këtë vend janë më pak se 1%.

Disa pastorë japonezë u prekën në Kryqëzatën e Bashkuar Kore-Japoni të mbajtur në kishën tonë në vitin 1992. Ata dëshironin të krijonin lidhje të vazhdueshme dhe t'i mbështesnim me misionarë. Misionarin e parë në Japoni e dërguam në vitin 1994 dhe atje krijuam një degë të kishës. Ky ishte fillimi i misionit tonë në Japoni.

Kryqëzata ishte programuar të zhvillohej duke filluar nga data 14 shtator 2000, por me datën 11 filluan të binin shira të rrëmbyer për shkak të një tajfuni. Në lajme tregohej se qyteti i Nagojas ishte përmbytur dhe thuhej se tajfuni do të vinte drejt Koresë.

Në atë kohë, më shumë se tridhjetë mijë shtëpi ishin përmbytur në Japoni. Nga qyteti i Nagojas u evakuuan banorë shtatëmbëdhjetë mijë dhe të gjitha shërbimet në qytet u ndërprenë. Për javën kur ishte programuar të mbahej kryqëzata ishin paralajmëruar shira të rrëmbyeshme.

Por në 13 shtator, kur mbërritëm në Japoni, shiu pushoi dhe qyteti u tha nga uji. Kështu, ne ishim në gjendje ta zhvillonim kryqëzatën siç u planifikua, në datat 14 dhe 15 shtator, në një mot vjeshte pa re dhe Orkestra Nissi e kishës sonë performoi një shfaqje të shkëlqyer.

Një gjë e veçantë e kësaj kryqëzate ishte se atje kishin ardhur trembëdhjetë shurdhmemecë. Për ta mesazhi u përkthye në gjuhën e shenjave dhe ata ishin shumë të vëmendshëm për ta kuptuar atë.

Nëpërmjet lutjes gjatë ditës së dytë, dhjetë prej tyre u shëruan menjëherë me mëshirën e Perëndisë. Ishte aq prekëse kur i shihja të gëzoheshin dhe të dëshmonin se tani u ishte kthyer dëgjimi.

Nishio Shenbiro ishte jashtëzakonisht e gëzuar dhe thoshte se nuk kishte qenë në gjendje të dëgjonte fare që nga lindja. Dy vite para kryqëzatës ajo dëgjonte tringëllima zilesh në veshë, por edhe ajo zhurmë ishte zhdukur dhe pak nga pak ajo po dëgjonte.

# Nisja drejt Pakistanit me frymën e martirizimit

Në Pakistan 97% e gjithë popullsisë është myslimane. Sipas kushtetutës atje ka liri besimi, por të krishterët hasin shumë probleme të ndryshme. Mbi ta mund të ushtrohet dhunë dhe ndonjëherë edhe mund të vriten, por të krishterët atje nuk janë në gjendje të kërkojnë të drejtat e tyre. Kur mendon se edhe grupet e ndryshme myslimane sulmojnë njëra-tjetrën me bomba, atëherë me çfarë rreziqesh mund të përballet një i krishterë atje?

Në fakt mua m'u desh të përgatitesha për martirizim. Kur u luta për këtë kryqëzatë, Perëndia më tha, *"Do të ketë shumë turbullira deri kur të zhvillohet kryqëzata. Por Unë do të prek një zyrtar të lartë që t'ju ndihmojë, prandaj mos u shqetëso. Kryqëzata do të zhvillohet pa asnjë incident, dhe ti do të më japësh shumë lavdi."*

Me 16 tetor 2000, gjatë udhëtimit për në Pakistan, pashë

jashtë dritares së avionit një ylber të qartë të katërfishtë.

E kuptova se Perëndia po ma tregonte këtë ylber për të më treguar se Ai do ta garantonte kryqëzatën katër ditore në Pakistan me dritën e fuqisë së Tij në katër nivele. Pastorët, organizuesit e kryqëzatës dhe reporterët po na prisnin në aeroport.

Sinthia, vajza e Pastorit Uilliam Xhon Gil, më uroi mirëseardhjen me një buqetë lulesh. (Dëshminë e saj e tregova në kapitullin 3.) Ajo është rritur dhe është bërë një zonjushë shumë e shëndetshme.

Në qytetin e Lahorit, mbi mure ishin vendosur shumë afishe të kryqëzatës dhe kryqëzata ishte reklamuar edhe nëpërmjet mediave të ndryshme publike. Afishet nëpër mure ishin grisur aty-këtu nga myslimanët, dhe madje kishte pasur edhe kërcënime për bomba.

Me 18 tetor, organizuesit përgatitën një ndejë mirëseardhjeje në Avari Hotel International. Erdhën shumë zyrtarë të lartë, duke përfshirë S.K. Tressler, Ministrin e Kulturës, Sporteve, Rinisë dhe Turizmit; Ministrin e Drejtësisë të Shtetit Panxhab; dhe ish Drejtuesin e Gjykatës së Lartë.

Përpara ndejës, ndodhi diçka e paimagjinueshme. Z. Abdulla, drejtuesi më i lartë islamik i shtetit Panxhab, erdhi në karrocë me rrota që të luteshim për këmbët e tij.

Myslimanëve nuk u lejohet të kenë kontakte me të krishterët. Prandaj, që një drejtues mysliman të vijë dhe të kërkojë lutje, duhet të ketë qenë një vendim i rëndësishëm nga ana e tij. Ndërkohë që po lutesha për këtë drejtues islamik, kuptova që kjo ishte shenjë që Jezus Krishti e kishte fituar betejën shpirtërore në këtë kryqëzatë.

Duke qenë se Pakistani ishte vend islamik, pa mbështetjen

e qeverisë do ta kishim të vështirë zhvillimin e kryqëzatës. Perëndia kishte përgatitur që më parë shumë njerëz të cilët do të na ndihmonin.

## Portat e mbyllura

Ishte 19 tetor, ora 9 paradite, dita e parë e konferencës së pastorëve. Atë mëngjes dëgjova se konferenca papritur ishte anuluar. Edhe stadiumi së bashku me vendin ku do të mbahej konferenca ishin mbyllur. Ne i kishim nxjerrë të gjitha lejet paraprake që nevojiteshin nga qeveria.

Kur mbërritëm në vendin ku do të zhvillohej kryqëzata, na ndaluan policë të armatosur. Personeli ynë kërkoi të hapnin portat, por ata lanë vetëm makinën time të hynte dhe eskortën pas meje. Porta u mbyll sërish. Policët e armatosur me pushkë dhe granata dore i ndaluan autobusët të hynin në stadium.

Për shkak të presionit nga myslimanët në qeveri, ajo e anuloi takimin për arsye sigurie. Në stadium ishin disa pastorë vendas që kishin ardhur përpara se të mbylleshin portat të cilët po luteshin dhe po lavdëronin Perëndinë.

Ndërkohë që koha kalonte, policët u bënë më të ashpër me njerëzit. Kishte njerëz që kishin udhëtuar më shumë sc dhjetë apo njëzet orë nga provinca të largëta për të ardhur atje, por as që mund t'i afroheshin stadiumit. Dëgjoja zërin e lutjeve dhe lavdërimet e njerëzve që nga jashtë portave.

Unë i vura shpresat e mia te Perëndia dhe u luta, dhe përgjigja që mora ishte, *"Askush nuk mund ta shqetësojë këtë kryqëzatë. Portat do të hapen në mesditë."* Unë u tregova njerëzve, "Konferenca do të fillojë në mesditë, prandaj mos u shqetësoni."

Në fakt jashtë kishte ende forca policore, dhe situata nuk kishte ndonjë ndryshim. Por personeli që ishte me mua thoshte me besim se konferenca do të fillonte në mesditë.

## Një dorë ndihmëse e përgatitur nga Perëndia

Ashtu siç kishim thënë me besim, portat e stadiumit u hapën në mesditë.

Shumë njerëz hynë në stadium me dinjitet dhe me duart në ajër. Ata dukeshin si gjeneralë që ishin kthyer nga lufta me fitore. Ministri S.K. Tressler kishte dëgjuar se konferenca ishte anuluar prandaj telefonoi zyrtarët qeveritarë duke u kërkuar ta lejonin konferencën dhe më pas nxitoi edhe vetë për të marrë pjesë.

Ndërkohë që dëgjoi lajmin e anulimit të konferencës ai ishte duke u bërë gati për t'u nisur për në Islamabad, mirëpo ai e shtyu programin që kishte, për të ardhur në stadium. Erdhën me gëzim edhe ata që po prisnin në periferi të qytetit duke u lutur që të fillonte konferenca.

Ministri S.K. Tressler dha mesazhin e urimit për konferencën e pastorëve. Në konferencën dyditore, unë fola për sekretin e rritjes së kishës dhe 'Mesazhin e Kryqit'. Kur u luta për të sëmurët, një vajzë u çlirua nga demonët që e kishin pushtuar. Një person tjetër që kishte një tumor prej 14 vitesh, u shërua. Disa që nuk dëgjonin, filluan të dëgjojnë. Kishte edhe shumë dëshmi nga ata që ishin çliruar nga zinxhirët e dhimbjes. Ky lajm u përhap me shpejtësi përmes televizionit kombëtar dhe kanaleve të tjera, nga shtypi, dhe gojë më gojë nga njëri te tjetri.

## Turma e mbledhur jashtë vendit ku u zhvillua kryqëzata

Në orën shtatë pasdite të datës 20 tetor, kryqëzata filloi në Institutin Burt. Duke qenë se konferenca e pastorëve kishte qenë e suksesshme, njerëzit vazhdonin të dyndeshin aty. Për tri ditë, u mblodhën më shumë se njëqind mijë vetë çdo ditë.

Njerëzit vinin nga të katër anët e vendit duke udhëtuar me trena dhe autobusë. Vendi ku po zhvillohej kryqëzata u dynd me njerëz dhe nuk kishe ku hidhje kokrrën e mollës. Atyre që nuk mundën të hyjnë iu desh ta dëgjonin mesazhin nëpërmjet altoparlantëve të vendosur jashtë. Dëgjova se shumë të tjerëve iu desh të ktheheshin nga rruga sepse nuk i afroheshin dot vendit sa duhej për të dëgjuar.

Ditën e dytë dhe të tretë erdhën edhe më shumë njerëz, dhe madje edhe vendi jashtë ambientit ku zhvillohej kryqëzata ishte mbushur plot e përplot. Sjellja e policisë e cila ditën e parë ishte përpjekur ta ndalonte takimin tonë, kishte ndryshuar krejtësisht dhe na ndihmuan ta zhvillonim evenimentin me qetësi deri në fund.

Forca policore të armatosura e ruajtën vendin dhe personelin tonë gjatë gjithë ditës. Rreth e rrotull vendit ku po zhvillohej kryqëzata, ata kishin vendosur roje sigurie në mënyrë që ta ruanin sigurinë në mënyrë të përkryer.

Në kryqëzatë morën pjesë shumë zyrtarë të lartë dhe drejtues të kishës, dhe televizioni kombëtar dhe shtypi ishin entuziastë në raportimet e tyre. Lajmi i kryqëzatës u përhap me shpejtësi në Lindjen e Mesme dhe në vendet e tjera islamike.

Në kryqëzatë unë predikova një mesazh ku shpjegohej pse Jezusi është Shpëtimtari ynë. Aty theksova gjithashtu se të gjitha

Kryqëzata e Bashkuar e Pakistanit

sëmundjet mund të shërohen dhe çdo problem mund të zgjidhet. Ata mund të shijojnë jetën e përjetshme në parajsë vetëm nëse do të luteshin në emër të Jezus Krishtit. Mesazhi u përkthye në anglisht dhe në urdu, dhe pjesëmarrësit e dëgjuan me shumë vëmendje.

Në këtë kryqëzatë morën pjesë disa dhjetëra mijëra myslimanë. Organizatorët më treguan se 50-60% e pjesëmarrësve ishin myslimanë. Në një moment u kërkova njerëzve në turmë të ngrinin dorën nëse tani besonin në Jezus Krishtin. Shumica e tyre ngritën duart. Ai ishte një moment shumë i gëzueshëm e prekës.

Gjatë tri ditëve të kryqëzatës, pas mesazhit, lutesha për të gjithë të sëmurët së bashku. U luta me gjithë energjinë time në mënyrë që edhe një person më shumë të mund të merrte shërimin hyjnor. Nëpërmjet lutjes, Perëndia tregoi vepra të fuqishme të Frymës së Shenjtë.

Drejt fundit të lutjes, shumë njerëz që përjetuan shërimin hyjnor erdhën në skenë për të dhënë dëshmitë e tyre. Për një çast, skena u mbush plot me njerëz. Njerëz të panumërt përjetuan veprat shëruese të Perëndisë në këtë kryqëzatë.

Aty u shëruan sëmundje të ndryshme të rralla dhe u dëbuan demonë. Ata që nuk shihnin filluan të shihnin, ata që nuk dëgjonin filluan të dëgjojnë. Një motër, që nuk kishte ecur që nga lindja për shkak të paralizës që në fëmijëri, filloi të ecë dhe njëra prej këmbëve që kishte qenë më e shkurtër se tjetra iu rrit pesë centimetra.

Kjo kryqëzatë misionare u bë e mundur me përkrahjen e anëtarëve të kishës nëpërmjet agjërimit, lutjeve dhe ofertave për misionarët. Shumë njerëz kishin dhënë 'dy monedha të vogla' me besim si ofertë për misionin. Perëndia lejoi që unë të dija se këta do të merrnin bekime mbi tokë si shpërblime të mrekullueshme dhe gurë të çmuar në mbretërinë e qiellit.

Perëndia u kënaq me këtë kryqëzatë në Pakistan dhe për këtë Ai më tha se menjëherë pas kryqëzatës e kishte rrethuar kishën tonë, bashkë me të gjitha degët e kishës në mbarë botën, me dritën e krijimit.

Ai më lejoi të dija gjithashtu se kishte dhënë si dhuratë një shpatë të zjarrtë. Kur drita e krijimit ta largojë të gjithë errësirën, shpata e zjarrtë do të ndahet dhe do të thyhet. Ai shpjegoi se nëpërmjet kësaj do të garantonte fjalën time. Për shembull, nëse unë i urdhëroj kockat të ngjiten, ato do të bashkohen dhe do të ngjiten. Ai na lejoi të dimë se do të kishte edhe vepra krijimi.

# Fuqia e Perëndisë ringjall të vdekurit

Në 6 maj 2001, gjatë shërbesës së diele mbi kishë u shfaq një ylber i qartë rreth diellit. Ishte shenja që Perëndia do të ishte me ne gjatë Takimit të Nëntë Dyjavor të Rizgjimit i cili do të fillonte të nesërmen e asaj dite.

Gjatë gjithë takimit të rizgjimit, mbi kishë u shfaqën shumë herë ylbere dhe madje edhe ylbere të drejtë. Edhe në këtë takim rizgjimi u manifestuan shumë vepra shërimi. Për shembull, u shërua një person me kancer që ishte përhapur në peritonin abdominal dhe një rast leukimie.

Jamazaki Hiromi nga Japonia, kishte 10 vite me kurrizin e kërrusur. Ajo ndoqi nga interneti takimet e javës së parë në Japoni. Kur filloi lutja për të sëmurët kurrizi i saj u drejtua dhe dhimbja iu largua.

Jamazaki u habit aq shumë nga kjo mrekulli sa erdhi në Kore për të ndjekur pjesën tjetër të takimit të rizgjimit. Me 27 maj, kur ajo dëgjoi lutjen, zjarri i Frymës së Shenjtë zbriti mbi të. Ajo filloi të djersitej dhe ndjeu kurrizin t'i drejtohej.

Ueda Hideo, po nga Japonia, vuante nga diabeti, hepatiti dhe gjithashtu ishte i alkoolizuar. Ai erdhi në takim sepse të tjerë e shtynë të vinte. Kur dëgjoi lutjet ndjeu sikur nga koka e tij iu larguan disa ndotje, fitoi forcë dhe filloi të ecte lirisht.

## Trup i ngurtë dhe i ftohtë

Xhaeho Li ishte pastor i kishës sonë. Me 8 maj diçka ndodhi. Familjarët e tij më shpjeguan situatën. Ai kishte filluar të villte herët në mëngjes. Rreth orës dy pasdite Xhaeho Li nuk arrinte ta kontrollonte më trupin e tij. Ai vazhdonte të humbte lëngje për shkak të diarresë dhe të vjellave dhe rreth orës pesë humbi ndjenjat.

Ndërsa humbte lëngje, trupi i tij filloi të rrudhej. Anusi i ishte hapur dhe filloi të nxirrte një lëng të bardhë si shkumë. Nga ana mjekësore kjo do të thotë se ai ishte tashmë i vdekur. Në atë kohë Xhaeho Li ishte një njeri i shëndetshëm dhe e gjithë kjo ndodhi krejt papritur brenda shumë pak orësh.

Anëtarët e familjes e sollën në kishë kur po fillonim sesionin e mbrëmjes të takimit të rizgjimit. Ata ishin të shqetësuar sepse nëse unë do e mësoja këtë lajm do ndikonte sesionin e mbrëmjes, kështu që pritën derisa të mbaronim.

Deri në atë kohë, pastori Li ishte paralizuar plotësisht. Kishte pësuar konvulsion të muskujve dhe pastaj kishte humbur ndjenjat.

Rreth orës 11 të mbrëmjes dëgjova lajmin dhe nxitova të dilja nga salla. Pastor Xhaeho Li ishte i shtrirë në makinë dhe dukej se kishte vdekur. Bebet e syve i ishin venitur dhe trupi i tij ishte i ngurtë dhe i ftohtë por familja e tij besonte se ai do ringjallej nëse

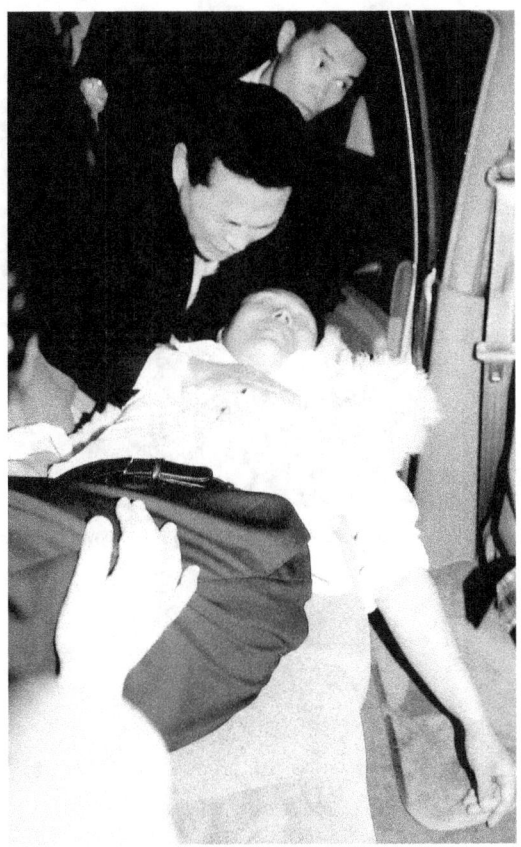

Pastor Lazarus Xhaeho Li ndodhet pa ndjenja dhe Pastori Li lutet për të

unë shtrija duart mbi të.

Kur iu luta me besim Perëndisë i cili ngjall edhe të vdekurit, Ai u përgjigj menjëherë. Sapo mbarova lutjen trupi i pastorit lëvizi dhe ai rifitoi ndjenjat. Pas 5 minutash u ngrit në këmbë. Pastor Xhaeho Li e ndryshoi emrin e tij në 'Lazar' Li duke

Shërbimi si misionar në Amerikën Latine (Salla e Konventave në Kusko, Peru)

thënë se po jetonte një jetë të dytë. Sot, ai është duke shërbyer si misionar në Amerikën Latine.

# Leksione mbi Zanafillën dhe mrekullitë

Perëndia më shpjegoi librin e Zanafillës. Fillova studimin e Zanafillës me 1 dhjetor 2000 gjatë shërbesës së natës së premte. Kjo seri vazhdoi për gjashtë vite. Perëndia është Ai që i krijoi të gjitha gjërat në univers ndaj është në gjendje të shpjegojë gjithçka që para fillimit të kohërave.

Në ditët e sotme, me gjithë zhvillimin e sofistikuar të shkencës dhe njohurive, askush nuk mund ta kuptojë situatën para fillimit të kohërave. Ne mund të kuptojmë vetëm nëse Perëndia na e shpjegon.

Jezusi tha, *"Nëse nuk shihni shenja dhe mrekulli, ju nuk besoni"* (Gjoni 4:48). Me gjithë provat që kemi në ditët e sotme njerëzit nuk besojnë prandaj kemi nevojë për veprat e mrekullueshme të Perëndisë së gjallë.

Me 5 prill 2001, Misioni i Grave në kishën tonë organizoi një konferencë për drejtuesit e grupeve të vogla. Në konferencë u zhvillua një program i veçantë i quajtur 'Duke parë Retë' i cili ishte planifikuar që në janar të atij viti.

Ata planifikuan të shihnin yjet për shkak se Perëndia na kishte treguar shumë yje që binin. Unë u luta për këtë konferencë.

"Perëndi, në konferencë është përgatitur një kohë për të parë yjet, ndaj të lutem na trego një mrekulli."

Përgjigja e Perëndisë ishte, *"Do t'ju tregoj një panoramë me re të ndryshme."*

Mora përgjigje për lutjen time dhe ia tregova anëtarëve përpara zhvillimit të konferencës gjatë shërbesës së mbrëmjes së premte me 30 mars si dhe gjatë shërbesës së diele.

"Perëndia do të na tregojë një panoramë resh të ndryshme gjatë kohës kur të shohim yjet në konferencë."

Në fakt, për shkak se ky eveniment ishte planifikuar disa muaj përpara nuk mund ta dinim si do të ishte koha atë ditë. Nuk mund ta dinim nëse qielli do të ishte me re apo do të binte shi. Por unë rrëfeva vetë çfarë do të ndodhte dhe e shpalla hapur sepse Perëndia më ishte përgjigjur.

Atë ditë që nga ora 8 e mëngjesit në qiell u shfaq një ylber rrethor. Sesioni i mëngjesit u zhvillua në palestër kurse koha për të vëzhguar yjet ishte planifikuar rreth orës 3 pasdite po atë ditë. Vendi i takimit u mbush me mijëra besimtarë nga i gjithë vendi. Kur shkova atje pashë një qiell të pastër pa re.

Koha filloi, dhe unë po lutesha që Perëndia të na tregonte retë. Filloi ceremonia e hapjes dhe besimtarët po marshonin rreth e rrotull. Në atë kohë në qiell filluan të dukeshin re në formën e deleve të cilat po shtoheshin aq shumë sa dukej sikur po mbulonin qiellin. Retë ecnin nga perëndimi në lindje.

Në fakt nuk po lëviznin retë që ishin në qiell por dyert e parajsës u hapën dhe retë dolën prej saj. Këto re në formën e deleve mbuluan qiellin dhe pastaj u zhdukën dhe ne pamë re në formë 'V'-je që është simbol i fitores, si dhe re në formën e profetëve të cilat edhe gjithashtu u zhdukën.

Dhe ndërsa re të dendura u shfaqën në qiell dhe mbuluan diellin, dielli filloi të dukej si hënë. Shumë shpejt filloi të errësohej sepse ra mbrëmja. Perëndia na tregoi si drejtoi popullin e Izraelit gjatë eksodit në shkretëtirë.

Nëpërmjet këtyre mrekullive Perëndia na bëri të kuptojmë hapjen e 'dritares' ose 'portës' së parajsës. Për një orë e gjysmë ne shijuam një panoramë resh aq të mrekullueshme të formuara nga Perëndia. Gjithçka ishte fantastike.

# Kryqëzata e shamive në Indonezi

Me 19-29 prill 2001, ne dërguam ndihmës-pastorët dhe një skuadër misionarësh të zhvillonin kryqëzata shamish në katër qytete në shtetin Irjanxhaja, Indonezi.

*"Pastaj ata dolën dhe predikuan kudo, ndërsa Zoti bashkëvepronte me ta dhe e vërtetonte fjalën me shenjat që e shoqëronin"* (Marku 16:20).

Skuadra e misionit zhvilloi kryqëzatat duke përdorur shaminë mbi të cilën isha lutur unë. Sa herë që njerëzit më kërkojnë të lutem mbi shami, unë lutem, "Mbushe këtë shami me fuqinë e krijimit që sa herë ata të luten me besim, ata që janë duke vdekur dhe madje të vdekurit të ringjallen." Kur ata luteshin me besim duke përdorur këto shami ndodhnin vepra të fuqishme të Frymës së Shenjtë.

Perëndia shfaqi vepra të fuqishme të Frymës së Shenjtë në çdo

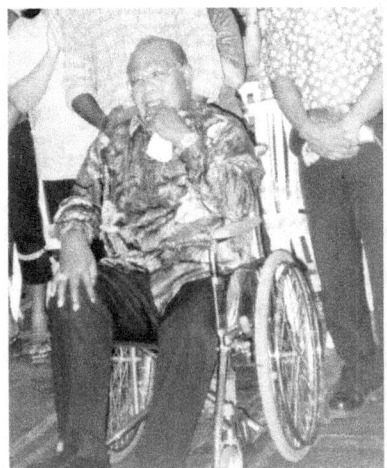

Jakob Patipi u ngrit nga karrigia me rrota dhe filloi të ecte për shkak të lutjeve me shami

sesion. Kur skuadra e misionit predikoi mesazhin dhe u lut me shamitë, frymët e liga u larguan. Fëmijë të lindur të paralizuar tani po ecnin dhe të shurdhrit filluan të dëgjonin. Ndodhën shumë shenja. Media lokale i ndoqi mesazhet me vëmendje, madje një stacion lokal e ftoi skuadrën e misionit në një program direkt.

## Guvernatori i shtetit u ngrit nga karriga me rrota

Ish guvernatori i shtetit Irjanxhaja, Indonezi, Z. Jakob Patipi ishte 65 vjeç në atë kohë. Në vitin 1996, si rezultat i tensionit të lartë ai pësoi një goditje cerebrale dhe si rrjedhojë një paralizë. Ai erdhi në kryqëzatë në një karrige me rrota. Mezi arrinte të ecte me ndihmën e katër personave të tjerë.

Ai as nuk fliste dhe as nuk dëgjonte, por kur një nga ndihmës-pastorët u lut për të dhe vendosi shaminë mbi të ai u ngrit nga karrigia dhe filloi të ecte, të dëgjonte dhe të fliste. Pas kryqëzatës morëm një letër falënderimi nga shteti i Irjanxhajas ku thuhej se Z. Jakob Patipi tani ishte në gjendje të jetonte një jetë normale.

# Veprat e Frymës së Shenjtë që tundën parkun Uhuru

Në qershor 2001, zhvilluam një kryqëzatë në Kenia, në qytetin kryesor të Afrikës lindore. Në këtë kryqëzatë u manifestua e njëjta fuqi krijimi si në kryqëzatën e Pakistanit. Përpara kryqëzatës ne organizuam një konferencë për pastorë në Qendrën 'Kenyatta International Conference Center' në Najrobi.

Unë shpjegova në konferencë sesi Perëndia kishte ekzistuar që para fillimit të kohërave. Gjithashtu, shpjegova edhe rebelimin e Luciferit, Kopshtit të Edenit dhe sferës shpirtërore. Pjesëmarrësit ishin shumë të vëmendshëm ndaj Fjalës së jetës. Disa prej tyre ndenjën edhe pa drekë për të ruajtur vendet.

Të nesërmen kishte rreth tetë mijë pjesëmarrës, dy mijë më shumë se ditën e parë. Kjo ndodhi pasi në fillim disa pastorë nuk bashkëpunuan me ne për shkak të disa fjalëve jo të vërteta që kishin dëgjuar, por që pasi u sqaruan erdhën në konferencë ditën

Kryqëzata e Bashkuar e Kenias (Uhuru Park)

e dytë. Disa misionarë koreanë kishin falsifikuar dokumente
dhe i kishin dërguar nëpër kisha dhe në shtyp me qëllim që të
pengonin kryqëzatën.

Kryqëzata e Madhe u mbajt nga data 29 qershor deri më 1
korrik në Uhuru Park. Skena ishte e drejtuar nga dielli, gjë që më
pengonte ndërsa jepja mesazhin.

Edhe këtu Perëndia tregoi shumë shenja. Kur u ngjita në
podium për të predikuar mesazhin, në qiell u dukën disa re që
po lëviznin dhe po mbulonin diellin dhe kështu unë mund të
predikoja pa vështirësi.

Njerëzit u habitën pasi panë të njëjtën gjë të ndodhte për tri
ditë rresht. Edhe shoferi im më tregoi se ai ishte habitur.

Që ditën e parë të kryqëzatës skena u mbush me njerëz të cilët donin të ndanin dëshmitë e tyre rreth shërimit me anë të lutjes. Parku Uhuru mbushej me më shumë se pesë mijë njerëz çdo ditë.

Një fëmijë erdhi me një këmbë më të shkurtër se tjetrën dhe mezi ecte, por ai u shërua gjatë kryqëzatës. Të tjerë u shëruan nga SIDA dhe nga sëmundje të ndryshme. Pasi i shihja kaq të lumtur edhe unë ndihesha shumë i gëzuar.

Ditën tjetër organizuam një takim me anëtarët e komitetit organizues. Shumë pleq u habitën kur panë veprat e fuqishme të Perëndisë dhe më pyetën si mund të merrnin edhe ata një fuqi të tillë nga Perëndia.

U bënë komente të ndryshme si:

Një grua e çalë shërohet

"Ishte hera e parë që vështrova kaq shumë njerëz të shërohen menjëherë dhe më i mrekullueshëm ishte fakti që nuk u luta individualisht për secilin, por për të gjithë njëherësh."

"M'u duk sikur përjetova skenat biblike të dy mijë viteve më parë."

"Unë s'e besoja Biblën plotësisht, por nëpërmjet kësaj kryqëzate u sigurova që Bibla është e vërtetë."

Të gjithë shërbëtorët e Perëndisë kanë dëshirë të manifestojnë fuqinë e Tij ashtu si Jezusi e konfirmonte fjalën e Tij me anë të shenjave që pasuan. Por nuk ishte e lehtë të shpjegoja gjithçka brenda një kohe aq të shkurtër.

Gjatë kthimit për në Kore pashë ylbere të rrumbullakëta dhe të drejta nga dritarja e avionit.

# Mbirja e flokëve

Në vitin 2001, vëllai Hihun Park kishte flokë të shëndetshme por kur shkoi në klasë të shtatë filluan t'i binin pa asnjë shkak. Kur arriti në shkollë të mesme i kishin mbetur vetëm dy fije flokë në kokë. Dukej aq keq sa e qethi kokën.

Mjekët i treguan se ishte një rast i rrallë rënieje flokësh, jo për shkak se rrënjët e flokëve ishin të dobëta por sepse ishin të 'vdekura'. Nuk kishte asnjë shërim për këtë rast. Asnjë mjekim nuk funksionoi, madje as barërat mjekësore. Ai përdori shumë mjekime popullore dhe barëra të shtrenjta, por asgjë nuk kishte efekt.

Ndërsa ishte në vit të fundit të shkollës së mesme filloi të vinte në kishën tonë. Erdhi edhe në Takimin e Veçantë Dyjavor të Rizgjimit në vitin 1998 dhe që nga ajo kohë filluan t'i mbinin flokët përsëri. Ai vazhdonte të spërkaste ujin e ëmbël Muan mbi kokë.

Në vitin 2001 problemi i flokëve të tij u shërua plotësisht.

Rrënjët e 'vdekura' të flokëve u ripërtërinë me anë të hirit të Perëndisë dhe u bënë të shëndetshme.

# Fillimi i fuqisë më të lartë të krijimit

Filipinasit janë komb kryesisht katolik dhe shumë njerëz mbajnë statujën e virgjëreshës Mari. Shpesh mund t'i shohësh përderisa i luten Marias për bekime. Në shtator 2001, Perëndia lejoi që në kryqëzatën në Filipine të manifestohej Fuqia më e Lartë e Krijimit, niveli më i lartë i fuqisë së Tij.

Kur u luta për kryqëzatën në Filipine, Perëndia më tha se Ai do t'u bënte paralajmërimin final të gjithë katolikëve në të gjithë botën me anë të kësaj kryqëzate. Kjo do të thotë se Ai i ka paralajmëruar edhe më parë në të kaluarën.

Një herë dëgjova një lajm që një statujë e Marias rridhte gjak nga sytë, por katolikët nuk e kuptuan pse Perëndia e shfaqi një gjë të tillë.

## Maria, një instrument i Perëndisë

Virgjëresha Mari është një krijesë si çdo njeri. Por kur Jezusi erdhi në këtë tokë në formën e njeriut ishte Maria ajo që u zgjodh për të lindur Jezusin.

Megjithatë Maria nuk mund të jetë nëna e Jezusit. Për shkak se Jezusi lindi me anë të Frymës së Shenjtë, Ai nuk mori as vezën e Marias dhe as spermën e Jozefit. Për këtë arsye Maria nuk mund të jetë nëna e Tij dhe Jozefi s'mund të jetë babai i Tij. Prandaj, në asnjë vend në Bibël Jezusi nuk e thirri Marian 'nënë'.

*"Grua, ja biri yt!"* (Gjoni 19:26)

Kjo u regjistrua nga Gjoni ndërsa po rrinte afër Jezusit i cili ishte mbi kryq. Jezusi nuk e thirri Marian 'nënë', por 'grua'. Këtu fjala 'bir' i referohet apostullit Gjon.

Te Gjoni 2:4 gjithashtu Jezusi i tha Marias, "Ç'ke me mua o grua! Ora ime s'ka ardhur akoma." Jezusi përdori fjalën 'grua' për të treguar se erdhi në tokë si Shpëtimtar.

Jezusi, Shpëtimtari ynë është një nga tre personat e Perëndisë Trini dhe Vetë-Krijuesi, prandaj Ai s'mund të ketë nënë. Kjo është arsyeja pse Jezusi asnjëherë nuk e quajti Marian 'nënë' por 'grua'.

Kur katolikët bëjnë statuja të Marias dhe e adhurojnë atë, ata kundërshtojnë Dhjetë Urdhërimet e Perëndisë të cilat na këshillojnë të mos bëjmë idhuj të asnjë lloji dhe të mos i adhurojmë.

A s'do të trishtohej virgjëresha Mari aq shumë sa do të rridhte gjak nga sytë duke parë nga parajsa njerëz bëjnë statuja të saj me Jezusin foshnje në krahë dhe e adhurojnë atë, një njeri?

## Qetësimi i tajfuneve

Filipinet hyjnë në stinën e tajfuneve nga qershori deri në tetor dhe në këtë kohë bie shi disa herë në ditë, aq shumë sa bllokohet dhe trafiku. Ne arritëm në aeroportin ndërkombëtar të Manilas rreth orës 23:00 më 24 shtator 2001. Për shkak se ishte stina e tajfuneve binte shumë shi dhe frynte erë.

Sapo arritëm në hotel Manila mbajtëm një konferencë për shtyp. Reporterët dukej se ishin më të interesuar për drejtimin që do të merrte tajfuni sesa për ndikimet e sulmeve terroriste të 11 shtatorit.

"Jemi nën ndikimin e një tajfuni tani, dhe pritet të vijë edhe një tjetër. A mund të organizoni dot një kryqëzatë në ambiente të hapura? A do të shkaktoheshin probleme edhe për shkak të 11 shtatorit?"

Unë u thashë, "Duke filluar që tani nuk do të ketë më tajfune dhe shiu do të pushojë. Perëndia është me ne, ndaj s'do të ketë asnjë lloj incidenti gjatë kësaj kohe. Ju lutem mos u shqetësoni."

Ua thashë këtë gjë hapur sepse gjithmonë e kisha përjetuar prezencën e Perëndisë dhe asnjëherë nuk kishte rënë shi gjatë organizimeve në ambiente të hapura. Reporterët nuk më besuan, por Perëndia përmbushi çdo fjalë që thashë.

Ndryshe nga çfarë ishte parashikuar, tajfuni me shpejtësi 130 km/orë ndryshoi krejt papritur drejtimin dhe u largua drejt Tajlandës. Një tajfun tjetër u ngadalësua dhe u venit si të ishte përplasur me ndonjë mur.

Vera në Filipine zakonisht është shumë e nxehtë dhe me lagështirë, por ndërsa ne ishim atje koha ishte e mirë dhe me një puhizë freskuese. Pastorët vendas ishin shumë të lumtur dhe po thoshin se duke parë si ndryshoi moti e kuptuan që Perëndia ishte me ta.

## Përjetimi i Fuqisë më të Lartë të Krijimit

Me 26 shtator, 2001 organizuam në Manila një konferencë për pastorë me rreth pesë mijë pjesëmarrës në një qendër për konferenca.

Me 27 shtator, zhvilluam konferencën e pastorëve paradite ndërsa kryqëzatën e parë në Luneta Park në Manila gjatë pasdites. Edhe aty u shëruan shumë njerëz.

Një prej tyre ishte një basketbollist i quajtur Gilbert Ondinal. Gilberti kishte pësuar një aksident ndërsa po luante dhe theu këmbën. Që të ecte përsëri ai duhej të operohej dhe t'i vendosnin shufra metalike në dy kocka, por ai s'mund ta paguante dot operacionin. Kishte një vit që ecte me paterica. Por kur ne u lutëm për të në konferencën e pastorëve ai ndjeu një nxehtësi në të gjithë trupin dhe dhimbja iu zhduk.

Pas konferencës, Gilberti donte të shkonte në Luneta Park për kryqëzatën por s'kapi dot autobusin, dhe kështu filloi të ecte duke përdorur patericat. Atëherë ndjeu që dhimbja i ishte larguar dhe mund të ecte pa ndihmën e patericave. I hodhi patericat dhe eci për më shumë se 2 kilometra për të arritur në vendin e kryqëzatës.

Perëndia ishte kënaqur me dëshirën e tij për hirin e Perëndisë dhe i dha mundësi të ecte duke i dhënë forca të reja.

Më vonë, Gilberti vizitoi këmbën në spital dhe i thanë se kocka e thyer ishte ngjitur plotësisht dhe ishte normale. Pak kohë më vonë ai na shkroi një letër ku shkruante se mund të luante sërish basketboll.

## Në Luneta Park

Që në pjesën e adhurimit, ditën e parë të kryqëzatës, ndodhën vepra të Frymës së Shenjtë. Të çalët filluan të ecnin dhe disa prej tyre dëshmuan se ishin shëruar që në çastin kur arritën në vendin e kryqëzatës. Ndërsa të tjerë ishin shëruar kur dëgjuan mesazhin. Një person i verbër që prej 10 vitesh, dëgjoi këngët e adhurimit kur po kalonte aty dhe erdhi në kryqëzatë dhe aty u shërua.

Pas mesazhit mbarova edhe lutjen për të sëmurët. Papritur pashë disa njerëz të cilët po mbanin një person trupi i të cilit nuk lëvizte fare.

Ai vuante nga zemra dhe papritur ishte rrëzuar. Trupi i ishte ngrirë ndërsa bebet e syve dukeshin si të një personi të vdekur.

U shqetësova se po të vdiste aty kjo mund të çnderonte Perëndinë. Zbrita menjëherë nga skena dhe u luta në emrin e Jezusit duke vënë duart mbi të. Sapo mbarova lutjen ai rifitoi ndjenjat dhe u ngrit.

Perëndia veproi fuqishëm duke përdorur Fuqinë më të Lartë të Krijimit. Isha aq falënderues për hirin e Perëndisë që u shfaq në këto vepra të fuqishme, por kur u ktheva në hotel fillova të qaja. Ndjeja turp para Perëndisë që nuk e kisha përmbushur vullnetin e Tij edhe më fuqishëm.

# Profecitë mbi situatën botërore

Në vitin 1982, pas hapjes së kishës, Perëndia më tregoi se bota do të kishte tri superfuqi: Shtetet e Bashkuara, një Kinë, Rusi të bashkuar, si dhe BE-në.

Ai më tregoi se edhe Shtetet e Bashkuara do të izoloheshin gjithmonë e më shumë dhe fuqia e tyre do të dobësohej. Ai më shpjegoi se dhe aleatët e tyre një ditë do t'i kthenin shpinën, do t'i kundërshtonin dhe do të shikonin interesin e vet.

Shtetet e Bashkuara i frikësoheshin Perëndisë kur u themeluan dhe Perëndia i bekoi ata që të bëheshin kombi më i fortë në botë. Por sot, shumë shtetas të Shteteve të Bashkuara po e shmangin Perëndinë.

Perëndia më shpjegoi se Kina do të bëhej aleate e Rusisë. Ato do të bashkonin forcat ushtarake dhe do të fuqizohen gjithmonë e më tepër. Ato vende që dikur kanë ndjekur SHBA-në tani do të ndjekin Kinën.

Vizitë në Dubai

Në fakt, sot shohim shumë vende të Amerikës Latine dhe Afrikës që krijojnë marrëdhënie të mira me Kinën në vend të SHBA-s. Mesazhi im mbi këto gjëra është dhënë shumë më parë se Kina të fillonte të dallohej në shoqërinë ndërkombëtare. Për këtë arsye anëtarët e kishës dukej se ishin pak dyshues, edhe nuk po përgjigjeshin 'amen'.

Ishte e vështirë që të besonin duke parë realitetin e asaj kohe. Perëndia më tregoi gjithashtu se ekonomia botërore do të përkeqësohej; çmimi i naftës do të rritej dhe vendet e Lindjes së Mesme do të bashkoheshin për të përdorur naftën si armë kundër vendeve të tjera.

Në qershor 2001, Perëndia më shpjegoi se bota kishte

hyrë tani në epokën e konkurrencës pa kufi. Kjo do të thotë se pavarësisht sistemeve të tyre politiko-ekonomike, vend demokratik ose jo, kombet ose do të bashkohen ose do të përçahen duke shikuar secili interesin e vet.

Në të kaluarën nëse këto vende bëheshin aleate do të ishte për një kohë të gjatë, por tani nuk ndodh më kështu. E gjithë kjo ndodh sepse bota po shkon drejt fundit.

## Duke filluar me terrorin e 11 shtatorit

Shumë të krishterë janë të interesuar për ardhjen e dytë të Zotit. Kur dishepujt e pyetën Jezusin rreth shenjave të ditëve të fundit tek Mateu kapitulli 24, Jezusi iu përgjigj:

*"Atëherë do të dëgjoni të flitet për luftëra dhe për ushtima luftërash. Ruhuni të mos shqetësoheni sepse të gjitha këto duhet të ndodhin, por ende mbarimi nuk do të ketë ardhur. Do të ngrihet pra popull kundër populli dhe mbretëri kundër mbretërie; do të ketë zi buke, murtajë dhe tërmete në vende të ndryshme. Por të gjitha këto gjëra do të jenë vetëm fillimi i dhimbjeve të lindjes"* (Matcu 24:6-8).

Me 21 tetor, 2001, predikova një mesazh me titullin, "Cila do të jetë shenja e fundit të epokës?" Kjo pjesë është marrë nga ai mesazh:

**"Siç e dini, me 11 shtator ndodhi një tragjedi që tronditi botën, sulmi terrorist në zemrën e Shteteve të Bashkuara. SHBA-ja u betua se do të hakmerrej**

dhe kështu filloi një luftë. Tani e gjithë bota është nën tension.

Ky është një paralajmërim se fillimi i fundit të epokës është afër. Gjithashtu, është një shkak që mund të çojë drejt Luftës III Botërore e cila do lejohet nga Perëndia, por që s'do të thotë se do ta shkaktojë Perëndia.

E gjithë kjo do të thotë se Perëndia s'do ta ndalojë sepse do të ndodhë për shkak të ligësisë së njerëzve. Duke filluar me 11 shtatorin, Perëndia është duke na treguar se në fund të kësaj epoke do të ndodhin shkatërrime.

Për shkak se SHBA-ja pësoi sulme terroriste, fitoi dhembshurinë e botës dhe aleatët e tyre u betuan se do të bashkëpunonin, por ndërsa lufta vazhdon, vendet e Lindjes së Mesme do të bashkohen dhe po ashtu vendet e Evropës do të bashkohen kundër SHBA-së. Së fundi, do të duket si një betejë midis krishterimit dhe islamizmit."

"Mund të themi se ky sulm terrorist ka filluar pretekstin e Luftës së III Botërore. Zija e bukës dhe tërmetet po dëgjohen çdo vit.

Kur mijëra njerëz vdesin në një aksident, ne nuk themi se kanë filluar trazirat e fundit të epokës sonë. Megjithatë, ky sulm i paprecedent terrorist kundër SHBA-së tronditi botën. Ky lloj incidenti mund të konsiderohet si një nga trazirat e fundit të epokës.

Unë nuk jam kundër Shteteve të Bashkuara dhe nuk dua të ofendoj asnjë person, përkundrazi më vjen keq për gjithë sa ndodhi. Unë thjesht po përpiqem të shpjegoj situatën nga këndvështrimi i Perëndisë në mënyrë që ata, si komb, të përfitojnë. Ja çfarë Perëndia më shpjegoi:

Nëse Perëndia i mbron ata, atëherë e gjithë kjo nuk do të ndodhte. Ndryshe nga koha e themelimit të kombit, Shtetet e Bashkuara kanë ndryshuar në besimin e tyre. Disa kisha madje pranojnë edhe pastorë homoseksualë.

Kur ndodhin trazira të tilla ata duhet të kthejnë sytë, nëse kanë një zemër të sinqertë, te vetja e tyre për të parë pse Perëndia nuk i mbrojti e të pendohen për mëkatet e tyre.

Kur ndëshkimi i Perëndisë iu shpall popullit të Ninivesë, mbreti dhe i gjithë populli u penduan dhe agjëruan. Në të njëjtën mënyrë, duke filluar që nga presidenti, Shtetet e Bashkuara duhet të pendohen përulësisht para Perëndisë. Ata duhet të përpiqen të kenë paqe me këdo nëpërmjet faljes dhe pajtimit.

Por duke qenë krenarë si kombi më i fuqishëm në botë, ata menduan se do të hakmerreshin me forcat e tyre. Po përpiqeshin të paguanin 'sy për sy dhe dhëmb për dhëmb' dhe kështu shkaktuan edhe më shumë vështirësi.

Ndërsa SHBA-ja vazhdon të hakmerret duke përdorur forcën, ajo po hyn gjithmonë e më thellë në vështirësi ekonomike dhe politike. Ndërsa ekonomia e Shteteve të Bashkuara lëkundet, ekonomia e pjesës tjetër të botës si rrjedhojë do të ketë probleme.

Vendet e Lindjes së Mesme do të bashkohen kundër SHBA-s. Ata do të përdorin naftën për të kontrolluar ekonominë botërore. Shumë vende do të kenë frikë nga terrorizmi, do të vendosin të mos bashkëpunojnë me SHBA-n dhe do të fillojnë të tërhiqen."

"Ka shumë shkaqe lufte në mbarë botën. Në Lindjen e Mesme ka shumë vende të tilla si Irani, Iraku dhe Siria të cilët janë në armiqësi ndaj SHBA-s. Në botë po ndodhin shumë sulme terroriste.

Ka një arsye pse lufta e cila do të jetë edhe një nga shkaqet e fundit të kohës, ndodhi në Afganistan. Nëse kjo luftë do të ndodhte në një vend ku do të shkaktonte konflikte madhore në Lindjen e Mesme, do të mund të çonte shumë shpejt në fillimin e Luftës së III Botërore ku do të përfshihej e gjithë bota.

Por ashtu siç tha Jezusi, këto gjëra duhet të ndodhin, por nuk do të jetë fundi. Nuk është fundi, por fillimi i trazirave dhe shkatërrimeve totale. Ky është fillimi i shkakut të Luftës III Botërore, prandaj u zgjodh Afganistani.

Kur të vijë fundi ne do të jemi rrëmbyer në qiell. Kjo do të shënojë edhe fundin. Ky incident do të përhapë farën e luftës që do të përfshijë të gjitha vendet e Lindjes së Mesme."

"Po çfarë do të ndodhë me Korenë? Kur Koreja të mos përfitojë më nga marrëdhëniet me Shtetet e Bashkuara, do të bëj aleancë me vende të tjera. Për shkak të kaosit ekonomik dhe problemeve me naftën, edhe ekonomia jonë do të hasë vështirësi.

Por plani i Perëndisë është që të arrijë diçka nëpërmjet këtij kombi gjatë ditëve të fundit dhe prandaj do të na mbrojë, në një farë mënyre, nga mundimet e fundit.

Ne do të jemi të hapur ndaj Perëndisë nëpërmjet kishës sonë dhe prandaj Ai na ka lejuar të zhvillojmë kryqëzata në Ugandë, Pakistan, Kenia dhe në vendet rreth Lindjes së Mesme.

Perëndia na ka thënë disa herë që do ta kuptonim pse na lejoi të organizonim kryqëzata në këto vende. Perëndia na tregoi se lajmi rreth meje dhe kishës sonë tashmë është përhapur deri tek autoritetet e vendeve islamike."

# Vetëm nëpërmjet emrit të Jezus Krishtit

# Edhe me duar të lënduara

Para se të fillojë shërbesa e natës së premte, anëtarët e kishës sime fillojnë të mblidhen në shtëpinë time që nga ora tre pasdite. Unë filloj t'i takoj rreth orës katër. Edhe pse për një kohë të shkurtër ata konsultohen me mua, unë i këshilloj dhe lutem për ta deri në orën 6 të mbrëmjes.

Pas kësaj kohe shkoj në kishë ku filloj një sesion tjetër me anëtarët e kishës. Kur fillon shërbesa, në orën njëmbëdhjetë të mbrëmjes, energjitë e mia fillojnë të shterohen, por Perëndia më jep forcë që të predikoj fuqishëm.

Edhe të dielën, anëtarët e kishës vijnë në shtëpinë time që herët në mëngjes. Për shkak se ata vijnë herët dhe unë përpiqem të shkoj t'i përshëndes. Takimet fillojnë që para orës pesë të mëngjesit. Unë dëgjoj problemet e tyre dhe lutem për ta. Takimi zgjat për rreth tri orë dhe pas kësaj nisem për në kishë.

Që nga shërbesa e natës së premte deri në shërbesën e së dielës unë takohem me mijëra anëtarë aq sa më lodhet dora deri sa më gjakoset. Kjo gjë më ndodh çdo javë për shkak se u shtrëngoj duart mijëra njerëzve, por unë kam një arsye që t'i vazhdoj këto takime.

Është hiri i Perëndisë që anëtarët e kishës, që nga fëmijët deri te të moshuarit, e duan bariun e tyre dhe duan ta takojnë dhe ta përshëndesin. Unë lutem për ta dhe u shtrëngoj duart që fuqia e Perëndisë të zbresë mbi ta dhe ata të marrin përgjigje për lutjet e tyre.

Kur i shoh ata anëtarë që gëzohen pasi janë shëruar nga sëmundje të rënda ose pasi u janë përgjigjur lutjet, apo ata që u janë zgjidhur problemet vetëm se kanë shtrënguar duart me mua dhe i japin lavdi Perëndisë, ndihem i shpërblyer dhe marr forcë të re.

Çfarë do të bënte Jezusi? Unë lutem me gjithë forcë për këdo dhe vendos duart mbi çdo fëmijë dhe çdo foshnje pa përjashtim.

# Drejt Qëllimit

Në fillim të vitit 2002, Perëndia më dha një qëllim të ri. Ky qëllim ishte perfeksionimi i 'Fuqisë më të Lartë të Krijimit'. Fuqia më e Lartë e Krijimit është fuqia origjinale e Perëndisë me të cilën Ai krijoi qiejt dhe tokën, vetëm me Fjalën e Tij. Për shembull, me urdhrin e Tij, të verbrit mund të shohin, të shurdhrit mund të dëgjojnë dhe të çalët mund të ecin.

Sipas Biblës gjërat mund të krijohen vetëm duke thënë Fjalën. Fuqia më e Lartë e Krijimit mund të krijojë një ushtri nga kockat e vdekura dhe të bëjë një gomar të flasë. Kur manifestohet kjo fuqi e krijimit pa asnjë pengesë, mund të themi se është e përsosur. Fuqia më e Lartë e Krijimit mund të ushtrojë kontroll jo vetëm mbi botën fizike por edhe mbi botën e padukshme shpirtërore.

Për të manifestuar Fuqinë më të Lartë të Krijimit, Perëndia më shpjegoi se unë duhej të kaloja tri sprova ashtu si Jezusi kishte kaluar tri sprova. Jezusi është biri i Perëndisë, por Ai lindi si një njeri për t'u bërë Shpëtimtari. Për këtë arsye Ai iu nënshtrua sprovave njësoj si njerëzit. Kjo është edhe mënyra për të manifestuar autoritet nëpërmjet Fjalës si në botën fizike edhe në atë shpirtërore.

Jezusi gjithmonë e ka pasur Fuqinë më të Lartë të Krijimit, por Ai filloi ta shfaqë atë vetëm pasi kaloi ato tri sprova. Ai shndërroi ujin në verë në një dasmë, ushqeu pesë mijë njerëz me pesë bukë dhe dy peshq, qetësoi detin vetëm duke e urdhëruar. Të gjitha këto ishin vepra të krijimit. Kur Ai e urdhëroi, i paralizuari filloi të ecte dhe lebrozi u pastrua.

Ai gjithashtu tha se mund të bënte që dymbëdhjetë legjione engjëjsh të zbrisnin nga qielli (Mateu 26: 53). Por që të ndiqej rendi natyral i gjërave, të ndiqej drejtësia dhe të përmbushej vullneti i Atit, Ai nuk i urdhëroi engjëjt të zbrisnin, edhe pse e kishte autoritetin për ta bërë, dhe fuqinë për të sunduar botën shpirtërore dhe atë fizike.

Në shkurt të vitit 2002, shkova në sesionin e dytë të lutjeve në mal. Gjatë lutjes, Perëndia më ndihmoi të kuptoj se sprovat që kisha kaluar që kur u bëra shërbëtor i Perëndisë shërbyen që unë të merrja Fuqinë më të Lartë të Krijimit. Ai më tregoi edhe një alegori interesante.

Unë jam duke lundruar në një anije të quajtur 'Manmin' dhe Perëndia na dërgon një stuhi të fuqishme. Vini re që në vitin 1998 dhe 1999 Ai tronditi kishën tonë me tri sprova. Disa njerëz u hodhën nga anija dhe ranë në det. Disa të tjerë nuk dinin nëse duhej të hidheshin ose jo, ndërsa disa po mbaheshin pas litarëve që të mos binin.

Kishte edhe disa të tjerë që ishin nëpër kabinat e tyre duke fjetur qetësisht edhe pse anija po lëkundej. Perëndia i lavdëroi këta njerëz.

Shpirtërisht, unë isha kapiteni i anijes 'Manmin'. Ata që po hezitonin për t'u hedhur ishin duke luftuar midis dy zemrave ndërsa Satani po i tundonte. Po sigurisht që Perëndia kishte mëshirë dhe i shpëtoi.

Ata që shkuan të flinin në kabina shpëtuan sepse ata i besuan plotësisht kapitenit. Këta janë ata që rriten dhe bëhen luftëtarë shpirtërorë dhe të cilët kanë marrë shumë bekime.

Nëpërmjet këtyre tri sprovave, anëtarët e kishës mund të kontrollonin besimin e tyre. Arsyeja pse Perëndia i lejoi këto sprova ishte që të na drejtonte në Jerusalemin e Ri, për të përmbushur vullnetin e Tij për misionin botëror dhe ndërtimin e Shenjtërores së Madhe.

Nën këtë vullnet, Perëndia lejoi Satanin të na sprovonte, por ne qëndruam me anë të besimit. Perëndia lejoi që unë të kaloja nëpër disa sprova të padurueshme. Por meqë unë i kalova ato me besim Perëndia më dha edhe më shumë fuqi. Në fund, Ai më dha fuqinë më të Lartë të Krijimit. Djalli nuk mund të më akuzonte për asgjë. Perëndia i lejoi këto tre sprova sepse ishin fundi i sprovave për mua.

# Shërimi i kancerit në hundë nëpërmjet një shtrëngimi duarsh me besim

Në janar 2002, mora një letër nga Dhjake Hoim Çu. Letra kishte këtë përmbajtje:

"Në dhjetor 2001 vjehrra ime jetonte në Mokpo dhe papritur filloi t'i dilte gjak nga hundët. Ajo shkoi në një spital aty afër mirëpo aty i treguan të shkonte në një spital më të madh në Seul. Ajo shkoi në Seul ku u diagnostikua me kancer në hundë i cili i ishte përhapur në një pjesë të madhe.

Mjekët i këshilluan një operacion për t'i hequr kockën e hundës dhe ta zëvendësonin me kockë artificiale. Vjehrra ime kishte pasur hemorragji për 15 ditë dhe i kishin vënë një garzë në hundë.

Dy ditë pas diagnozës shkova në shërbesën e natës së premte. Pas shërbesës shkrova emrin e sëmundjes së vjehrrës sime në dorë. Kur një pastor kaloi aty afër ia dhashë dorën për ta përshëndetur. Kisha shumë dëshirë që Perëndia të tregonte fuqinë e Tij nëpërmjet jush. Të shtunën herët në mëngjes kur u ktheva në shtëpi kishte ardhur një e afërme e familjes nga fshati.

I thashë, 'Shkrova në dorë emrin e sëmundjes së vjehrrës dhe shtrëngova duart me Pastorin, kështu që Perëndia do ta shërojë.'

Rrëfeva besimin tim se Perëndia do ta shëronte. I telefonova vjehrrës të shtunën rreth orës 7:30 të mëngjesit. E dija se një mrekulli kishte ndodhur.

Vjehrra ime tha, 'Hoim, kur u zgjova këtë mëngjes nuk kisha më hemorragji në hundë."

Mendova se thjesht kishte ndaluar hemorragjia, nuk e dija që kanceri i saj ishte shëruar plotësisht. Në 2 janar 2002, e shoqërova në spital për të bërë operacionin.

Ndërsa mjekët po i bënin kontrollin e fundit para operacionit, doktori tha, 'Është e çuditshme, ju nuk keni më kancer.' Tumori ishte shëruar! Ajo doli nga spitali menjëherë.

Unë i dhashë dorën pastorit me besim për vjehrrën time e cila s'kishte shumë besim dhe Perëndia e shëroi. Edhe burri im u shërua nga diarreja të cilën e kishte pasur për disa muaj kur pastori u lut për të sëmurët gjatë shërbesës së Vitit të Ri. Ai u gëzua aq shumë sa tani i tregon të gjithëve se çfarë ka ndodhur."

Vjehrra e Dhjakes Hoim Çu tani vjen në kishën tonë dhe gëzon shëndet të mirë. Fuqia më e Lartë e Krijimit mund të shërojë sëmundjet jo vetëm me anë të prekjes ose lutjes mbi foton e pacientit, por mund të ndryshojë edhe kushtet atmosferike.

# Kanceri i shëruar me anë të lutjeve mbi shami

Sunçang Shim jeton në Hampjeong, provincë e Çeonnamit. Në prill 2002, ai filloi të kishte marrje mendsh dhe vështirësi në të ecur. Kishte shumë dhembje kur urinonte pasi që urina e tij ishte e përzier me gjak.

Ai u diagnostikua me tumor të avancuar në fshikëzën e urinës. Mjekët thanë se kishte shumë mundësi që tumori të përhapej deri në mushkëri kështu që Sunçangu duhet t'i nënshtrohej një operacioni në Seul. Ai u shtrua në Spitalin Universitar të Grave 'Ehwa'. Me kërkesë të Dhjakes Sulei Shim, e cila vijon kishën tonë, një nga pastorët e kishës shkoi ta vizitonte në spital.

Pastori i shpjegoi pacientit se ai mund të shpëtohej nëpërmjet besimit nëse pendohej që kishte jetuar pa Perëndinë dhe nëse tani i besonte Fjalës së Perëndisë. Pastori u lut për të duke përdorur një nga shamitë mbi të cilat unë isha lutur.

Perëndia ka bërë vepra të fuqishme kur njerëzit janë lutur me besim duke përdorur këto shami. Pasi pastori u lut, pacientin nuk e zinte gjumi për shkak të dhimbjeve të mëdha.

Ai urinoi rreth orës katër të mëngjesit dhe diçka që i rëndonte në stomak doli nga trupi i tij bashkë me urinën.

Tumori doli prej trupit të tij. Që nga ajo kohë ai nuk ka pasur më dhembje dhe urina e tij ka qenë e pastër. Ditën tjetër para operacionit i bënë një kontroll të fundit dhe mjekët vërejtën se ishte shëruar, kështu që e nxorën menjëherë nga spitali.

Edhe nëse do ta kishte bërë operacionin do të ishte vështirë të shërohej plotësisht sepse tumori i ishte i përhapur. Por nëpërmjet lutjeve me shaminë ai përjetoi shërim nga Perëndia.

Çdo javë ne pranojmë dëshmi nga persona që janë shëruar me anë të lutjeve me shami, jo vetëm nga Koreja por nga e gjithë bota. Unë falënderoj dhe lavdëroj Perëndinë për këtë punë të mrekullueshme.

# Thirrja e shpirtit

Takimi i Veçantë Dyjavor i Përvitshëm i Rizgjimit ishte një banket hyjnor ku ata përjetuan vepra të fuqishme të Perëndisë. Takimi i rizgjimit që u zhvillua nga data 6-16 maj 2002 u titullua 'Fuqia'.

Kur u luta për rizgjim, Perëndia më lejoi të kuptoja se Ai do të përqendrohej në shërimin e personave që kishin probleme me shikimin gjatë të hënës së javës së dytë; ndërsa të martën, te personat me probleme të ndryshme fizike dhe ata që s'mund të ecnin; dhe të mërkurë,n memecët dhe të shurdhrit. Gjithashtu, Ai më tregoi se shumë njerëz do të shëroheshin.

Të dielën në mëngjes, me 5 maj, një ylber i rrumbullakët po shkëlqente mbi kishë. Kur pashë ylberin po prisja që fuqia e Perëndisë të manifestohej edhe më fuqishëm gjatë takimit.

Perëndia na tregoi edhe më shumë vepra të krijimit sesa prisnim. Të verbrit panë sërish, memecët filluan të flisnin dhe shumë sëmundje u shëruan. Dukej njësoj si në Bibël.

Sa gëzim është të shoh njerëz që shërohen pasi unë jam lutur me gjithë shpirt! Sa herë që thërrisja Perëndinë me shpirt duke i thënë 'Zot!', përdorja gjithë energjinë time.

Qindra njerëz po shëroheshin nëpërmjet veprave të fuqishme dhe të shpeshta të Frymës së Shenjtë. Njerëzit po ngjiteshin në altarin e ulët për të dëshmuar mrekullitë që kishin përjetuar.

Ashtu si Perëndia premtoi, përmes fuqisë së shërimit, shumë njerëz hodhën syzet e tyre, të tjerë paterica't ndërsa disa të tjerë u ngritën nga karriget me rrota.

Disa nga njerëzit të cilëve iu hapën sytë shpirtërorë, panë një top të zjarrtë që rrotullohej me shpejtësi nga gjoksi im drejt krahëve me fuqinë e Frymës së Shenjtë. Disa prej tyre madje panë engjëj që preknin të sëmurët dhe lehtësonin dhimbjen e tyre.

Në këtë takim rizgjimi, shumë të verbër rifituan shikimin, madje edhe nga ata që ishin verbuar për shkak të kataraktit dhe diabetit. Shumë të paralizuar gjithashtu u shëruan, madje edhe ata që kishin qenë të paralizuar që fëmijë. Besimtarët që ishin dëshmitarë të këtyre mrekullive po gëzonin dhe i jepnin lavdi Perëndisë.

# Një vorbull e shpejtë dhe e fuqishme e Frymës së Shenjtë

Perëndia na dha ungjillin e shenjtërisë dhe fuqinë e krijimit pesëfish sepse së bashku formojnë një armë të fuqishme për të përmbushur misionin botëror në këtë botë plot me mëkat dhe errësirë. Kudo që shkojmë veprat e fuqishme të Frymës së Shenjtë po kthejnë shumë njerëz te Perëndia.

## Braktisje e kandidimit për president

Hondurasi është një vend kryesisht katolik. Njerëzit vuajnë nga varfëria dhe sëmundje të ndryshme.

Para se të shkoja në Honduras, anëtarë të stafit tonë të cilët kishin shkuar atje për të bërë përgatitjet më raportuan se atje nuk kishte siguri publike, madje edhe persona civil mbanin armë me vete dhe ishte e rrezikshme.

Gjithashtu më treguan se për shkak të temperaturave të larta disa njerëz vdisnin nga pickimi i mushkonjave. Kur u luta për këtë situatë Perëndia më tregoi se Ai tashmë e kishte rrethuar qytetin dhe vendin ku do të zhvillohej kryqëzata me dritën e fuqisë së Tij dhe me ushtrinë qiellore dhe me engjëj, kështu që unë s'duhej të shqetësohesha.

Me 23 korrik 2002, arrita në aeroportin Ndërkombëtar San Pedrosula ku na mirëpritën rreth një mijë e shtatëqind vendas. Në mesin e tyre ishte një kongresmen, Z. Esteban Handal. Kongresmeni Handal kishte luajtur një rol kryesor në zhvillimin e kryqëzatës në këtë vend.

Z. Handal po kandidonte për president. Ai ishte një kongresmen i njohur, biznesmen dhe gjithashtu transmetonte programe të krishtera.

Që kur mori pjesë në kryqëzatën e zhvilluar në Filipine në vitin 2001, ku dhe ishte dëshmitar i fuqisë, jeta e tij ndryshoi.

Ai më pyeti, "Pastor, a duhet të kandidoj për president apo është më mirë të përqendrohem vetëm në punën e Perëndisë?"

"Nëse do të zgjidhja unë, do të sugjeroja të bëje punën e Perëndisë."

Ai ndoqi këshillën time dhe ndërpreu aktivitetin e tij politik dhe vendosi të përhapte ungjillin nëpër gjithë botën.

## Asnjëherë nuk mund të bëjmë kompromis me fetë e tjera

Kur arrita në hotel vërejta që aty kishin ardhur reporterë dhe përfaqësues të shtypit nga shtatë televizione dhe pesë radio të ndryshme. Pyetja e parë ishte pse kisha zgjedhur Hondurasin.

"Arsyeja pse Perëndia më udhëzoi të vija në Honduras ishte për ta bekuar këtë vend. Ju do të shikoni që gjatë kryqëzatës do të shërohen me mijëra njerëz."

"Them mijëra njerëz sepse do të shërohen jo vetëm ata që do të jenë të pranishëm në kryqëzatë, por edhe të tjerë të cilët do të na ndjekin nëpërmjet televizionit dhe radios."

Mund të thosha këtë gjë me guxim sepse Perëndia gjithmonë na kishte treguar shenja dhe mrekulli në çdo kryqëzatë. Meqë shpalla një gjë aq të pabesueshme në një vend publik, do të quhesha gënjeshtar i madh nëse këto shenja dhe mrekulli nuk do të ndodhnin.

Por fjalët e mia u përmbushën. Ne dëgjuam nga shumë stacione televizive se po pranonin telefonata nga shumë teleshikues. Dëgjova se ishin bërë më shumë se një mijë telefonata nga njerëz që ishin shëruar ndërsa ndiqnin kryqëzatën në televizor.

Pyetja e dytë që më bënë reporterët ishte, "Kisha katolike dhe disa kisha protestante po përpiqen të bashkohen dhe të pajtohen me fetë e ndryshme. Çfarë mendoni për këtë?" Përgjigja ime ishte e prerë.

"I vetmi Perëndi është Perëndia i Krijimit. Krishtërimi nuk mund të bëjë asnjëherë kompromis me fetë e tjera. Perëndia na ka thënë qartë te Dhjetë Urdhërimet që, Ai është i vetmi Perëndi dhe nuk mund të ketë asnjë tjetër para Tij. Kështu që s'mund të ketë asnjë fe tjetër."

Reporterët u habitën kur panë se unë po flisja aq prerë në një vend të tillë si Hondurasi, ku më shumë se 90% e popullsisë janë katolikë.

Ditën tjetër lexova revistën *'La Tiempo'*. Në njërën anë ishte një foto e Papës të cilin po e ndihmonin të tjerët të qëndronte në këmbë sepse vuante nga sëmundja e Parkinsonit.

Por në anën tjetër ishte një njoftim mbi kryqëzatën tonë me foton time ku shkruhej, "Jezus Krishti shëron sot. Të verbrit shohin, memecët flasin dhe të shurdhrit dëgjojnë."

## Nga moti i nxehtë u shndërrua në mot të freskët

Në datat 26 dhe 27 korrik paradite ne zhvilluam konferencën e pastorëve në Kishën Ebenezer dhe ishte një kohë e freskët.

Dëgjova se moti kishte ndryshuar papritur që ditën kur grupi ynë kishte arritur në Honduras. Më parë temperaturat kishin kaluar 40 gradë celsius, por që ditën që ne mbërritëm filloi një erë e lehtë dhe gjatë ditës qielli kishte re; kështu ne shijuam një kohë të mirë.

Para se të shkonim në Honduras Perëndia më tregoi disa herë se Ai do t'i kontrollonte kushtet atmosferike ndaj unë s'duhej të shqetësohesha. Dhe në fakt unë nuk u shqetësova sepse ne asnjëherë nuk kishim pasur vështirësi gjatë takimeve të organizuara në ambiente të hapura. Por meqë Perëndia po më thoshte shpesh herë të mos shqetësohesha, e ndjeva se diçka do të ndodhte.

Me 26 korrik, në ora shtatë të mbrëmjes, ishte dita e parë e kryqëzatës. Rreth orës gjashtë të mbrëmjes filloi të binte shi. Shiu po vazhdonte dhe ne nuk ishim në gjendje t'i përdornim pajisjet për transmetim direkt dhe as mikrofonat.

Stadiumi që kishte rreth 60,000 vende ishte mbushur plot. Dëgjova se nëse do të vazhdonte shiu, vendasit do të ktheheshin në shtëpi.

Pavarësisht nga shiu, pak më vonë grupi i artistëve tanë u ngjit në skenë. Ata kishin veshur veshjet tradicionale koreane 'Hanbok', dhe performuan disa valle koreane shumë të bukura.

Skena ishte e rrëshqitshme për shkak të shiut saqë valltarët i hoqën këpucët. Ne patëm mundësi të shijonim disa vallëzime të fuqishme adhurimi dhe pjesëmarrësit nuk u larguan. Edhe valltarët vendas u ngjitën në skenë dhe të gjithë filluan ta lavdëronin Perëndinë së bashku duke kërcyer dhe duke ngritur duart.

Unë isha në sallën e pritjes dhe u thashë se doja të ngjitesha në skenë në orën gjashtë, por organizatorët më sugjeruan që të mos dilja. Isha i sigurt që shiu do të pushonte nëse do ngjitesha në skenë, por organizatorët më ndaluan sepse nuk donin që të lagesha.

Ishte ora shtatë, unë nuk prita më dhe u ngjita në skenë, me gjithë kundërshtimet e organizatorëve.

Në atë çast shiu i dendur pushoi dhe po binin vetëm disa pika, por edhe ato pushuan shumë shpejt. Qielli u hap dhe filloi të frynte një erë e lehtë. Nga shiu dhe era pak para kryqëzatës u larguan edhe mushkonjat.

## Shumë njerëz qëndronin jashtë sepse në stadium nuk kishte më vend

Pas mesazhit, u luta për të sëmurët. Dëshmitë e atyre që po shëroheshin vazhduan deri në orën dhjetë të natës. Gjatë asaj kohe u shëruan të sëmurë nga SIDA, të verbër, memecë, etj.

Veprat e fuqishme të Frymës së Shenjtë po manifestoheshin në ne nëpërmjet Fuqisë më të Lartë të Krijimit. Me aq shumë shenja të dukshme, imagjinoni sa më shumë njerëz mund të jenë shëruar nga sëmundje të brendshme që nuk janë të dukshme.

Ditën e dytë, turma e njerëzve mbushi jo vetëm vendet por edhe hapësirat përreth përpara se të fillonte kryqëzata.

Atë ditë frynte një erë e lehtë dhe nuk kishte insekte të bezdisshme dhe mushkonja, as afër dritave. Problemi i mushkonjave ishte aq serioz në atë zonë saqë zëvendës-kryetari i bashkisë në San Pedrosula më kërkoi të lutesha për këtë gjë. Por Perëndia ishte me ne dhe asnjë insekt i dëmshëm nuk na shqetësoi.

"Pastor, duke përfshirë edhe ata që s'mundën të hynin në stadium, numri i pjesëmarrësve është më shumë se njëqind mijë. Janë edhe dhjetëra mijëra njerëz jashtë."

Meqë vendet ishin mbushur, për arsye sigurie nuk ishin lejuar që të futeshin më shumë njerëz. Më erdhi keq për ata që mbetën jashtë.

Gjatë lutjes së shkurtër për të sëmurët shumë njerëz u ngritën nga karriget me rrota dhe ecën, dhe shumë të tjerë me sëmundje të ndryshme u shëruan dhe dëshmuan.

## Asgjë nuk është e pamundur për Frymën e Shenjtë

Nën drejtimin e Dr. Hose Samaras të spitalit Betesda në San Pedrosula, mjekët verifikuan dhe regjistruan rastet e shërimit. Ata bënë edhe kontrolle me rreze X, rezonancë magnetike dhe analiza gjaku.

Kishte edhe mjekë të cilët filluan të besonin pasi panë aq shumë vepra të fuqishme të Perëndisë. Një nga mjekët, Dr. Kruz Marin paraqiti rezultatet e kontrollit që i kishte bërë një vajze 12 vjeçare të quajtur Maria Jesenia. Ajo kishte humbur shikimin për shkak të etheve në moshën 2 vjeçare.

I kishin bërë një transplant të kornesë, por pa sukses. Kur u luta për të sëmurët në kryqëzatë, ajo filloi të shikonte dritën, dhe ishte në gjendje të dallonte objektet e ndryshme.

Një 12 vjeçar, Esteban Zuninga, ishte infektuar me virusin HIV, tetë muaj pasi kishte lindur. Ai erdhi në kryqëzatë pasi kishte parë një njoftim në televizor. Gjatë lutjes për të sëmurët ai ndjeu një nxehtësi t'i dilte nga trupi.

Estebani kishte pasur probleme me tretjen kështu që nuk ushqehej mirë. Por gjatë kryqëzatës dhembja i ishte larguar plotësisht dhe tani mund të hante pa problem. Më vonë kur bëri një kontroll mjekësor kuptuan se ishte shëruar plotësisht.

Osmena Guerra Miranda ishte me SIDA dhe s'mund të ecte, ndaj i duhej të qëndronte shtrirë gjatë tërë kohës. Kur erdhi në kryqëzatë dhe unë u luta për të sëmurët, ajo ndjeu një zjarr në trup dhe në atë çast dhimbja iu largua menjëherë. Ajo u ngrit dhe kuptoi që ishte në gjendje të ecte.

Arnaldo Batres ishte përgjegjës për sigurinë e kryqëzatës. Një muaj para kryqëzatës, ai lëndoi këmbën. Ai ecte me vështirësi dhe as që mund të mendonte të vraponte, megjithatë ai punoi shumë për kryqëzatën pavarësisht se i dhembte këmba. Gjatë lutjes për të sëmurët ai ndjeu trupin t'i dridhej dhe u shërua plotësisht.

Ndihej aq mirë saqë tani mund të luante dhe futboll. Vajza e tij 8 vjeçare kishte pasur probleme dëgjimi që nga lindja, por pas kryqëzatës ajo filloi të dëgjonte shumë mirë.

Suiafa Liera ishte mormone. Ajo e kishte ndjekur kryqëzatën

në televizor dhe gjatë lutjes i kishte vendosur duart mbi këmbë. Para tetë muajsh, ajo kishte pësuar një aksident dhe që atëherë kishte mbetur e paralizuar. Kur unë u luta, zjarri i Frymës së Shenjtë zbriti mbi të dhe ajo filloi të ecte. Suiafa u bë protestante dhe filloi të besonte në Jezusin.

Pastorët vendas po thonin, "Më duket sikur jam në Bibël. Tani e besoj vërtet që Perëndia është i plotfuqishëm." U ndjeva i bekuar kur dëgjova këto komente.

Ashtu si në kohën e Jezusit, të sëmurët që vinin me besim, përjetonin veprat e Frymës së Shenjtë dhe shëroheshin.

Kur u ktheva në Kore pas kryqëzatës mora një letër nga zëvendës presidenti i Hondurasit. Ai më falënderonte në emër të popullit të Hondurasit për shërimet dhe që i kisha ndihmuar shpirtërisht.

# Dimension i ri fuqie

Në çdo kryqëzatë janë manifestuar vepra të fuqishme të Perëndisë, por unë s'kam qenë plotësisht i kënaqur. Nuk mjaftonte ai nivel fuqie për të përmbushur misionin botëror sepse kjo botë është e mbushur me mëkat.

Pas kryqëzatës së Hondurasit, Perëndia më drejtoi në një dimension tjetër fuqie. Ai më shpjegoi 'Zërin Origjinal të Krijimit', për të cilin nuk kisha dëgjuar më parë. Ai më dha një synim të ri për të gjetur zërin origjinal që të arrija perfeksionimin e Fuqisë më të Lartë të Krijimit.

*"Atij që shkon me kalë mbi qiejt e qiejve të përjetshëm, ai nxjerr zërin e tij, një zë i fuqishëm"* (Psalmi 68:33).

Zëri origjinal është zëri i Perëndisë Krijues në Zanafillë. Ky zë është aq madhështor dhe i mrekullueshëm sa mund të dëgjohet në të gjithë universin. Perëndia krijoi universin dhe të gjitha gjërat në të me anë të këtij zëri. Zëri origjinal i Perëndisë ndodhet në të gjitha gjërat kështu që çdo gjë i bindet Perëndisë kur dëgjon këtë zë.

*"Dhe Zoti tha, 'Fryma im nuk do të hahet gjithmonë me njeriun sepse në shthurjen e tij ai nuk është veçse mish; ditët e tij do të jenë njëqind e njëzet vjet'"* (Zanafilla 6:3).

Vetëm një qenie nuk mund ta dëgjojë zërin origjinal. Një njeri i mishëror i cili nuk ka rilindur përsëri nga uji dhe Fryma. Për t'i rizgjuar këta njerëz kemi nevojë për fuqinë e Perëndisë. Te katër ungjijtë, shohim se kush dhe çfarë i bindej urdhrit të Jezusit.

*"Atëherë ata iu afruan, e zgjuan dhe i thanë, 'Mësues, mësues, po mbytemi!' Dhe ai u zgjua, i bërtiti erës dhe tërbimit të ujit dhe këto u qetësuan dhe u bë bunacë. Dhe Jezusi u tha dishepujve të vet, 'Ku është besimi juaj?' Dhe ata të frikësuar, mrekulloheshin dhe i thoshin njëri tjetrit, 'Vallë kush është ky që urdhëron erën dhe ujin, dhe ata i binden?'"* (Luka 8:24-25)

Kur Jezusi urdhëroi edhe era edhe valët iu bindën. Ai urdhëronte me Zërin Origjinal të Krijimit dhe edhe qeniet jo të gjalla e dëgjonin dhe i bindeshin. Kjo ndodhte për shkak se Jezusi kishte zërin e vërtetë të Perëndisë.

Ka ndryshim midis fuqisë së manifestuar nëpërmjet zërit origjinal dhe fuqisë së manifestuar nëpërmjet lutjes dhe besimit. Ky ndryshim qëndron te shpejtësia dhe përmasat e manifestimit. Zëri origjinal i shfaq veprat e krijimit menjëherë. Ndërsa lutja me

besim në fillim lëviz qiejt dhe engjëjt prandaj kërkon më shumë kohë.

Në Kore kemi pasur njerëz të urtë të cilët kanë profetizuar për gjëra që do të ndodhnin dy dekada, madje edhe qindra vite më vonë.

Këta njerëz kishin hedhur tej natyrën e tyre të vjetër mëkatare nëpërmjet një kohe të gjatë disipline shpirtërore dhe kishin fituar gjendjen 'e asgjësë'. Ata nuk gjykuan dhe nuk ndëshkuan asgjë dhe dëgjuan zërin e Perëndisë. Jo gjithmonë, por ndonjëherë ata dëgjonin dhe kuptonin dhe ajo që profetizuan u plotësua.

Për shembull, Admirali Sunshin Li, sakrifikoi jetën e tij për mbretin dhe popullin sepse kishte një zemër të mirë dhe asnjë të keqe. Nga ditari i tij lexojmë që ai e pranonte ekzistencën e

Perëndisë dhe i lutej Atij me zemër.

Ai e dinte çfarë do të ndodhte, dhe kështu e dinte që Japonia do të pushtohej. Ai krijoi të ashtuquajturën 'varka-breshkë' pavarësisht kritikave dhe kështu e shpëtoi vendin e tij nga pushtimi.

## Etër të besimit të cilët dëgjuan zërin origjinal

Përderisa rritemi shpirtërisht, ne mund të dëgjojmë zërin dhe të udhëhiqemi nga Fryma e Shenjtë. Kur e kthejmë këtë gjendje zhvillimi në asgjë dhe thellohemi në dimensionin shpirtëror mund të dëgjojmë zërin origjinal të Perëndisë. Perëndia më tregoi të ndryshoja nivelin shpirtëror ku ndodhesha dhe të kaloja në nivelin e asgjësë (1 Thesalonikasve 5:23).

Në Bibël shohim raste kur njerëzit dëgjuan zërin origjinal. Që të hapte Detin e Kuq, Moisiu iu bind zërit të Perëndisë dhe duke zgjatur bastunin ai urdhëroi Detin e Kuq të hapej. Atëherë ndodhi një vepër e fuqishme e Perëndisë.

Kur Jozueu urdhëroi diellin dhe hënën të ndalonin, ai dëgjoi zërin origjinal dhe prandaj i urdhëroi dhe dielli e hëna ndaluan. Nuk ndodhi për shkak se ai kishte një besim shumë të madh. Nëse ai vetë do të kishte fuqinë të ndalonte diellin dhe hënën gjithçka do të kishte ndodhur për shkak të tij.

Atij nuk i nevojitej të urdhëronte diellin dhe hënën të ndalonin. Do të mjaftonte nëse ai do të kishte thënë fjalët, "Ushtarë amalekitë, shkatërrohuni", atëherë ushtarët do të ishin zhdukur dhe lufta do të kishte mbaruar.

E njëjta gjë ndodhi kur Lazari kishte qenë i vdekur për katër ditë dhe Jezusi e thirri që të ringjallej. Jezusi e kishte dëgjuar zërin e Perëndisë. Në fakt Ai gjithmonë e ka dëgjuar zërin e Atit.

Për shkak se e kishte dëgjuar zërin e Atit që i kishte thënë se Lazari do të ringjallej dhe Perëndia do të lavdërohej, Jezusi nuk u shqetësua. Kur Ai e urdhëroi Lazarin me zërin origjinal, Lazari doli nga varri i ringjallur.

# Fryti i gjakut të martirizimit të Tomait

Çenai në Indi, është vendi ku apostulli Tomas predikoi ungjillin dhe u martirizua. Atje tani ndodhet një katedrale në përkujtim të tij. Tomai ishte një nga dymbëdhjetë dishepujt e Jezusit. Ai njihet më shumë për dyshimet që kishte. Por pasi pa Jezusin e ringjallur, ai pati besim të vërtetë dhe mori Frymën e Shenjtë. Tomai u martirizua ndërsa predikonte ungjillin.

Në tetor 2002, Perëndia më drejtoi në vendin ku dominon feja hinduiste, në Indi. Ai më tregoi që kjo kryqëzatë ishte planifikuar që para fillimit të kohërave dhe kryqëzata e parë ku do të manifestoheshin veprat e zërit origjinal të krijimit; ishte edhe një pikë e rëndësishme fillimi për përhapjen e ungjillit në Lindjen e Mesme dhe në Izrael.

## Thatësirë e ashpër

Çenai ndodhet në jug-lindje të Indisë. Është qyteti i katërt më i madh në Indi. Aty organizuam një kryqëzatë, në Plazhin Marina me ndihmën e Shoqërisë së Pastorëve 'Çenai Full Gospel'.

Në 8 tetor u largova nga Aeroporti Inçeon. Ndërsa po fluturonim për në Singapor në qiell vazhdonin të shfaqeshin ylbere. E kam përmendur më parë që shpesh kemi parë ylbere gjatë udhëtimeve tona misionare, por këtë herë një ylber na shoqëroi për afërsisht një orë.

Besoj se kjo ishte një shenjë që Perëndia do të ishte me ne gjatë katër ditëve të kryqëzatës sepse pamë një ylber me katër ngjyra. Kishte dhe ylbere të tjerë të ndryshëm, madje dhe të drejtë. Anëtarët e grupit tonë të habitur dhe të gëzuar xhironin fotografonin ylberet.

Rreth orës dhjetë të natës, me 8 tetor, arritëm në aeroportin Çenai. Aty po binin disa pika shiu. Kur dola nga aeroporti filloi një shi i madh.

Por njerëzit që kishin ardhur për të na pritur ishin shumë të gëzuar edhe pse ishin lagur nga shiu. Dëgjova se tri vitet e fundit kishte bërë kohë e thatë dhe s'kishte rënë shi që prej nëntë muajsh. Thatësira ishte një problem i madh për të gjithë shoqërinë.

I gjithë qyteti i Çenait ishte hedhur në grevë në shenjë proteste ndaj qeverisë për shkak të problemeve me ujin. Pasi arrita atje ra aq shpesh shi, sa disa njerëz më quajtën 'Njeriu i shiut' duke thënë që e solla unë shiun me vete.

## Ligji kundër ndryshimit të fesë

Perëndia dëshironte të merrte lavdi nëpërmjet kësaj kryqëzate për këtë arsye Satani u përpoq të na pengonte.

Disa njerëz përhapën fjalë të pavërteta që të pengonin kryqëzatën, por në të vërtetë diçka shumë më domethënëse po ndodhte. Po krijohej një dekret kundër ndryshimit të fesë. Dekreti thoshte,

"Asnjë person nuk do të ndryshojë fenë e tij dhe as nuk do të përpiqet të kthejë të tjerët nga një fe në një tjetër, në mënyrë direkte apo indirekte, me anë të forcës, joshjes apo mashtrimit. Kushdo që do të akuzohej se kishte shkelur këtë dekret do të dënohej deri në tri vite burgim dh një gjobë prej 50,000 Rupi. Nëse personi që ka ndërruar fenë është 'i mitur, grua ose person që i përket një Kaste të Caktuar ose Fisi të Caktuar,' dënimi mund të ishte deri në pesë vite burgim dhe gjoba deri në 100,000 Rupi."

Ata që e ndërrojnë me dëshirë fenë e tyre dhe drejtuesit fetarë që janë përfshirë në ndonjë rast të tillë duhej të raportonin te administratori lokal.

Ky ligj hyri në fuqi ditën e parë të kryqëzatës, 10 tetor. Unë po rrezikoja të arrestohesha për shkak se po predikoja ungjillin.

Unë nuk e dija çfarë do ndodhte para se të arrija në Indi. Anëtarët e stafit të cilët po përgatisnin kryqëzatën nuk më informuan sepse mendonin se do të shqetësohesha.

Për shkak të situatës organizatorët më kërkuan të predikoja vetëm pjesën e mesazhit në lidhje me paqen dhe bekimet.

Por nëse nuk mund të predikoja Perëndinë Krijues dhe Jezus Krishtin, ishte e kotë që të shkoja. Unë nuk hoqa dorë. Edhe nëse do të më arrestonin, unë do të predikoja Perëndinë Krijues dhe Jezus Krishtin.

Në çdo sesion unë theksova se atyre mund t'iu faleshin mëkatet dhe mund të shpëtoheshin duke pranuar Jezus Krishtin. Predikova poashtu mbi parajsën e bukur dhe ferrin e tmerrshëm.

## Konferenca e pastorëve

Me 10 tetori ishte dita e parë e kryqëzatës. Atë ditë mbi qiellin e Çenait u shfaq një ylber i madh i rrumbullakët. Në mëngjes zhvilluam konferencën e pastorëve në Kamaraxh Arangam.

Afër 3,000 pastorë, pothuajse dy herë më shumë nga sa pritej, morën pjesë në konferencë. Unë fola rreth arsyes pse Perëndia e kishte vendosur pemën e njohjes së të mirës dhe të keqes në kopshtin e Edenit.

Kur i pashë aq të vëmendshëm dhe të gëzuar përderisa herë pas here duartrokisnin, e ndjeva që ishin të etur shpirtërisht.

Përkthyesi i konferencës nuk arriti dot në kohë dhe dikush tjetër e zëvendësoi. Më vonë mësova që ai kishte bërë marrëveshje me organizatorët e konferencës që nuk do të përkthente nëse unë do të flisja për sferën shpirtërore.

Po flisja rreth pemës së njohjes të së mirës dhe të keqes kështu që nëse do të lija jashtë pjesë nga Kopshti i Edenit, do të humbte thelbi i bisedës.

Duke qenë se përkthyesi i ri nuk e njihte situatën, ai përktheu qdo gjë. Nuk kishte trafik dhe faktin që përkthyesi ishte me

Festival i Lutjeve për Shërime të Mrekullueshme në Indi (Plazhi Marina)

vonesë e kuptova që ishte vullneti i Perëndisë.

Arrita në Plazhin Marina rreth orës 6 pasdite me shpresa të mëdha dhe pak i nervozuar. Ky plazh është i dyti në botë për nga gjatësia. Ai ndodhej vetëm 15 minuta larg hotelit aq sa mund ta shihja skenën që nga dhoma e hotelit.

Skena ishte një strukturë 3 kate e lartë dhe 45 metra e gjerë.

Mbante 2,000 njerëz, pra mjaftonte për t'i mbajtur të gjithë ata persona që do të dëshironin të jepnin dëshmi. Vendi ishte aq i madh sa ishin instaluar projektor të mëdhenj në shumë vende. Projektorët kishin diametër prej 25 metrash. Megjithëse kryqëzata kishte një orë që do të fillonte, kishin ardhur shumë njerëz.

## Fillimi i Kryqëzatës së Madhe

Atë ditë predikova rreth Perëndisë, Krijuesit. U thashë se do t'u tregoja nëse Perëndia ishte Perëndia i vërtetë, nëse ishte apo jo i plotfuqishëm dhe nëse vërtet vepron në jetën tonë. Pas mesazhit u luta me gjithë forcën time për të sëmurët. Shumë demonë u dëbuan dhe një numër i madh i sëmurësh u shëruan, dhe gjithçka po transmetohej direkt në disa kanale televizive.

Njëri nga pjesëmarrësit ishte një 16 vjeçar i quajtur Ganesh i cili kishte pësuar një aksident të cilin e kishin dërguar në spital. Atje Ganeshi ishte diagnostikuar me tumor në kockën e kërdhokullës. Mjekët ia hoqën tumorin së bashku me një pjesë të kockës dhe i vendosën shufra metali për të lidhur kofshën me kockën e kërdhokullës. Atij i duhej të qëndronte me regjim shtrati për gjashtë muaj.

Por edhe pas kësaj periudhe Ganeshi kishte vështirësi të ecte dhe të ulej. Madje edhe në takim erdhi me ndihmën e të tjerëve. Pasi u luta për të sëmurët, Ganeshi ndjeu një trondtje si të ishte goditje elektroshoku. Që prej atij momenti, ai s'kishte më dhembje dhe nuk kishte nevojë të përdorte paterica.

Ditën e dytë të kryqëzatës, në mëngjes herët po binte shi i

dendur, megjithatë numri i të pranishmëve ishte edhe më i madh se ditën e parë dhe aty ndodhën më shumë raste shërimi. Me qindra mijëra njerëz po vinin çdo ditë. Unë qëndroja mbi një podium të ngritur megjithatë përsëri ishte e vështirë të shihja të gjithë turmën. Pas lutjeve për shërim, një turmë e madhe njerëzish u mblodhën në skenë, ishin aq shumë saqë organizuesit e takimit mbetën të shtangur.

Shumë të tjerë kishin bërë takime rizgjimi në Marina Beach, por asnjëherë nuk kishin parë kaq shumë vepra shërimi, madje as nuk kishin pritur të shihnin një gjë të tillë.

## Puna hyjnore e Perëndisë në Kryqëzatën më Madhështore

Ditën e tretë të kryqëzatës në qiell u shfaqën ylbere të qarta, dhe përsëri u mblodhën me qindra mijëra njerëz. Por diçka e papritur ndodhi. Gjatë predikimit filloi një erë e furishme dhe një shi i madh me vetëtima dhe gjëmime. Për këtë arsye as sytë nuk i mbaja dot hapur mirë nga shiu.

Skena po tundej nga era e fortë dhe disa pjesëmarrës filluan të shqetësoheshin dhe po bëheshin gati për t'u larguar. Unë i nxita që të mos frikësoheshin nga shiu por të kishin besim dhe të lavdëronin Perëndinë. Shumë shpejt turma e njerëzve u qetësua dhe vazhduan të dëgjonin mesazhin.

Por unë fillova të shqetësohesha. Problemi më i madh ishte që pajisjet televizive do të shkatërroheshin, dhe transmetimi direkt do të ndërpritej. Megjithatë, u përpoqa t'i largoja këto mendime nga mendja ime me besimin se Perëndia do të na mbronte.

Çuditërisht, era e furishme dhe shiu vazhduan për më tepër se një orë, por asnjë nga pajisjet televizive apo elektrike nuk u dëmtua (po të mendojmë erën dhe shiun e tërbuar që po binte, mund të ishin shkaktuar mjaft probleme).

Në skenë kishte kabllo elektrike dhe shiu depërtoi në disa prej prizave, megjithatë nuk pati asnjë shkëndijë elektrike apo ndërprerje të rrymës. Asnjë aksident i vogël nuk ndodhi sepse Perëndia po na mbronte.

Ndërsa po përcillja mesazhin, në zemër po lutesha që shiu të pushonte, por situata vazhdonte të përkeqësohej. Gjatë 20 viteve të fundit Perëndia na kishte dhënë mot të mirë gjatë takimeve të tilla të organizuara në ambiente të hapura. Madje edhe shiu pushonte nëse luteshim. Kjo ishte hera e parë që unë isha tërësisht i lagur nga shiu.

Isha nervoz dhe s'po më mbanin më këmbët. Dëshiroja të ulesha dhe të qaja, por s'mund ta bëja një gjë të tillë. Vazhdova të predikoja ndërsa shiu vazhdonte të më lagte. U luta madje edhe për të sëmurët. Unë nuk kisha as çadër dhe mendoj se njerëzit u prekën nga kjo gjë dhe qëndruan gjatë gjithë kohës.

Perëndia bëri shumë vepra shërimi atë ditë dhe shumë njerëz po na ndiqnin në televizor apo internet.

Pas lutjeve filluan dëshmitë dhe unë po i dëgjoja. Disa prej njerëzve po afroheshin te skena dhe më falënderonin me lot në sy.

Pasi u ktheva në hotel iu luta Perëndisë të më tregonte pse filloi të binte aq shumë shi që nuk pushoi pasi u lutëm. Por Perëndia më tregoi se shiu dhe era ishin pjesë e planit të Tij hyjnor, prandaj edhe nuk mund të pushonin as me lutje.

*"Në këtë mënyrë, Perëndia dhe Jezusi do të mbeten në mendjen e popullit indian dhe ti madje do të mbetesh në*

Lutje në shi për të sëmurët

*mendjen e tyre gjithashtu."*

Ai më shpjegoi se e lejoi shiun dhe erën e furishme që pastorët lokalë dhe shumë njerëz të kuptonin besimin e vërtetë dhe të gdhendnin dashurinë e Perëndisë thellë në zemrat e tyre. Nga gjithë ai besim do të rridhnin edhe shumë bekime.

Që nga viti 2001, Perëndia më kishte treguar që kryqëzata në Indi ishte planifikuar që para fillimit të kohërave dhe do të ishte kryqëzata më madhështore në shumë aspekte. Perëndia i njeh zemrat e njerëzve dhe e dinte se sa shumë njerëz do të ishin të pranishëm.

Kjo kryqëzatë u transmetua direkt në katër kanale televizive si dhe në internet. Ishte një eveniment i rrallë për të krishterët dhe për një vend të tillë si India.

Një numër i madh indianësh na ndoqën përmes televizionit dhe panë që kryqëzata vazhdoi pavarësisht nga shiu dhe në këtë mënyrë dashuria e Perëndisë preku zemrat e tyre.

"Kush është ai që i do indianët me një përkushtim të tillë?"

## Turma më e madhe

Ditën tjetër, me 13 tetor, në Plazhin Marina u mblodhën 1,5 milion njerëz, një numër rekord. Kishte dhe shumë të tjerë të cilët po na ndiqnin nëpërmjet televizionit por që u prekën dhe erdhën në Plazhin Marina. Unë s'arrija ta shihja dot fundin e turmës.

Për shkak të numrit të madh të njerëzve, disa u shprehën se dukej sikur rëra e plazhit u shndërrua në njerëz. Ndërsa po lutesha për të sëmurët atë ditë, dëgjoja shumë demonë që bërtisnin.

Demonët e dinin që unë do t'i urdhëroja të largoheshin, dhe prandaj ulërinin. Shumë indianë ishin të pushtuar nga frymë të liga sepse për vite të tëra kishin adhuruar idhuj.

Pasi i urdhërova demonët të largoheshin, klithmat e tyre pushuan dhe u bë qetësi. Disa panë me anë të syve shpirtërorë demonët që largoheshin pa kthyer kokën pas.

Fuqia e zërit origjinal ishte vërtet e madhe. Të demonizuarit u çliruan, të shurdhrit po dëgjonin dhe memecët po flisnin.

Disa kishin ardhur me barela, por u larguan me këmbët e tyre. Shumë njerëz me sëmundje të pashërueshme u shëruan në mënyrë të mrekullueshme. Ditën e fundit të kryqëzatës u ndje edhe më shumë puna e Frymës së Shenjtë dhe shumë të pranishëm u shëruan.

Por nuk kishte mbaruar me aq. Në Indi ka njerëz që merrem me magji. Ata varin vezë ose fruta në shtëpi dhe mallkojnë të tjerët. Pasi u ktheva në Kore po pranoja shumë letra të cilat më shpjegonin raste të magjisë së zezë.

Një jobesimtar kishte varur vezë në çdo cep të shtëpisë së tij, por gruaja e tij ishte besimtare. Ajo na kishte ndjekur në televizor dhe ndërsa unë po lutesha për të sëmurët, gozhdët që mbanin vezët e varura ranë dhe vezët filluan të thyheshin.

Burri i habitur tha se do të fillonte të vinte në kishë dhe nuk do të ndërhynte më kundër krishterimit. Pastorët vendas thanë se kjo kishte qenë kryqëzata më e madhe dhe më madhështorja ndonjëherë.

Perëndia Krijues dhe Jezus Krishti ishin predikuar në harmoni të plotë dhe Fjala ishte konfirmuar nga shenja e mrekulli, kështu që kishte qenë një mesazh i qartë që nuk linte aspak vend për akuza.

Organizuesit thanë se më shumë se 60% e të pranishmëve ishin hindu, por shumë prej tyre pranuan Jezus Krishtin dhe u kthyen në besim.

Projektorë të mëdhenj u vendosën edhe në 9 qytete të tjera përveç Plazhit Marina, në këto vende njerëzit mund të ndiqnin kryqëzatën. Me dhjetëra mijëra njerëz ishin mbledhur në këto vende dhe shumë prej tyre u shëruan gjatë mesazhit. Ishte një çast madhështor në historinë e krishterimit në Indi. Ishte një kryqëzatë ku çmimi i gjakut të Tomait të martirizuar solli fryte.

Një numër i madh njerëzish që tregojnë dëshmi për shërimin e tyre

## Anulimi i Ligjit kundër ndryshimit të fesë

Ditën e parë të kryqëzatës kishte shumë policë që më shikonin shtrembër, por që shumë shpejt ndërruan qëndrim. Pasi panë aq shumë njerëz të shëroheshin, vetë policët erdhën tek unë dhe madje u ulën në gjunjë që unë të lutesha për ta.

Policia u raportoi autoriteteve të shtetit Tamil të Nadusë dhe qeverisë që më shumë se 3 milion njerëz erdhën në takim gjatë 4 ditëve dhe se kryqëzata ishte paqësore, pa asnjë incident. Ishte e mrekullueshme që krishterimi po vlerësohej përsëri në shoqërinë indiane. Shumë besimtarë që kishin jetuar të shtypur, tani gjetën besimin.

Shumë njerëz u kthyen në besim dhe krishterimi po forcohej. Drejtuesit e krishterë u bashkuan dhe përpiluan një kërkesë për shfuqizimin e ligjit kundër ndryshimit të fesë në të krishterë. Shkollat dhe spitalet e krishtera u mbyllën dhe të krishterët u hodhën në protestë kundër qeverisë duke agjëruar. Më parë, një organizim i tillë as që nuk imagjinohej të ndodhte.

Më në fund, në zgjedhjet e vitit 2004, partia All-India Anna Dravida Munnetra Kazhagam (AIADMK) humbi me një diferencë të madhe votash.

Partia AIADMK ishte partia ku ishte përfshirë guvernatorja e shtetit Tamil të Nadusë, Znj. Jayalalitha. Ndërsa Aleanca Progresive Demokratike (DPA), e cila ishte më miqësore ndaj të krishterëve kaloi në maxhorancë.

Guvernatorja e shtetit, Znj. Jayalalitha nxori shumë politika të reja për të fituar zemrat e popullit indian. Një prej tyre ishte shfuqizimi i ligjit kundër kthimit në besimin e krishterë me 18 maj, 2004.

Në këtë kryqëzatë morën pjesë shumë pastorë dhe përfaqësues të mediave. Ata vinin nga vende të ndryshme si Shtetet e Bashkuara, Lindja e Mesme, Rusia, Australia, Izraeli, etj. Në këtë kryqëzatë këta njerëz përjetuan fuqinë e Perëndisë që mendonin se ekzistonte vetëm në Bibël dhe na kërkuan të organizonim kryqëzata të tilla edhe në vendet e tyre.

Më shumë se 30 vende të ndryshme kërkuan që të organizonim kryqëzata si kjo. Ishte kryqëzata e shtatë që nga viti 2000, por unë asnjëherë nuk vendosja vetë për vendin, vetëm ndiqja drejtimin e Perëndisë duke lënë mënjanë gjykimin tim.

Kapitulli 7

# Kombet do të ecin
# në dritën tënde

# Çfarë ndodhi në Dubai

Pas përfundimit të Kryqëzatës në Ugandë, Perëndia më drejtoi të shkoja në Dubai. Para asaj kohe unë nuk kisha dëgjuar ndonjëherë për këtë vend.

Pas kthimit nga Kryqëzata në Kenia u transferuam në Dubai. Ishte hera e parë që shkelja në këtë vend. Ndërsa prisja në aeroport, u luta "Atë, lavdëroje veten Tënde në këtë vend."

Dubai është emirati i dytë më i madh në Emiratet e Bashkuara Arabe. Është vendi nga i cili Koreja importon sasinë më të madhe të naftës. Perëndia më tregoi se shtatë kryqëzatat e para kishin qenë të suksesshme nga ana e madhësisë, por kjo do të ishte një kryqëzatë më cilësore.

Perëndia më tha se kryqëzata nuk ishte qëllimi kryesor për në Dubai. Ai do ta përdorte atë për të më bërë të njohur tek zyrtarët e lartë dhe për të përmbushur më vonë planin e Tij hyjnor për ndërtimin e Shenjtërores së Madhe.

Ne morëm miratimin e autoriteteve për të organizuar

një takim dhe përgatitëm "Festivalin Korean të Kulturës së Krishterë", nga 2 deri me 4 prill 2003, në hollin e Hyatt Hotel. Ky takim u organizua për të demonstruar vallëzime dhe muzikë tradicionale koreane me qëllim që të krijonim marrëdhënie më të mira mes dy vendeve tona dhe për të predikuar më lehtë ungjillin.

Mund ta kishim organizuar edhe në kishë këtë takim, por atëherë myslimanët nuk do të mund të vinin. Për këtë arsye zgjodhëm një hotel. Unë e ndjeja në zemër që ky takim nuk do të mund të organizohej, por nuk i tregova asnjë personi tjetër, dhe i lejova të përgatiteshin me besim.

Edhe pse Dubai është më i hapur se vendet e tjera të Lindjes së Mesme, ai mbetet një shtet islamik dhe është rreptësisht e ndaluar t'u predikosh arabëve.

Unë arrita atje një ditë para kryqëzatës kur më njoftuan që takimi ishte anuluar për arsye sigurie.

Sapo kishte nisur lufta në Irak dhe situata botërore ishte e paqëndrueshme, por kjo nuk ishte arsyeja kryesore. Në atë kohë një nga anëtarët e stafit tonë kishte takuar rastësisht Princin e Dubait i cili kishte ardhur për të kontrolluar hotelin dhe i kishte dhënë një ftesë. Duke e ditur se ishte një organizim i krishterë, Princi kishte dhënë menjëherë urdhrin për të anuluar takimin.

## Nën vëzhgimin e policisë

Me 2 prill, më shumë se 100 policë filluan të kontrollonin zonën rreth hotelit. Ata largonin këdo që vinte në takim dhe na mbanin nën vëzhgim.

Djalli mendoi se loja do të mbaronte nëse takimi do të

anulohej nga autoriteti më i lartë i vendit, por në të vërtetë plani i Perëndisë po përmbushej.

Ditën tjetër na erdhi një ftesë nga Klubi i Personave me Aftësi të Kufizuara të Dubait. Në grupe me nga tre deri pesë persona filluam të shkonim te klubi. Për shkak se çdo gjë ishte organizuar aq papritur, nuk erdhën me shumë se 100 njerëz.

Shumë prej tyre ishin me aftësi të kufizuara dhe një pjesë e madhe nuk ishin në gjendje të ecnin. Shumë gra ishin të mbuluara me velin e zi. Unë predikova për rreth 15 minuta dhe u luta në emrin e Jezusit. Puna e mrekullueshme e Perëndisë filloi përsëri. Të paralizuarit filluan të ecnin dhe shumë të shurdhër rifituan përsëri dëgjimin. Të tjerë të paralizuar plotësisht filluan të lëviznin trupin.

Ky takim, ashtu si kryqëzatat e mëparshme, u transmetua në të gjithë Dubain nëpërmjet një televizioni, ZEE TV, i cili mbulonte 16 vende në atë rajon.

Ndërsa isha në hotel, shumë njerëz të cilët dëshironin të përjetonin fuqinë e Perëndisë erdhën të më takonin duke kaluar përmes policëve. Atëherë mendova se po ta kishim organizuar kryqëzatën s'do të kisha qenë në gjendje të takoja aq shumë njerëz.

Një zonjë e quajtur Sheila Divakar kishte kohë që ishte e paralizuar pas një aksidenti me makinë. Ajo pothuajse nuk lëvizte fare, por pas lutjeve u ngrit menjëherë dhe filloi të ecte ngadalë pa e fshehur dot gëzimin që ndjente.

Në këtë takim patëm edhe ndihmën e disa gazetarëve.

Dr. Omer Jassin erdhi në takim bashkë me gruan dhe vajzën e cila kishte probleme me të folurin për shkak të encefalomilingjitit, por pasi u lutëm për të, ajo tha,

"Faleminderit!" Prindërit e saj e dëgjuan të fliste për herë të parë dhe u prekën nga kjo mrekulli."

Dr. Omeri tha se do të shkruante një artikull për shërimin e vajzës së tij. Edhe pse kaluam një kohë të shkurtër, unë takova shumë njerëz të cilët do të ndihmonin për misionin në Lindjen e Mesme. Këta njerëz u kthyen në ura lidhëse për përmbushjen e vullnetit të Perëndisë.

# Kryqëzata në Rusi, një eveniment zyrtar për 300 vjetorin e Shën Petërsburgut

Me 27 maj, 2003, Presidenti Putin i Rusisë ftoi udhëheqës nga më shumë se 50 vende për të festuar 300 vjetorin e themelimit të qytetit të Shën Petërsburgut. Qyteti tërhoqi vëmendjen e gjithë botës, sepse drejtues të shumë shteteve u mblodhën në të njëjtin vend.

Po atë vit në Rusi ishte mbajtur një kryqëzatë e cila u caktua si pjesë e këtij evenimenti, duke sjellë si rezultat bashkëpunim me autoritetet qeveritare. Që ditën e parë të kryqëzatës, me 12 nëntor 2003, Stadiumi Olimpik i Shën Petërsburgut u mbush tërësisht.

Në nëntor, në Rusi bën shumë ftohtë dhe madje bie dëborë, por gjatë kryqëzatës temperaturat ishin normale dhe mbi zero gradë. Unë predikova rreth Perëndisë Krijues, për fuqinë e Frymës së Shenjtë dhe pse Jezus Krishti është i vetmi Shpëtimtar.

Gjatë lutjeve për të sëmurët stadiumi u mbush me zjarrin e Frymës së Shenjtë.

Festivali i Shërimeve të Mrekullueshme në Rusi
(Stadiumi Olimpik i Shën Petërsburgut)

Njerëz që kishin qenë të shurdhër tani po bërtisnin me gëzim sepse mund të dëgjonin, të tjerë të paralizuar tani po ecnin; shumë prej tyre kishin ecur vetëm me ndihmën e patericave ose bastunëve ndërsa tani mund të ecnin lirshëm pa asnjë vështirësi; disa të tjerë po hidhnin syzet sepse tani ishin në gjendje të shihnin qartë; të tjerë me probleme në të folur ishin shëruar plotësisht. Edhe kjo skenë u transmetua direkt që gjithë bota të mund të shihte.

Kryqëzata të tjera po zhvilloheshin njëkohësisht në Penza, Izhevsk dhe në Ukrainë dhe po transmetoheshin direkt në televizion.

Gjatë festës së organizuar për nderin tonë pas mbarimit të kryqëzatës, një pastor i cili kishte qenë i pranishëm në kryqëzatën në Izhevsk erdhi të më takonte për të më treguar se pavarësisht motit të keq, nën minus 20 gradë celsius, më shumë se 1,000 njerëz kishin ardhur në kryqëzatë dhe shumë prej tyre ishin shëruar.

Një pastor tjetër i cili kujdesej për klubin e personave me aftësi të kufizuara më tregoi se shumë njerëz që kishin probleme me dëgjimin dhe shikimin ishin shëruar.

Kjo kryqëzatë ishte transmetuar direkt jo vetëm në Rusi por edhe në më shumë se 150 vende të tjera nëpërmjet 27 kanaleve televizive dhe rrjeteve kabllore me anë të 12 transmetimeve të ndryshme satelitore. Njerëz nga vendet fqinje si Estonia ishin shëruar gjatë kohës që ndiqnin kryqëzatën në televizor dhe u kishin dërguar dëshmitë e tyre gazetarëve përgjegjës për transmetimin.

Shumë doktorë vendas morën pjesë në kryqëzatë për të vëzhguar dhe mbajtur shënim rastet e shërimit. Një prej tyre u shpreh i habitur, "U tronditta kur pashë kaq shumë njerëz të shërohen vetëm me anë të lutjeve."

Presidenti i Shoqërisë së Kishave Pentakostale në Moskë tha se kishte përjetuar fuqinë e Frymës së Shenjtë dhe praninë e Perëndisë dhe se kjo ishte një kthesë e rëndësishme për rizgjimin e kishave ruse.

Ai vazhdoi duke thënë se pastorët tashmë ishin rizgjuar nga ajo gjendje shpirtërore letargjike; ata filluan të besojnë se fuqia e Perëndisë nuk gjendej vetëm në Bibël por edhe në realitetin e tyre, madje në jetën e përditshme. Në këtë mënyrë ata po kërkonin fuqinë e Perëndisë dhe kishat po bashkoheshin.

# Fillimi i studimeve shpirtërore

Perëndia është frymë dhe ne, sipas ndryshimit tonë në frymë dhe në të vërtetë, mund të jemi pjesë e 'hapësirës shpirtërore.' Kur bëhemi shpirtëror, mund të bashkohemi dhe të jemi një me Perëndinë në hapësirën e Tij dhe mund të marrim edhe fuqinë e Tij. Në këtë mënyrë, kur predikojmë, ne flasim nën një autoritet tjetër dhe jo nga vetja.

Nuk është e vështirë t'u bësh përshtypje njerëzve gjatë një predikimi. Por që të shkaktosh ndryshim te dëgjuesit duke depërtuar deri në ndarjen e frymës shpirtit dhe të palcës nga kocka, duhet të kesh autoritet nga Perëndia.

Thellësia e botës shpirtërore është e pafundme. Për të më drejtuar në dimensione më të larta të fuqisë së Tij, në janar të vitit 2003 Perëndia më drejtoi të filloja studimet shpirtërore.

Ishte një proces i nevojshëm për mua që të dëgjoja 100% zërin origjinal të Perëndisë që më zbulonte Fuqinë më të Lartë të

Krijimit.

Perëndia më shpjegoi ligjet shpirtërore të fillimit të kohërave dhe ligjet e drejtësisë. Ai më tregoi hollësisht për profetët që kishin arritur nivelin shpirtëror të quajtur 'niveli i plotë shpirtëror', siç ishin Abrahami, Moisiu, Elija dhe apostulli Pal.

Gjithashtu më mësoi rreth Perëndisë Krijues dhe Zotit Jezus dhe apostujt e profetët e tjerë, të cilët kishin shfaqur fuqinë e Perëndisë. Perëndia më drejtoi të studioja poashtu edhe nivelet e dritës.

## Mësova pastorët si të shërbejnë në Frymë

Në bazë të mësimeve që mora prej Perëndisë rreth botës shpirtërore, fillova të organizoja gjatë vitit disa konferenca për pastorë.

Jepja mësim me gjithë forcën time që t'u mësoja pastorëve të kishës sonë dhe misionarëve të rriteshin në Frymë dhe të bëheshin shërbëtorë të dashur dhe të fuqishëm të Perëndisë. Lutesha për ta me lot në sy duke i kërkuar Perëndisë t'i bekonte. Ashtu si tha dhe apostulli Pal, *"Prandaj rrini zgjuar, dhe mbani mend se për tri vite me radhë, ditë e natë, nuk pushova kurrë të paralajmëroj secilin me lot"* (Veprat 20:31). U mësova gjithçka që kisha mësuar nga Perëndia që ata të rriteshin në besim dhe të arrinin nivelin e plotë shpirtëror.

Sa mirë do të ishte nëse edhe pastorë të tjerë do të merrnin më shumë fuqi se unë që mbretëria e Perëndisë të zgjerohej dhe shumë shpirtra të tjerë të shpëtoheshin! Në korrik 2003, unë fola në konferencën e 21-të pastorëve, me titull, "Rrjedhja e Frymës."

Në këtë konferencë u fola pastorëve për 'hapësirën' që më

mësoi Perëndia. U mësova si mund të kishim një zemër në Frymë dhe të lundronim në rrjedhën e kësaj 'hapësire' si dhe për 24 pleqtë në Jerusalemin e Ri. I nxita që të kishin më shumë fuqi në shërbesën e tyre shpirtërore dhe më shumë shpresë për parajsën.

Ka shumë vargje në Bibël si p.sh 1 Mbretërve 8:27 dhe Jeremia 10:12 që na thonë se nuk ka një qiell të vetëm, por janë disa qiej. Madje edhe në Dhiatën e Re, te Efesianët 4:10 përdoret shumësi duke thënë "mbi gjithë qiejt."

Nuk ka vetëm një qiell por shumë. Kjo mund të kategorizohet në hapësirën fizike dhe në atë shpirtërore që është edhe sfera shpirtërore. Hapësira fizike është shumë e vogël krahasuar me hapësirën shpirtërore.

Kopshti i Edenit dhe frymët e liga ekzistojnë në qiellin e dytë. Mbretëria qiellore ndodhet në qiellin e tretë ndërsa në qiellin e katërt ndodhet Froni i Perëndisë. Ky është dimension tjetër nga Froni i Perëndisë në Jerusalemin e Ri.

## Hapësira

E gjithë hapësira dhe universi ndodhen në zemrën e Perëndisë. Të zotërosh hapësirën do të thotë ta mbash të gjithën në zemër. Pra duhet të kesh dijeni të plotë mbi këtë hapësirë, ta kultivosh si njohuri shpirtërore dhe ta bësh të plotë në zemrën tënde.

Psalmi 68:33 thotë, *"Atij që shkon me kalë mbi qiejt e qiejve të përjetshme, ai nxjerr zërin e tij, një zë të fuqishëm."* Zëri i fuqishëm i referohet Zërit Origjinal të Krijimit.

Ky zë është në nivelin e zotërimit dhe kontrollit të hapësirës në qiellin e katërt. Vetëm në këtë nivel mund dëgjohet zëri origjinal të cilit i referohemi si 'zë i fuqishëm'. Por ne nuk mund ta dëgjojmë këtë zë.

Kur dëgjohet zëri origjinal i krijimit, të gjitha gjërat në të gjitha hapësirat binden. Autoriteti dhe dinjiteti i këtij zëri trondit dhe qiejt.

Nëse një njeri do ta dëgjonte këtë zë, do të shurdhohej menjëherë. Ne mund ta dëgjojmë këtë zë të fuqishëm vetëm kur Perëndia hap veshët tanë shpirtërorë.

Në fillim Perëndia më tregoi për hapësirën në qiellin e katërt. Kur një person shkon përtej nivelit 'shpirtëror' dhe hyn në nivelin e pastër shpirtëror të Perëndisë, ai arrin të zotërojë hapësirën e qiellit të katërt, dhe kështu mund të kontrollojë qiellin e dytë dhe të tretë në frymë.

Ata që arritën nivelin e plotë shpirtëror si Elija, Moisiu dhe apostulli Pal, arritën edhe nivelin e kontrollimit të frymëve të liga të pranishme në qiellin e dytë. Frymët e liga dridhen para njerëzve që kanë arritur nivelin e plotë shpirtëror dhe madje as nuk mund t'u afrohen dot këtyre personave.

Përderisa këta njerëz jetojnë në tokë, djalli nxit njerëzit e këqij që t'i persekutojnë dhe t'i pengojnë. Perëndia ua ka dhënë këtë autoritet frymëve të liga derisa të mbarojë periudha e njerëzimit në tokë. Djalli e përdor këtë autoritet dhe përpiqet të persekutojë dhe pengojë punën për të përmbushur mbretërinë e Perëndisë.

Prandaj, pasi arrijmë nivelin e plotë shpirtëror, ne vazhdojmë të luftojmë kundër forcave të errësirës derisa shërbesa jonë në këtë botë të mbarojë. Nëse dikush zotëron hapësirën në qiellin e katërt çdo gjë bëhet me anë të zërit origjinal dhe djalli nuk mund të sjellë asnjë pengesë.

Disa mund të pyesin, "Nëse Perëndia u ka dhënë autoritet frymëve të liga, a s'mund të kryejnë edhe ato vepra të fuqishme?" Në fakt, djalli nuk mund të kryejë vepra të fuqishme me autoritetin e vet.

Djalli u sjell sprova atyre që largohen nga Fjala e Perëndisë dhe i kthehen mëkatit dhe kjo bëhet sipas rregullave të sferës shpirtërore. Perëndia i tha gjarprit se do të hante pluhur të gjitha ditët e jetës së tij (Zanafilla 3:14), megjithatë gjarpërinjtë nuk hanë vërtet pluhur. Ata hanë bretkosa ose minj.

Këtu, fjala pluhur ka kuptim shpirtëror, ajo i referohet njeriut i cili u krijua nga pluhuri i tokës. Perëndia e lejon djallin të përpijë 'njerëzit e mishtë' të cilët nuk i binden Fjalës së Perëndisë dhe kryejnë mëkate.

Fuqia e krijesave për të ringjallur të vdekurit, për të shëruar të çalët dhe për t'u dhënë dritën e syve të verbërve, i takon plotësisht Perëndisë. Djalli nuk e ka një forcë të tillë, prandaj nuk ka asnjë vend në Bibël ku tregohet që frymët e liga mund të kryejnë vepra të fuqishme.

Gjatë procesit të përgatitjes për të shkuar në hapësirën e qiellit të katërt, Perëndia hoqi energjinë fizike nga trupi im dhe më mbushi me energji shpirtërore. Në këtë proces, unë përjetova disa anomali në trupin tim për shkak se trupi im ndodhej në një botë tri dimensionale, megjithatë kjo ishte përgatitja për të hyrë në hapësirën katër dimensionale të qiellit të katërt.

Hapësira shpirtërore në dimensionin e katërt është dimensioni në të cilin Perëndia ekzistonte i vetëm si zëri dhe drita origjinale. Në këtë nivel gjërat arrihen duke i strehuar në zemër.

# Bekime nëpërmjet tri sprovave të lejuara sipas vullnetit të Perëndisë

Le të supozojmë se fuqia e Jezusit ishte njëqind. Atëherë, fuqia që mund të ketë një person i cili ka arritur nivelin e plotë shpirtëror është pesëdhjetë. Apostulli Pal është personi biblik që ka kryer veprat më madhështore. Ai komunikoi direkt me Perëndinë dhe shkroi kastërmbëdhjetë nga librat e Biblës. Por edhe pse kreu kaq shumë vepra madhështore, ai kishte vetëm pesëdhjetë përqind të fuqisë së Jezusit.

Kjo është arsyeja pse ai nuk mund të shëronte të verbrit apo memecët. Ai nuk mund të kryente vepra që i kalonin kufijtë e kohës dhe hapësirës.

Disa mendojnë se Mosiu kreu vepra më të fuqishme se Pali. Por Moisiu i bëri këto shenja e mrekulli, si p.sh. hapjen e detit të kuq, duke iu bindur Fjalës së Perëndisë.

Ndërsa në rastin e apostullit Pal, edhe pa urdhrin e Perëndisë, por nëpërmjet besimit, ai bëri mrekulli. Perëndia tha se për të përmbushur misionin botëror gjatë ditëve të sotme plot me mëkate, nuk është i mjaftueshëm as niveli pesëdhjetë përqind i fuqisë të cilin e kishte apostulli Pal.

Nëse në kohën e hapjes së kishës fuqia ime ishte një, Perëndia plotësoi edhe pjesën tjetër prej nëntëdhjetë e nëntë dhe na tregoi shumë shenja dhe mrekulli. Nëpërmjet sprovave të besimit që nga fillimi, fuqia ime filloi të rritej pak e nga pak derisa arriti nivelin pesëdhjetë përqind përpara tri sprovave që ndodhën në vitin 1998.

Por as ky pesëdhjetë përqindësh nuk mjaftonte për të kryer veprat e mrekullueshme të Perëndisë. Për këtë arsye Perëndia më dha më shumë fuqi nëpërmjet këtyre tri sprovave. Shumë njerëz më tradhtuan dhe më persekutuan pa asnjë arsye. Megjithatë, unë i kalova këto sprova me gëzim, falënderim, lutje, dashuri dhe mirësi.

Djalli u përpoq të më pengonte nëpërmjet tri sprovave dhe pengesave të tjera, por nuk ia arriti dot. Ligji i sferës shpirtërore tregon se paga e mëkatit është vdekja. Si rrjedhojë, djalli nuk mund të vrasë apo shkatërrojë dikë që nuk kryen mëkat. Djalli i nxiti njerëzit e ligj të cilët e kryqëzuan Jezusin, por për shkak se Jezusi ishte i pamëkatë, Ai e theu autoritetin e vdekjes dhe u ringjall.

Që nga ajo kohë, armiku nuk mund të bënte asgjë për të më penguar apo të shtrembëronte rrjedhën e misionit. Pasi i kalova tre sprovat, Perëndia më dha dritën e katër niveleve të fuqisë. Më parë, kur u luta, fuqia zbriti nga qielli dhe depërtoi nëpërmjet meje dhe që nga ajo kohë, drita e Perëndisë filloi të burojë nëpërmjet meje.

Që të përmbushim vullnetin e Perëndisë në këtë botë të

mbushur me mëkat, ne kemi nevojë për fuqinë e krijimit, prandaj Perëndia më drejtoi në këtë nivel duke lejuar çdo lloj sprove që djalli të mos më akuzonte apo pengonte.

Për shkak se unë i kalova sprovat, djalli nuk mund të kundërshtonte kur Perëndia më dha fuqinë e Tij. Nëse s'do e kisha kaluar këtë proces, Satani mund të më kundërshtonte duke thënë "Ti i dhe shërbëtorit tënd fuqi aq të madhe saqë shumë njerëz do të besojnë prej tij. Po a është kjo një mënyrë e drejtë për të arritur njerëzit?"

Perëndia punon me drejtësi të përsosur, pa asnjë të metë. Ai i ka kultivuar qeniet njerëzore për shumë kohë, por asnjëherë nuk ka bërë një gjë jo të drejtë. Perëndia më dha katër nivelet e pushtetit dhe më përgatiti për të arritur nivele edhe më të përsosura.

E gjithë kjo për shkak se duhet të përmbushim misionin botëror dhe të shpallim Perëndinë e gjallë në mbarë botën. Nëpërmjet këtij procesi unë kam kuptuar anën njerëzore të Perëndisë, që në mirësinë e Tij kupton dhe do të besojë edhe të këqijtë, dhe anën hyjnore të Tij që dallon ligësinë e njeriut. Në zemrën time po vendosej procesi i dashurisë dhe drejtësisë së Perëndisë.

Në vitin 2000, niveli i fuqisë u rrit dukshëm. Duke filluar me kryqëzatën në Uganda, dyert e misionit botëror filluan të hapen dhe po shpalosej fuqia e krijimit. Por nuk ishte e lehtë për një njeri me trup njerëzor të hynte në hapësirën e dimensionit të katërt.

Mendoni sa shumë stërviten astronautët për t'iu përshtatur mjedisit jashtë hapësirës sonë. Ashtu siç është më e madhe rezistenca kur dalim nga atmosfera e tokës edhe unë ndjeja shtrëngime kur po përpiqesha të zotëroja hapësirën e dimensionit të katërt.

Në nëntor 2003, përgatitja ime arriti kulmin kur po afrohej kryqëzata në Rusi. Por edhe sforcimi im arriti kulmin, sa mezi flija. Megjithatë në vitin 2004, këto shtrëngime u pakësuan.

Edhe tani unë ende e ndiej barrën e misionit botëror, të ndërtimit të shenjtërores dhe të problemeve financiare. Kur të gjitha këto shqetësime të kalojnë unë do të kem paqe, kështu edhe shtrëngimet do të zhduken.

Me 15 prill 2004, mbarova studimet e mia shpirtërore. Që nga ajo kohë unë duhej të vija në praktikë ato që kisha mësuar. Isha në shtëpinë e lutjes atë ditë dhe në qiell dukej një ylber i rrumbullakët.

E ndieja që fuqia ime ishte rritur që nga koha që mbarova studimet shpirtërore. Veprat e shërimit ndodhnin shumë më shpejt se më parë saqë unë vetë po mahnitesha. Një person me të djegura të rënda në gjithë trupin, u shërua brenda një jave dhe nuk kishte asnjë shenjë.

Anëtarët e kishës po bekoheshin shumë shpejt. Gjithçka po ndodhte shumë shpejt. Kur të mbaroj plotësisht këtë përgatitje shpirtërore do të jem në gjendje të shpalos veprat e fuqishme të Perëndisë brenda ligjit të dashurisë dhe drejtësisë së Tij pa asnjë pengesë nga kufizimet e hapësirës fizike dhe asaj shpirtërore. Në tetor 2004, unë fillova përgatitjen shpirtërore ku Perëndia më drejtonte në nivele edhe më të thella të fuqisë së Tij.

## Shërimi nga depresioni duke ndjekur shërbesën në internet

Uei Irani që jetonte në Tajvan vuante nga depresioni dhe

pagjumësia që nga maji i vitit 2004 për shkak të stresit në punë. Çdo ditë, në orën katër – pesë pasdite, ajo kishte vështirësi me frymëmarrje, madje keqësohej aq shumë saqë i duhej të shkonte në spital për të marrë oksigjen. Por as mjekimet nuk po e shëronin.

Shkaku kryesor i depresionit është stresi dhe është e vështirë ta kalosh në forcën tënde. Në raste të vështira, pacientët arrijnë deri te pika ku mund të kryejnë vetëvrasje. Tani ky fakt është kthyer në një fenomen shumë të përhapur në të gjithë botën.

Gjendja e saj po përkeqësohej aq shumë sa në korrik iu desh të largohej nga puna. Ajo nuk vuante vetëm nga depresioni, por edhe nga sindroma Meniere që do të thotë se kishte marramendje dhe nuk mbante dot ekuilibrin. Shikimi i saj po shpërqendrohej ndërsa trupi filloi t'i mpihej dhe lëvizte vetëm me ndihmën e të tjerëve.

E gjendur në këto kushte, ajo pranoi ungjillin që i treguan miqtë e saj dhe shkoi në kishën Manmin të Tajvanit. Ajo filloi të ndiqte në internet shërbesën e së dielës dhe mori hir nga Perëndia. Pastori e këshilloi të ndiqte edhe predikimet e mëparshme dhe, pasi bëri këtë, kuptoi mëkatet dhe të keqen që ekzistonte brenda saj dhe u pendua pastaj filloi të lutej. Besimi i saj po rritej dalëngadalë.

Pastori i kishës Manmin në Tajvan më dërgoi foton e kësaj zonje bashkë me një kërkesë për lutje. Në 17 shtator, gjatë shërbesës së të premtes në mbrëmje, unë zgjata dorën mbi foton e saj dhe u luta me zemër. Perëndia iu përgjigj lutjes dhe Uei u shërua nga depresioni dhe sindroma Meniere.

Tani ajo mund të flinte e qetë dhe mund të merrte frymë lirisht. Shumë shpejt u rikthye në punë dhe ka vizituar disa herë kishën kryesore në Kore. Tani kjo grua është një besimtare besnike.

# Pelegrinazhi

Në mars 2004, shkova në një pelegrinazh. Kisha qenë edhe herë të tjera, por këtë herë ishte shumë ndryshe dhe isha i mbushur me emocione. Galileja ishte vendi kryesor ku Jezusi kreu shërbesën e Tij. Ishte vendi ku ai thirri disa nga 12 dishepujt e tij dhe shfaqi shumë shenja. Grupi ynë kaloi kohë në adhurim, lutje dhe meditim në një anije në Detin e Galilesë.

## Meditimi në Jezusin

Shumë fjalë të thëna nga Jezusi ishin si gurë të çmuar që shkëlqenin mbi liqen. A ka kaluar Jezusi në këtë rrugë? Ai predikonte ungjillin duke shfaqur shenja e mrekulli dhe s'kishte shumë kohë për të ngrënë apo për të pushuar.

Mendoja për çdo pemë, shkëmb madje dhe për çdo bimë që shihja në Galile. Duke vështruar Galilenë ndjeva një mall të madh për Zotin sa m'u thye zemra nga mallëngjimi. Në agim lutesha duke vështruar Detin e Galilesë dhe meditoja mbi veprat e Jezusit.

Mallëngjimi im për Zotin u kthye në lot që po më rridhnin nga sytë. Ndërsa po lutesha, Perëndia në frymëzim më tregoi një skenë nga Bibla.

Jezusi vizitoi shumë vende duke mësuar njerëzit dhe duke shëruar të sëmurët kështu që nuk i mbetej shumë kohë për të pushuar. Jezusi bashkë me dishepujt po ecnin dhe pastaj u ulën për pak çaste. Pjetri, që dukej se ishte drejtuesi i të dymbëdhjetëve, pati dëshirën për të qëndruar pranë Jezusit dhe t'i shërbente Atij. Pjetri ecte gjithmonë në krye të grupit. Ai hoqi rrobën e tij dhe fshiu me të një gur që Jezusi të ulej.

Këmbët e Jezusit nuk ishin të pastra pasi kishin ecur në rrugë tërë pluhur. Kur u ul, Gjoni i fshiu këmbët dhe sandalet, me rrobat e tij. Dishepujt shkuan në shtëpitë aty afër për të marrë ushqim. Kishin marrë bukë të rrumbullakëta dhe të holla.

Pjetri zgjodhi më të mirën dhe ia dha Jezusit dhe pashë dishepujt që u ulën anash rrugës dhe ndanë copat e bukës me njëri tjetrin. Jezusi pranoi dëshirën e dishepujve që donin t'i shërbenin me gjithë zemër dhe hëngri një pjesë të tërë buke.

Fjalët që Jezusi thoshte dukeshin si pika uji në Detin e Galilesë. Ne s'mund t'i dëgjojmë përsëri fjalët e Tij, as me përparimin e shkencës moderne, por nëse Perëndia hap sytë dhe veshët tanë shpirtërorë, edhe ne mund t'i dëgjojmë dhe t'i shikojmë ato gjëra. Me sytë shpirtërorë unë pashë edhe dritën e fortë në vendet ku Jezusi kishte ecur apo qëndruar.

Në detin e Galilesë

## Mali i Shpërfytyrimit

Mali i Shpërfytyrimit është vendi ku Jezusi shkoi me Pjetrin, Jakobin dhe Gjonin për t'u lutur. Në këtë vend, tre dishepujt panë sesi Jezusi u shpërfytyrua në një trup shpirtëror, u takua me Moisiun dhe Elian dhe pati me ta një bisedë shpirtërore. Pjetri tha se donte të ndërtonte tre tabernakuj.

Kur shkova në këtë vend pashë se kishte vend të mjaftueshëm për të ndërtuar tre tabernakuj. A s'ishte e vështirë për Jezusin dhe dishepujt të ngjiteshin në mal? Mund të ndjeja dritën shpirtërore, zhurmat dhe energjinë.

Me sytë shpirtërorë mund të shihja vendin ku Jezusi kishte takuar Moisiun dhe Elian sepse ishte rrethuar nga një dritë e fuqishme. Kisha e ndërtuar në përkujtim të Shpërfytyrimit ishte afërsisht 50-60 metra larg këtij vendi.

Vizitova edhe Getsemaninë dhe kishën e të Gjitha Kombeve (që përkthehet 'Manmin' në gjuhën koreane) e cila është ndërtuar në vendin ku Jezusi u lut përpara se të merrte kryqin derisa djersa e Tij filloi të pikonte si gjak.

## Via Dolorosa

Jerusalemi është një qytet i zymtë. Mendoj se është kështu për shkak se njerëzit nuk e njohën Jezusin si Shpëtimtar, përkundrazi e kryqëzuan. Ndjeja rënkimin dhe lotët e Jezusit për Jerusalemin. Afër Murit të Lotëve ndodhet kupola e artë, një tempull islamik.

Ditën që arritëm në Jerusalem dëgjuam një lajm tronditës në CNN. Qeveria izraelite kishte vrarë drejtuesin palestinez Sheikun Ahmed Jassin dhe në Jerusalem ndihej tensioni.

Palestinezët mbyllën dyqanet në shenjë proteste. Zakonisht Via Dolorosa është një vend i zhurmshëm me shumë dyqane dhe tregtarë arab që i ftojnë klientët të vizitojnë dyqanet e tyre. Nuk është e lehtë për ata që kanë ardhur për pelegrinazh, kur ndodhen në këtë rrugë për të medituar për Jezusin kur Ai ecte duke bartur kryqin duke shkuar në majë të kodrës midis turmës së njerëzve.

Por atë ditë, për shkak se tregtarët arab kishin mbyllur dyqanet për të protestuar, Via Dolorosa ishte rrugë shumë e qetë. Shumë pelegrinë të tjerë i kishin anuluar planet e tyre për arsye sigurie, madje edhe vendas nuk kishte shumë. Ne vazhduam pelegrinazhin tonë të qetë. Perëndia më dha hirin për të parë i frymëzuar skenën e Jezusit përderisa Ai bartte kryqin.

E ndjeja që Jezusi vazhdonte të komunikonte me Perëndinë

në frymë ndërsa bartte kryqin. Ai përballonte vuajtjet e atyre çasteve duke komunikuar me Perëndinë i cili gjithashtu ndiente të njëjtën dhimbje si Jezusi.

Mund të shihja jo shumë qartë edhe Pjetrin ndërsa ndiqte Jezusin në mes të turmës duke qarë i penduar dhe i trishtuar. Nuk guxonte t'i afrohej Jezusit sepse mendonte, "Si munda ta mohoja tri herë?"

Pasi e mohoi tri herë Jezusin, Pjetri u pendua menjëherë duke qarë. Dukej shumë e natyrshme që Pjetri ta ndiqte Jezusin nëpër këtë rrugë. Arsyeja pse ky fakt nuk është shënuar në Bibël është për shkak se Pjetri po e ndiqte Jezusin nga një distancë e largët dhe dishepujt nuk mund ta shihnin.

## Gratë që ishin me Jezusin deri në fund

Virgjëresha Mari e ndoqi Jezusin nga pas. Ajo ishte aq zemërthyer dhe e tronditur sa nuk qëndronte dot në këmbë. Maria Magdalena e ndihmonte duke i treguar dhembshuri dhe trishtim në të njëjtën kohë. Në atë çast, gruaja që ishte shëruar nga fluksi i gjakut shkoi me guxim para Jezusit për t'i fshirë djersët.

Një ushtar romak u përpoq ta shtynte, por ajo kaloi mes turmës dhe arriti t'ia fshinte djersën. Një kamxhik e goditi krejt papritur dhe ajo ra në tokë. Ushtarët po përdornin heshtat dhe mburojat për të larguar njerëzit.

Ato gra mund të ishin vrarë nga ushtarët romakë, por ato nuk kishin frikë dhe e ndoqën gjatë gjithë rrugës deri në kryqëzim.

Këto gra ishin të parat që shkuan te varri i Jezusit. Golgota ndodhet rreth 800 metra mbi nivelin e detit dhe në atë kohë, rrugët nuk ishin të shtruara si në ditët e sotme kështu që ishin shumë të vështira.

Në agim, një ditë pas Sabatit, Maria Magdalena dhe Maria, nëna e Jezusit, ecën përgjatë Golgotës. Këmbët dhe rrobat iu bënë copë nga gurët, por nuk dukej se e kishin problem. Dashuria e tyre e largoi frikën (1 Gjonit 4:18).

# Zjarri i Frymës së Shenjtë në Gjermani

Perëndia na drejtoi të shkonim në Gjermani për të përmbushur misionin botëror. Ishte plani hyjnor i Perëndisë që të rizgjonte Gjermaninë dhe Evropën ku rizgjimi kishte ndaluar.

Gjermania është djepi i Reformimit, por shumë kisha janë bosh dhe si në shumë vende të tjera evropiane është e vështirë të gjesh të rinj në kishë. Kjo ndodh pjesërisht për shkak të zhvillimit të filozofisë dhe teologjisë liberale të cilat i mësojnë njerëzit se nuk është e gabuar të bësh kompromis me botën dhe të mos jetosh një jetë sipas Biblës.

Në frymë, shumë kisha në Evropë sot nuk ndryshojnë shumë nga kisha në Sardis e cila u qortua nga Zoti, *"...ti ke emrin se jeton, por je e vdekur"* (Zbulesa 3:1).

Ata që vetëm e dëgjojnë fjalën e Perëndisë nuk bëjnë veprat që vijnë si rezultat i besimit. Do të thotë se besimi i tyre është i vdekur dhe ata nuk mund të shpëtohen (Jakobi 2:26).

Ka kaluar një kohë e gjatë në Gjermani që kur të rinjtë u

larguan nga kisha. Shumë njerëz e kanë humbur besimin e pastër. Nëse dëgjojnë se ende ndodhin mrekullitë e Biblës të shikojnë çuditshëm dhe me dyshim. Për të rizgjuar Gjermaninë nga ky gjumë shpirtëror, ne organizuam një kryqëzatë nga 1-3 tetor, 2004 në Arenën Oberhausen, afër Dyseldorfit.

Pastori Aleksander Jep dhe pastorë të tjerë të cilët po përgatiteshin për kryqëzatën thanë se dy apo tre mijë njerëz nuk do të mblidheshin edhe sikur të vinte folësi më i njohur i rizgjimit. Do të ishte sukses edhe sikur të vinin vetëm një mijë njerëz dhe për këtë arsye donin të merrnin me qira një vend që mbante rreth një mijë e pesëqind veta.

I bindëm se ne ecim me besim dhe më në fund arritëm të merrnim Arenën Oberhausen që kishte dymbëdhjetë mijë ulëse. Me mijëra anëtarë të kishës sonë luteshin çdo natë në takimet e lutjes për kryqëzatën në Gjermani.

Ndoshta Perëndia u prek nga lutjet, agjërimi dhe ofrimet për misionet në kishën tonë për rizgjimin e kishave në Evropë dhe na tregoi shumë vepra të fuqishme të Frymës së Shenjtë.

Ndryshe nga vlerësimi i pastorëve lokalë, arena u mbush plot që ditën e parë dhe madje pjesëmarrësit dëgjuan me shumë vëmendje. Duke dëgjuar mesazhin ata filluan të besonin dhe kur u luta për të sëmurët, ata u shëruan.

Që nga dita e parë, shumë njerëz të cilët erdhën në karrige u ngritën dhe filluan të ecin, dhe shumë të shurdhër fituan dëgjimin. Shumë të tjerë rifituan shikimin dhe hodhën tej syzet e tyre. Të tjerë u shëruan nga sëmundje të pashërueshme dhe ndanë dëshmitë e tyre në skenë. Shumë doktorë ishin të pranishëm dhe regjistruan po ashtu verifikuan veprat e shërimit.

Dr. Xhefri ishte i specializuar në mjekësi sportive. Pasi kishte

Festivali i Shërimeve të Mrekullueshme në Gjermani, në Arenën Oberhausen

Ata që dëshmojnë për shërimin nëpërmjet lutjes

vuajtur nga enkafalomeningjiti ishte i sëmur edhe nga diabeti. Pasi pësoi edhe një atak në zemër tensioni i gjakut i kishte shkuar në 18. Sipas diagnozës së mjekëve atij nuk i kishte mbetur shumë kohë për të jetuar.

Ai erdhi në kryqëzatë që ditën e parë. Ditën e tretë ai mori zjarrin e Frymës së Shenjtë gjatë lutjes për të sëmurët. Zemra iu shërua. Po ashtu dhe tensioni i gjakut iu normalizua, madje gjendja e tij fizike ishte shumë më e mirë. Dr. Xhefri na dërgoi një letër falënderimi që ishte shëruar nga këto sëmundje të pashërueshme bashkë me dokumentet mjekësore që e verifikonin këtë gjë.

Edhe shumë njerëz të tjerë erdhën në takim pasi kishin parë afishet dhe njoftimet nëpër rrugë ose pasi shikuan lajmet në lidhje me kryqëzatën dhe përjetuan shërimin. Kjo kryqëzatë u transmetua direkt në 75 vende nëpërmjet 4 satelitëve dhe shumë njerëz na dërguan dëshmi se ishin shëruar ndërsa shihnin kryqëzatën në televizion.

Pastorët lokalë u habitën kur panë anëtarë të kishave të tyre të shëroheshin. Kur panë veprat e fuqishme të Frymës së Shenjtë, ata filluan të besojnë vërtet që Perëndia ende kryen vepra të mrekullueshme si në kohën e Jezusit; kështu ata fituan më tepër njohuri dhe besim në shërbesën e tyre.

# Në Peru, dikur Perandoria e Inkasove

Në Peru ende vërehen shenjat e Perandorisë së Inkasove e cila lulëzoi si një qytetërim i mrekullueshëm antik. Maçupiçu është një nga mbetjet e Inkasve dhe ndodhet në Luginën Urubamba, 2.280 metra mbi nivelin e detit.

Ai rrethohet nga maja të larta malesh dhe nuk mund të shihet pa u ngjitur në mal, prandaj edhe quhet 'qyteti në ajër'.

Aty ndodhen shumë tempuj, apartamente banimi dhe një pallat i ndërtuar nga Inkasit në shekullin XV. Blloqe gjigante gurësh mbi 6 metra të lartë dhe 1.5 metra të trashë janë gdhendur dhe lëmuar për të ndërtuar pallatin.

Vetëm një bllok i tillë peshon disa ton. Mënyra se si këta gurë gjigantë janë transportuar në majë të malit, si janë prerë dhe si janë vendosur njëri me tjetrin është mrekulli. Maçupiçu do të thotë 'një majë e vjetër' dhe u themelua e u njoh nga bota në fillim të shekullit XX pasi u zbulua nga një historian amerikan, Hiram Bingham, në vitin 1911.

Në dhjetor 2004, kur arrita në Peru e ndjeva pse Perëndia zgjodhi Perunë për të organizuar një kryqëzatë. Peruanët kanë krenarinë e të qenit pasardhës të Inkasove, por edhe kishin vuajtur shumë duke qenë koloni për një kohë të gjatë. Ata ishin të varfër dhe të ndershëm dhe e ndjeva që kishin nevojë për Perëndinë më shumë se këdo tjetër.

## Takimi me Presidentin Toledo

Me 1 dhjetor, 2004, pak para Kryqëzatës së Bashkuar në

Takimi me Presidentin Toledo të Perusë në pallatin presidencial

Peru, mora një ftesë për të takuar presidentin Toledo në pallatin presidencial. Përshtypja e parë që kisha rreth tij ishte e një personi me shumë shqetësim dhe ankth, ndoshta për shkak të stresit që i shkaktonte drejtimi i vendit.

Folëm për shumë gjëra dhe në një çast ai tha, "Nuk është e lehtë të përmbushësh nevojat shpirtërore në jetën e përditshme. I respektoj ata që jetojnë jetë shpirtërore dhe i drejtojnë të tjerët shpirtërisht."

Ai gjithashtu më kërkoi të lutesha, "Të lutem lutu që të marr urtësi nga Perëndia dhe forcë për të drejtuar dhe zhvilluar mirë këtë vend, si dhe për bashkimin e të gjithë peruanëve." U luta për shumë gjëra duke përfshirë edhe zhvillimin ekonomik dhe stabilitetin e situatës politike në Peru.

Edhe pse ishte kohë e shkurtër, ai më falënderoi. Ndoshta për shkak se ndjeu paqe nga lutjet. Kur po largoheshim nga ai vend, ai dërgoi kryetaren e partisë në pushtet për të na shprehur mirënjohjen e tij.

### Një turmë e pafund

Nga data 2 deri 4 dhjetor zhvilluam kryqëzatën në 'Campo de Marte' në Lima. Kjo kryqëzatë u mbajt me mbështetjen e politikanëve, biznesmenëve dhe medias. Gjatë tre ditëve u mblodhën më shumë se pesëqind mijë njerëz.

Nga veprat e fuqishme të Frymës së Shenjtë u shëruan jo vetëm pjesëmarrësit në kryqëzatë, por edhe shumë të tjerë që na ndoqën nga televizioni. Të paralizuarit u ngritën nga karriget me rrota ndërsa të çalët hodhën tutje pateriçat e tyre dhe ecën.

Disa u shëruan nga kanceri ndërsa të tjerë fituan dritën e syve. Skena u mbush plot me njerëz që tregonin se ishin shëruar dhe se si festonin bashkë me familjarët dhe fqinjët e tyre për këto mrekulli.

Kjo kryqëzatë u transmetua direkt në gjithë Perunë në 3 kanale televizive dhe në mbarë botën nëpërmjet satelitëve, rrjetit kabllor dhe internetit.

Shumë politikanë, biznesmenë, gazetarë dhe drejtues fetarë ishin të pranishëm në kryqëzatë.Të pranishëm ishin edhe ish-presidenti Maksimo San Roman, dhe Znj. Rosa Graciela Janarico, kryetarja e partisë në pushtet. Kishte edhe shumë përfaqësues të parlamentit, pastorë, përfaqësues të medias nga e gjithë bota.

Diku në një kënd, kishim vendosur një tavolinë për 'regjistrimin e dëshmive'. Më shumë se njëzet mjekë dhe infermierë vendas regjistruan rastet e shërimit dhe dëshmitë. Viktor Kajo Jerena (profesor në Universitetin Mjekësor San Hernando) tha, "Unë s'kam besuar asnjëherë në Perëndinë. Por gjatë kësaj kryqëzate dëshmova veprat e mrekullueshme të Perëndisë në shumë njerëz që u shëruan."

### Historia e një biznesmeni, Zotëri Arce

Në kryqëzatë mori pjesë një biznesmen i quajtur Viçente Diaz Arçe, 30 vjeçar. Ai është një biznesmen i njohur për veprat e tij të bamirësisë. Ai dëgjoi zërin e Shpirtit të Shenjtë t'i kërkonte të ndihmonte stafin tonë që po përgatiste kryqëzatën në Peru dhe u prezantua me të. Z. Arçe na prezantoi me kryetaren e partisë në pushtet dhe na ndihmoi të zhvillonim një kryqëzatë të suksesshme.

Megjithatë ky biznesmen ishte në listën e njerëzve të kërkuar

Kryqëzata e Bashkuar e Perusë

për shkak të disa problemeve ligjore. Ish partneri i tij i punës e kishte akuzuar padrejtësisht dhe gjykatësi e kishte dënuar. Duhet të kryente tri vite burgim nëse e zinin, kështu që ai qëndronte në shtëpi për t'iu shmangur policisë. Një herë ai u takua me stafin tonë jashtë shtëpisë së tij, por policia nuk e dalloi.

Me 30 dhjetor, ditën që arrita në Peru, ai erdhi të më takonte në hotel. Unë u luta për problemin e tij dhe në atë çast ai vendosi të vinte çdo ditë në kryqëzatë. Ai vendosi të mbështetej vetëm te Perëndia.

Një numër i madh njerëzish dëshmojnë si janë shëruar

Ndryshe nga vendet e tjera, në Peru gjykatësit mblidheshin në një takim ku i rishikonin rastet dhe mund të bënin ndryshime. Ndodhi që një gjykatës rishikoi dokumentet e Z. Arçe dhe arriti në përfundimin se Z. Arçe nuk ishte fajtor.

Me 2 dhjetor, kur mori letrën nga gjykatësi Z. Arçe u prek dhe ndjeu fuqinë e lutjes. Për shkak se problemi i tij tashmë u zgjidh ai mund të vinte lirisht në kryqëzatë. Gjithashtu, ai na ndihmoi të organizonim një kryqëzatë të suksesshme duke u kujdesur për shumë çështje administrative dhe punë të tjera.

Pas kryqëzatës ne morëm shumë letra nga njerëz që ishin shëruar. Për shkak se shumë njerëz ishin shëruar, nëpër kisha kishte filluar një rizgjim shpirtëror.

Më shumë se pesëqind mijë njerëz erdhën në kryqëzatë gjatë të tri ditëve dhe çdo gjë përfundoi me sukses. Madje pati ndikim edhe në diplomacinë joqeveritare; politikanë, biznesmenë dhe përfaqësues të shtypit vazhdojnë të vizitojnë Korenë.

Me 15 maj, 2005, zëvendës presidenti David Vaisman dhe ish presidenti Maksimo San Roman erdhën në shërbesën e së dielës në kishën tonë në Seul. Në atë kohë zëvendës presidenti Vaisman po përpiqej të rikthente ndikimin që kishte pasur Peruja duke ndihmuar presidentin Toledo, ndërsa ish zëvendës presidenti Maksimo San Roman po punonte zhvillonte shumë projekte për të mirën e popullsisë.

Vitin tjetër, zëvendës presidenti David Vaisman dhe gruaja e tij bashkë me Z. Viçente Arçe, dhe kryetarja e partisë në pushtet në Peru vizituan kishën tonë. Ata u prekën nga shërbesa në kishën Manmin dhe vendosën të na ndihmonin. Pas kësaj kryqëzate pastori Lazarus Xhaeho Li shkoi si misionar në Amerikën Latine. Në Limë u hap një kishë dhe ai shërbeu si misionar duke organizuar transmetime televizive dhe kryqëzata.

## Një nga shtatë mrekullitë e reja të botës

Dr. Ester Kujong Çung po ndikon në rizgjimin e shumë pastorëve në mbarë botën si Presidente e Seminarit Ndërkombëtar Manmin (M.I.S). Ajo është edhe drejtuesja e

Presidenti i Universitetit Kombëtar të San Antonios në Kusko i jep titull nderi Dr. Ester Kujoung Çung

Zyrës së Përkthimeve duke drejtuar dhe mbikëqyrur përkthimet e kishës sonë. Ajo është ish presidentja e Universitetit për Femra në Seul dhe ka qenë presidentja më e re e një universiteti në Kore. Në maj 2007 Dr. Çung shkoi në një udhëtim misionar në Amerikën Latine duke drejtuar konferenca pastorësh në shumë vende, madje edhe në Kusko, Peru.

Por, disa pastorë vendas dëgjuan disa zëra nga misionarë të tjerë koreanë dhe konferenca do të ndalohej, megjithatë në këtë rast Perëndia e tregoi forcën e Tij edhe më fuqishëm.

Presidenti i Universitetit Kombëtar San Antonio në Kusko

Konferenca MIS për rizgjimin e pastorëve në gjithë botën (në Honduras)

e dëgjoi këtë lajm dhe ftoi Dr. Çung për një konferencë në universitetin e tij. Ai kishte marrë pjesë në kryqëzatën e mbajtur në Peru dhe kishte dijeni për shërbesën e Manminit.

Dr. Çung arriti në Kusko pas një konference të zhvilluar në Majami. Mesazhi i saj titullohej 'Ligjet shpirtërore: Krijimi dhe Shkenca.' Konferenca e pastorëve u pasua nga një konferencë për shtyp dhe vazhdoi për dy ditë, madje u transmetua direkt në CTC, i cili mbulonte të gjithë vendin e Kuskos. Konferenca kishte aq shumë sukses sa shumë njerëz kërkuan të kishin kopje të kasetës së saj.

Pas konferencës presidenti i Universitetit San Antonio në Kusko i ofroi Dr. Çungut një titull nderi të miratuar nga qeveria e Perusë.

Në atë kohë qyteti i Kuskos po përpiqej që zona e Maçupiçut të zgjidhej si një nga Shtatë Mrekullitë e Reja të botës. Ky vendim do të merrej nëpërmjet një votimi që përfshinte edhe votat nga interneti dhe telefoni. Peruja ishte në disavantazh sepse vetëm një pjesë e vogël e popullsisë mund të përdorte internetin. Kryetari i bashkisë së Kuskos na kërkoi të luteshim për këtë problem kur Dr. Çung ndodhej në Peru.

Ditën e dytë konferenca u mbajt në sallonin e bashkisë së Kuskos dhe fatmirësisht shërbesa e natës së premte po mbahej në kishën kryesore në Kore. Kur ata kërkuan lutje, unë u luta për Maçupiçun që të zgjidhej si një nga Shtatë Mrekullitë e Reja të botës. Autoritetet e qytetit të Kuskos dëgjuan lutjet tona direkt nëpërmjet internetit.

Me 7 korrik 2007, u njoftua rezultati i votimeve. Maçupiçu ishte zgjedhur si një nga Shtatë Mrekullitë e Reja të botës duke e tërhequr sërish vëmendjen e botës në Peru.

"Me anë të lutjeve dhe mbështetjes së Kishës Qendrore Manmin, Maçupiçu u zgjodh një nga Shtatë Mrekullitë e Reja të botës. Shumë faleminderit."

Kryebashkiakja e Kuskos Marina Zekueiros na dërgoi këtë mesazh dhe një pllakë vlerësimi në shenjë mirënjohjeje.

# Një betejë e ashpër kundër varfërisë dhe sëmundjeve në Republikën Demokratike të Kongos

Republika Demokratike e Kongos është vendi i tretë më i madh në Afrikë. Edhe pse ka shumë burime natyrore, është një vend i varfër për shkak të luftërave civile dhe sëmundjeve. Ata kishin nevojë për fjalën e jetës dhe fuqinë e Perëndisë. Për shumë vite me radhë Perëndia na tregonte për të organizuar një kryqëzatë në këtë vend.

Lajmi rreth shprehjes së fuqisë së Perëndisë po përhapej nëpërmjet transmetimit televiziv, internetit dhe publikimeve. Ne marrim shumë kërkesa për kryqëzata, por unë asnjëherë s'e kam vendosur vetë vendin. Kam ndjekur gjithmonë drejtimin e Perëndisë. Kur u luta për Republikën Demokratike të Kongos, Perëndia më tregoi se duhej ta zhvilloja kryqëzatën në vitin 2006 dhe kjo do të ishte kryqëzata e fundit në Afrikë.

## Pavarësisht se djalli po përpiqej të na pengonte

Ndërsa po afrohej koha për kryqëzatën, lajmi po publikohej çdo ditë në televizionin kombëtar. Djalli ishte frikësuar nga gjërat që do të ndodhnin në kryqëzatën e zhvilluar në RD të Kongos dhe u përpoq të na pengonte. Kishat në RD të Kongos u ndanë në dy grupe.

Kishat ungjillore bashkëpunuan me ne për të organizuar kryqëzatën, por nuk shkonin mirë me grupin tjetër. Edhe aty kishte pastorë që ishin ndikuar nga misionarë koreanë që përhapnin fjalë të pavërteta kundër nesh.

Midis tyre ishin edhe disa magjistar që e kishin ndihmuar Presidentin e RD të Kongos dhe nuk donin që kryqëzata e krishterë të zhvillohej. Presidentit iu raportuan gjëra absurde bashkë me dokumente të falsifikuara të dërguara nga Koreja.

"Pastor Xherok Li po vjen këtu për të zgjeruar ndikimin e tij."

"Nuk do të jetë një gjë e mirë për presidentin, duhet ta ndaloni."

Në prill-qershor do të mbaheshin zgjedhjet presidenciale dhe ato të përgjithshme. Kishte shumë njerëz që i dërgonin raporte negative presidentit kështu që ai krijoi mendim negativ për ne.

## Të ndjekësh mirësinë

Një ditë para se të nisesha nga Koreja, morëm një kërkesë nga ministri i sporteve për ta zhvendosur kryqëzatën tonë në një vend tjetër për shkak se të dielën ishte një ndeshje e rëndësishme futbolli dhe duhej ta përgatisnin stadiumin që të shtunën.

Ishte e vështirë që ne ta lëviznim skenën ditën e fundit. Na duhej të zhvendosnim një skenë gjigante, projektorët, ekranet,

Kryqëzata e Bashkuar e Kongos

foninë dhe gjërat e tjera, dhe t'i montonim diku tjetër brenda të njëjtës ditë.

Ne kishim lidhur një kontratë për të përdorur 'Stade des Martyrs' që do të thotë 'Stadiumi i Martirëve' për të tria ditët, por fjala e Perëndisë na thotë të japim kur të tjerët kërkojnë. Sigurisht që jo gjithmonë është e drejtë të japim gjithçka thjesht sepse dikush na kërkon, por kur japim me mirësi Perëndia kënaqet. Unë e këshillova stafin ta pranonin kërkesën e tyre.

"Jepuni gjithçka që kërkojnë. Nëse këmbëngulim për të drejtën tonë në bazë të kontratës atëherë personi që ka përgatitur kontratën do të ketë shumë probleme për shkak se ka harruar një ngjarje aq të madhe sa kjo dhe firmosi kontratën me ne. Duhej të ishte vullneti i Perëndisë që ne të ndryshonim vendndodhjen ditën e fundit."

Ne pranuam kërkesën e tyre dhe vendosëm të mbanim kryqëzatën në një vend tjetër ditën e tretë. Ne donim të përdornim rrugën dhe hapësirat rreth 'Boulevard Triomphal,' 'Bulevardi i Triumfit,' por nuk ishte e lehtë të merrnim leje.

Më parë, rrugët ishin bllokuar vetëm një herë për shkak të një evenimenti kombëtar në nder të presidentit. Ditën e tretë të kryqëzatës ishte planifikuar një eveniment i rëndësishëm politik. Ishte pothuajse e pamundur të ndalohej qarkullimi në rrugët që dërgonin drejt Parlamentit.

## Takim me Presidentin

Në 15 shkurt 2006, pasi arrita në RD të Kongos e kuptova pse politikanët po i kushtonin aq shumë vëmendje vizitës sime.

Ditën e fundit të kryqëzatës, qeveria po organizonte një ceremoni për ndryshimin e kushtetutës. Ata ndryshuan organizimin e qeverisë, madje edhe flamurin kombëtar. Ishte një çast delikat sepse shumë shpejt do të zhvilloheshin zgjedhjet presidenciale. Për këtë arsye ata duhej të tregonin kujdes sa i përket ndikimit që do të kishte kryqëzata.

Me 16 shkurt, ditën e parë të kryqëzatës, mora një ftesë për të shkuar në pallatin presidencial për një takim me Presidentin Jozef Kabila. Pati përpjekje për të na ndaluar që të takonim Presidentin, por meqë Perëndia kishte prekur zemrën e Presidentit takimi u organizua në mënyrë të mrekullueshme. Në një bisedë shumë të këndshme Presidenti Kabila mësoi se raportet që kishte marrë ishin shumë ndryshe nga e vërteta.

Ai kuptoi se arsyeja e vizitës sime nuk ishte politike, por për të

Takimi me Presidentin Jozef Kabila të RD të Kongos

sjellë paqe dhe shërim në RD të Kongos, ndaj filloi të kishte një qëndrim miqësor.

"Të lutem lutu që të kemi zgjedhje të qeta. Nëse hasni probleme me kryqëzatën unë do t'ju ndihmoj," – tha presidenti.

"Ditën e tretë të kryqëzatës do të na duhet të zhvendosemi dhe nuk kemi gjetur një vend," – u përgjigj peshkopi Kienza, kryetari i komitetit të organizimit të kryqëzatës.

"Pse nuk përdorni palestrën?"

"Palestra po rikonstruktohet. A mund të na lejoni të mbyllim rrugët pranë Parlamentit?"

Presidenti e pranoi kërkesën tonë. Pasi u larguam nga pallati presidencial, ai firmosi një leje për të mbyllur rrugët. Autoriteti i tij mjaftonte.

Ditën e parë dhe të dytë rreth njëqind mijë njerëz u mblodhën në stadium. Presidenti nuk mund të vinte sepse ishte i zënë me punë, por dërgoi motrën e tij binjake, Dr. Zhanet Kabila, e cila ishte dhe Zonja e Parë. Edhe zëvendës presidenti Bemba dhe gruaja e tij ishin të pranishëm së bashku me shumë njerëz nga vende të ndryshme.

Z. Verason, një këngëtar i famshëm në Afrikë mori pjesë në kryqëzatë dhe këndoi për lavdinë e Perëndisë. Pas kryqëzatës ai erdhi bashkë me familjen e tij që unë të lutesha për të. Kishte dy vajza, por gruaja e tij kishte shtatë vite që nuk mbetej shtatzënë. Unë u luta për ta që të lindnin një djalë.

Kjo kryqëzatë u transmetua direkt në televizionin kombëtar të Kongos, dhe në stacionet e tjera televizive laike, në më shumë se 150 vende nëpërmjet më shumë se 10 satelitëve. Perëndia shëroi shumë njerëz të varfër dhe të sëmurë duke derdhur fuqinë e Tij. Shumë dëshmuan se ishin shëruar nga virusi i SIDA-s duke ardhur në skenë për të dhënë dëshminë e tyre. Kishte aq shumë të pranishëm sa u frikësuam se skena do rrëzohej.

### Një turmë e pafund

Ditën e tretë erdhën aq shumë njerëz sa ishte vështirë të mund të dalloje rreshtin e fundit. Ishin afër pesëqind mijë njerëz. Po të mos kishim ndryshuar vendin, stadiumi s'do të nxinte aq shumë njerëz.

Nëse do të ishim në stadium mund të kishin ndodhur aksidente për shkak të numrit të madh të njerëzve, por Perëndia e dinte këtë gjë dhe na drejtoi në një vend më të madh.

Të shurdhër, memecë, të çalë dhe shumë të sëmurë nga SIDA u shëruan menjëherë. Perëndia i shëroi nëpërmjet veprave të Frymës së Shenjtë në emrin e Jezus Krishtit.

Një peshkatar i moshuar 64 vjeçar, i quajtur Masudi Lisongi Bosongo siguronte jetesën duke peshkuar. Ai mbante syze sepse nuk shikonte mirë dhe i vetmi gëzim që kishte ishte radioja e tij. Atë ditë, ai dëgjoi në radio lajmin për kryqëzatën, por nuk ishte në gjendje të paguante biletën për të ardhur.

Por ashtu si e veja që dha dy monedhat e fundit prej bakri, gjithçka që kishte, ai shiti radion, të vetmen gjë të çmuar, për nëntë dollarë dhe erdhi në kryqëzatë. Perëndia e pranoi me gëzim aktin e tij të besimit dhe e shëroi.

Ai dëshmoi se ndjeu një zjarr pas qafës, në kokë e deri te sytë. Masudui rifitoi dritën e syve dhe s'kishte më nevojë për syze.

## Transmetimi në Afrikë dhe në tërë botën nëpërmjet sateliteve

Ne dërguam Pastor Peter Kimin në RD të Kongos si misionar. Nuk ka kaluar një vit që nga themelimi i kishës dhe ka më shumë se një mijë anëtarë.

Peshkopi Paul Musafiri, një ish misionar, u prek shumë nga kryqëzata dhe vizitoi kishën tonë. Tani ai punon aktivisht në shërbesën tonë në RD të Kongos. Kjo është letra e tij.

"Ju përshëndes përzemërsisht nga RD e Kongos. Ne besojmë së bashku në Perëndinë që është me Dr. Xherok Li dhe dua t'ju rrëfej që këtu po ndodhin vepra të mrekullueshme sepse ju jeni lutur për këtë vend.

Në janar 2008, në lindje të vendit u nënshkrua traktati i paqes pas kaq shumë betejash. Unë shkova në Goma, në pjesën lindore e vendit, dhe qëndrova atje për rreth një muaj për shkak të këtij traktati paqeje. Mora pjesë edhe në konferencën e Pastorit Mjong-ho Çeong, Kryepeshkopi i Afrikës, dhe u preka shumë nga mesazhi i tij.

Tani, edhe pse është nënshkruar traktati i paqes përsëri ka njerëz që duan të krijojnë trazira në mbarë vendin, por unë besoj se lutjet tuaja për RD të Kongos vazhdojnë.

Po ju shkruaj që t'ju kërkoj të vazhdoni të luteni. Ju lutem që të luteni me dashuri për Presidentin Jozef Kabila, politikanët dhe gjithë eskortën e Presidentit. Kolegu im, Pastori Peter Kim është mirë. Ne jemi më të afërt se vëllezërit apo familjarët dhe kemi vizione dhe ëndrra të përbashkëta.

Ai ka vuajtur shumë persekutime nga policia për shkak se është misionar i huaj, por ka qëndruar i fortë për shkak të Perëndisë. Ai gjeti një vend të mirë për të ndërtuar një kishë dhe kemi shumë dëshmi nga anëtarët e kishës. Përshëndetjet tona edhe anëtarëve të kishës Manmin."

Peshkopi Paul Musafiri,
biri juaj besnik në Jezus Krishtin.

# Një kryq u shfaq gjatë transmetimit të parë direkt

Kur hapa kishën, Perëndia na dha një vizion, Isaian 60:1, *"Çohu, shkëlqe, sepse drita jote ka ardhur, dhe lavdia e Zotit u ngrit mbi ty."* Që atëherë, veprat e fuqishme të Frymës së Shenjtë filluan të bëheshin të njohura në mbarë botën.

Perëndia na mundësoi të krijonim TV GCN (Global Christian Network) me qëllim që të rrezatonim dritën e shpëtimit në mbarë botën. Transmetimi i ungjillit të pesëfishtë të shenjtërisë filloi në Nju Jork Siti në Shtetet e Bashkuara. Ka shumë transmetues në mbarë botën që po kryejnë shërbesat e tyre nëpërmjet GCN, sipas vizionit të Perëndisë.

## Transmetimi GCN filloi në Nju Jork Siti

Në maj 2004, transmetues të krishterë nga tetë vende, Shtetet e Bashkuara, Mbretëria e Bashkuar, Rusia, Australia,

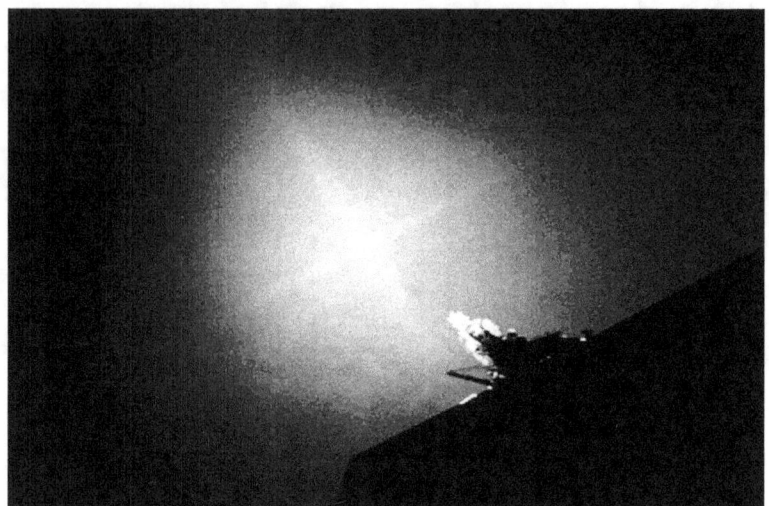

Një kryq shfaqet mbi Empire State Building

tjerë u bashkuan dhe krijuan GCN. Ne nuk kishim specialist transmetimi, teknikë dhe as burime financiare.

Mund të investonim vetëm me besim nëpërmjet lutjeve. Pas shumë përgatitjesh filluam transmetimin e parë me 1 shtator 2005 në kanalin shtatëmbëdhjetë në Nju Jork Siti.

Salla e transmetimit të GCN ndodhet në Empire State Building, në qendër të Nju Jork Sitit. Më shumë se njëzet transmetues nga e gjithë bota u mblodhën për të festuar transmetimin e parë në GCN.

Ata u ngjitën te observatori i Empire State Building për një çast për të parë qytetin natën. Në atë çast dikush pa një shenjë kryqi që shkëlqente në qiell.

Të pranishmit ishin të bindur se Perëndia ishte i kënaqur me GCN TV dhe prandaj u dha këtë shenjë. Z. Dan Uding i cili ishte i pranishëm shkroi një artikull dhe e publikoi në faqen e internetit bashkë me një fotografi.

GCN transmeton programe të krishtera njëzet e katër orë në ditë në bashkëpunim me Manmin TV. Shumë shpejt ai po kthehet në televizion global. Fokusi i këtij televizioni është të rizgjojë jetën e njerëzve duke i drejtuar shikuesit te Perëndia dhe të gjejnë zgjidhje nëpërmjet programeve të tij.

## Raste shërimi nëpërmjet GCN

Ne pranojmë shumë letra jo vetëm nga Koreja por edhe nga shumë vende të tjera që tregojnë për raste shërimi nga transmetimet e GCN TV dhe tani jetojnë një jetë të re. Këto transmetime tregojnë veprat e fuqishme të Perëndisë që i tejkalojnë kufijtë e kohës dhe hapësirës. Puna e tyre po drejton shumë shpirtra drejt shpëtimit.

Elizabet Gudall është një shikuese e TV GCN nga Nju Jork Siti. Ajo tha që beson se Perëndia po e përdor Pastorin Xherok Li për të shëruar të sëmurët, për t'i sjellë në pendim dhe për t'i drejtuar drejt mbretërisë qiellore. Ajo i ndjek gjithmonë transmetimet e TV GCN në Nju Jork Siti dhe donte të tregonte një dëshmi. Një pjesë e dëshmisë së saj vijon:

"Jam Elizabet Gudall. Stomaku dhe këmbët e mia kanë qenë të ënjtura që në vitin 2005 si dhe kisha një gjëndër nën gjuhë. Vendosa mbi fytyrë dhe stomak shaminë që më dërguat. Mëngjesin tjetër ishin zhdukur gjëndra dhe e ënjtura në stomak dhe këmbë. Falënderoj Perëndinë për atë që bëri. Faleminderit edhe juve."

9 nëntor 2007
Elizabet Gudall

Ndërsa një dëshmi nga Kanadaja thoshte:

"Po shikoja programin e Dr. Xherok Li në TV dhe doja të dija nëse po planifikon të vijë në Kanada. Unë jetoj afër qytetit Otava dhe kisha ardhur për të vizituar burrin tim që jeton në Nju Jork. Mbrëmë ndërsa po ndiqja në GCN, Dr. Li që po lutej për të sëmurët, u shërova. Unë jam infermiere dhe vitin e kaluar lëndova shpatullën përderisa po ndihmoja pacientët. Që atëherë kam pasur dhimbje, por mbrëmë kjo dhimbje iku. Tani mund t'i ngre krahët dhe të lëviz shpatullën. Lavdi Perëndisë! Këtë mëngjes duhej të kthehesha në Kanada që në orën katër, por s'e kuptoj pse jam ende këtu. Ndoshta Perëndia do që unë të flas me ju sot."

29 nëntor 2007
Marie Lenie Saint Loth

Ceremonia e nënshkrimit të GCN-së

Shërbesa për fillimin e GCN-së

# WCDN, një rrjet global mjekësh

Një organizatë mjekësh u formua për të verifikuar rastet e shërimit. Në maj 2004 u themelua Rrjeti Botëror i Mjekëve të Krishterë, WCDN. Ata organizuan konferencën e parë në Seul, ndërsa një konferencë e dytë u organizua në Çenai të Indisë, në maj të vitit 2005. Të pranishëm ishin më shumë se pesëqind mjekë që ndanin dëshmi të rasteve të shërimit nga një perspektivë mjekësore.

Konferenca të Suksesshme u mbajtën në Cebu të Filipineve në vitin 2006, në Majami, SHBA në vitin 2007 dhe në Trondheim, Norvegji në vitin 2008 me mjekë që prezantonin raste shërimesh hyjnore. Në një nga revistat e përditshme koreane u shkrua një artikull rreth konferencës në Majami.

Konferenca e katërt e Mjekëve të Krishterë u mbajt në Hyatt Hotel në Majami, Florida, SHBA, me temën "Spiritizmi dhe Mjekësia" me 13 dhe 14 korrik 2007, ku u mblodhën më shumë se 150 mjekë nga 40 shtete të ndryshme. Me 13 korrik, ditën e

Konferenca e Tretë Ndërkombëtare e Mjekëve të Krishterë në Cebu, Filipine

parë, konferenca filloi me fjalën përshëndetëse të Dr. Xherok Li, Kryetari i Bordit Drejtues të WCDN që u transmetua nëpërmjet projektorit. Mesazhi i Dr. Xherok Li i nxiste ata që jo vetëm t'i shëronin njerëzit nga sëmundjet e tyre fizike por edhe të jetonin si apostuj të Perëndisë që i drejtojnë njerëzit drejt jetës shpirtërore.

Dr. Alvin Huang, Presidenti i WCDN dhe Dr. Armando Pineda, Drejtor i WCDN për Shtetet e Bashkuara mirëpritën doktorët, pastorët dhe të ftuarit. Më pas doktorët paraqitën raste shërimesh hyjnore me të dhëna mjekësore që verifikonin

Konferenca e Katërt Ndërkombëtare e Mjekëve të Krishterë në Majami, SHBA

këto raste si - Malignant Melanoma (nga Dr. Mark Miller), Spina Bifida nga (Dr. Brajan Sanghun Jeo,) Spontaneous Pneumothorax (nga Dr. Gilbert Junseok Çae,) Pneumonia (nga Dr. Xhunseong Kim) dhe dy raste shërimi të kancerit të gjirit (nga Dr. Pançeta Uillson.)

Gjykatësi Robert E. Njusam nga Sulfur Springs në veri të Teksasit u diagnostikua me tumor melanoma në spitalin e sëmundjeve kanceroze në Hjuston të Teksasit. Mjekët thonë se mundësitë për të mos shpëtuar nga ky lloj tumori janë shumë të larta, por në vend që të fillonte kimioterapinë ai ia dorëzoi këtë sëmundje Perëndisë. Gjykatësi Njusam u lut që Perëndia ta shëronte dhe shumë anëtarë të kishës Baptiste Jugore u lutën për të. Dy muaj më vonë, pasi shkoi për një kontroll në spital kuptoi se një mrekulli kishte ndodhur. Tumori melanoma ishte shëruar plotësisht. Dr. Uilliam Mark Miller, mjeku i gjykatësit Njusam foli para audiencës për këtë rast duke sjellë edhe të dhënat mjekësore që e pohonin shërimin e tij.

Dr. Çosej U. Krendëll IV, i cili shërben në Klinikën Kardiovaskulare në Palm Biç Gardens, Florida, bëri një prezantim dramatik ditën e premte, me 13 korrik. Ai tha, "Në urgjencë na erdhi një 53 vjeçar i cili kishte pësuar një sulm në zemër dhe e operuam për rreth 40 minuta, por pastaj e deklaruam të vdekur. Në atë çast Fryma e Shenjtë më kërkoi të kthehesha dhe të lutesha për të dhe unë u ula pranë tij dhe fillova të lutesha "Atë, Perëndi të lutem për shpirtin e këtij njeriu sepse ai nuk të njeh si Zotin dhe Shpëtimtarin e tij. Të lutem ringjalle atë në emrin e Jezusit." Ishte një mrekulli sepse pas dy minutash po shikonim monitorin dhe u dallua një e rrahur zemre. Pas afër dy minutash të tjera ai filloi të lëvizte gishtërinjtë e dorës, pastaj gishtërinjtë e këmbëve dhe filloi të fliste." Dr. Krendëll na paraqiti dhe të dhënat mjekësore që vërtetonin këtë rast.

Dr. Xhon Joul Çun, dekani i mëparshëm i Fakultetit të Mjekësisë në Universitetin Kjunghi, na tregoi dëshminë e shërimit të një pastoreje nga Tajlanda, Çen Tsen Man e cila ishte shëruar gjatë shërbesës së natës së premte në Kishën Qendrore Manmin. Ajo kishte pësuar një paralizë në moshën dy vjeçare dhe para katërmbëdhjetë vitesh kishte pësuar edhe një aksident rrugor dhe tani ecte vetëm me ndihmën e një paterice. Madje kohët e fundit përdorte karrige me rrota për shkak të dhimbjeve të padurueshme në këmbë. Por kur erdhi në Kishën Qendrore Manmin, ajo u shërua nga lutjet e Pastorit Xherok Li dhe mund të ecte lirshëm.

Në këtë botë moderne ku është e vështirë të besosh në Perëndinë për shkak të mbizotërimit të mëkatit dhe zhvillimit të shkencës, WCDN po kryen një shërbesë ku ekzaminojnë rastet e shërimeve të mrekullueshme për të dëshmuar se Bibla është e vërtetë dhe se Perëndia është i gjallë.

# Zjarri i Frymës së Shenjtë në zemrën e Shteteve të Bashkuara

Pasi Perëndia na lejoi të fillonim transmetimet në GCN, na drejtoi që të mbanin një kryqëzatë në Nju Jork. Medison Skuer Garden është vendi ku të gjithë do të donin të organizonin një eveniment.

Sipas vullnetit të Perëndisë për të rizgjuar Shtetet e Bashkuara dhe për të filluar misionin tonë në Izrael ne zhvilluam kryqëzatën në Nju Jork, në Medison Skuer Garden, në korrik 2006. Për ta përdorur këtë vend për një eveniment duhet ta rezervosh të paktën një ose dy vite para.

Pika më e rëndësishme e kësaj kryqëzate në Nju Jork ishte vendi i organizimit dhe ishte e vështirë të merrnim këtë vend vetëm pak muaj para kryqëzatës

Ndërsa ne po përpiqeshim të gjenim vendin më të mirë të mundshëm, një grup tjetër anuloi evenimentin e tyre në Medison Skuer Garden, dhe ne morëm miratimin për ta përdorur atë vend. Ishte thjesht hiri i Perëndisë.

Shtetet e Bashkuara u themeluan sipas besimit të puritanëve. Gjithashtu, Shtetet e Bashkuara dërgojnë numrin më të madh të misionarëve në shumë vende të botës. Por në ditët e sotme, duke mësuar darvinizmin dhe duke lejuar homoseksualët, amerikanët duket se po largohen nga Perëndia.

Të pranishmit në Medison Skuer Garden dëgjuan me vëmendje mesazhin për tri ditë radhazi dhe përjetuan veprat e Frymës së Shenjtë. Ata që vuanin nga frymët e liga u çliruan. Kishte dhe shumë të tjerë që u shëruan dhe dhanë dëshmitë e tyre.

## Vepra shërimi në Medison Skuer Garden

Maria Andrea Morang u shërua nga SIDA. Ajo shkonte shpesh në spital për shkak të etheve, dhimbjes së kokës dhe të vjellave. Trupi i saj ishte paralizuar dhe s'mund të ecte. Ajo mezi lëvizte duart.

Një muaj pas mbarimit të kryqëzatës shkuam për vizitë dhe pamë se ecte lirshëm dhe po jetonte një jetë normale.

Një person tjetër u shërua nga kanceri në shtyllën kurrizore. Ai kishte fraktura në gjashtë vende dhe i dukej sikur po i treteshin kockat. Ai s'mund të rrinte ulur për shumë kohë dhe s'mund ta lëvizte trupin. Por ai u shërua plotësisht gjatë kryqëzatës dhe ai tani mund të ecë lirisht.

Mjeku i tij tha se ishte e paimagjinueshme që ky person të ecte, por Perëndia e kishte shëruar plotësisht.

Mikaili u shërua nga skizofrenia nga e cila kishte

Kryqëzata në Nju Jork (Medison Square Garden)

dymbëdhjetë vite që vuante. Ai ishte i pushtuar nga frymët e liga dhe ishte gjithmonë i depresionuar. Mikaili vuante edhe nga antropofobia, frika nga njerëzit, dhe s'mund të dilte jashtë. Për shkak të dhimbjeve të vazhdueshme të kokës s'mund të jetonte jetë normale. Ai kishte probleme në të folur për shkak të medikamenteve të rënda, por nëse s'i përdorte medikamentet pësonte kriza.

Mikaili u shërua plotësisht gjatë kryqëzatës dhe ishte i lumtur që tani mund të jetonte një jetë normale dhe të vazhdonte studimet.

Të shëruarit u vizituan nga mjekët e organizatës WCDN. Dr.

Vitalji Fishberg tha, "Kjo kryqëzatë ndryshoi plotësisht rrjedhën e jetës sime. Mesazhet që u predikuan gjatë këtyre tri ditëve ishin çelësi i zgjidhjes së shumë problemeve. Kam qenë i pranishëm edhe në kryqëzata të tjera, por asnjëherë nuk kam parë kaq shumë njerëz të shërohen pas një lutjeje nga skena."

Në fund të tri ditëve mora një Pllakë vlerësimi nga Senati Shtetëror dhe Asambleja, dhe nga Këshilli i Qytetit të Nju Jorkut. Unë falënderoj Perëndinë që më lejoi të predikoja ungjillin në vendin e misionarëve që më kanë treguar mua ungjillin.

Edhe në këtë vend kishte pastorë që donin të pengonin kryqëzatën tonë. Ata shpërndanë dokumente false në shumë kisha, përfshinë përfaqësues të medias dhe u munduan të ndalonin plotësisht zhvillimin e kryqëzatës në Gardens.

Një pastor i një kishe në Nju Jork Siti ishte ai që na kundërshtonte me më shumë forcë. Më vonë atij iu desh të largohej nga kisha për shkak të incidenteve jo të këndshme dhe madje nuk mund të kryente më shërbesë në atë zonë. Më erdhi keq kur dëgjova këtë lajm.

Kur dikush përpiqet të ndalojë veprat e Frymës së Shenjtë do të korrë atë që mbjell në këtë botë, por gjykimi që do të marrë në jetën e përjetshme është edhe më i frikshëm.

Edhe disa misionarë koreanë kishin bërë përpjekje për të penguar kishën tonë. Sa herë donim të organizonim kryqëzata në vende të ndryshme ata përhapnin lajme të jo të vërteta dhe dokumente false.

Por duke qenë se e vërteta del në dritë, sa më shumë ata dëshironin të na pengonin, aq më tepër përhapej lajmi për kryqëzatat. Në fund përpjekjet e tyre na sollën rezultate më të mira. Kemi parë sa shumë janë bekuar pastorët që kanë bashkëpunuar me ne gjatë kryqëzatave. Kishat e tyre përjetuan rizgjim dhe ata u bënë më të fortë.

# Fillimi i Misionit në Izrael

Që nga viti 2000, Perëndia na drejtoi të predikonim ungjillin në dymbëdhjetë kryqëzata të përmasave gjigante që ndaluan përkohësisht pas kryqëzatës në Nju Jork në vitin 2006. Por edhe tani, ne pranojmë shumë kërkesa nga shumë vende për të organizuar kryqëzata. Më vjen keq që s'mund t'u përgjigjem këtyre kërkesave tani, por është për shkak të misionit që filluam në Izrael.

> *"Dhe ky ungjill i mbretërisë do të predikohet në gjithë botën si një dëshmi për gjitha kombet, dhe atëherë do të vijë mbarimi. Kur të shihni, pra, neverinë e shkretimit, që është parathënë nga profeti Danieli, që ka zënë vend në vendin e shenjtë (kush lexon le ta kuptojë), atëherë ata që janë në Juda, le të ikin ndër male"* (Mateu 24:14-16).

Dr. Mikail Morgulis (President i Lëvizjes së Diplomacisë Shpirtërore) duke folur me një rabi pranë Murit të Lotëve

Pasi hapa kishën aty, Perëndia më tregoi se kur të afrohej koha e ardhjes së dytë të Krishtit do të ndërtohej Shenjtërorja e Madhe dhe do të kishte punë misionare në Korenë e Veriut dhe në Izrael. Më tregoi edhe që Koreja e Veriut do të hapej për pak kohë. Sot, unë e ndjej që kjo ditë është shumë afër.

Në korrik 2007, ne filluam misionin tonë në Izrael. Por kemi nevojë për fuqinë e Perëndisë për t'i predikuar ungjillin hebrenjve. Ungjilli filloi nga Izraeli, por ata vetë e humbën atë. Perëndia i premtoi Abrahamit, Davidit dhe njerëzve të tjerë të perëndishëm se Ai nuk do ta harronte popullin e Tij Izraelin.

Premtimi i Perëndisë duhet përmbushur, por kush do të predikonte në Izrael? Jezusi bëri shumë vepra të mrekullueshme që s'mund t'i kryente asnjë njeri tjetër ndërsa predikonte ungjillin, por ata përsëri nuk e besuan. Ne mund të predikojmë ungjillin, por nëse nuk tregojmë fuqinë e Perëndisë është e vështirë që izraelitët ta pranojnë ungjillin.

Ja çfarë Perëndia më udhëzoi të bëj: *"Rizgjoji me fuqi. Prediko ungjillin në emrin e Jezus Krishtit dhe kur të verbrit të shohin, kur të shurdhrit të dëgjojnë dhe memecët të flasin, ata që kanë zemër të mirë do të besojnë dhe do ta pranojnë fjalën tënde, por jo të gjithë."*

Ai tha se ata hebrenj që ende po presin për ardhjen e Mesisë, që janë duke e kërkuar Perëndinë me ngulm dhe që janë përgatitur nga Perëndia, do t'i hapin zemrat e tyre dhe do të pendohen kur të shohin shfaqjen e fuqisë së Perëndisë.

Bibla na tregon për ardhjen e Zotit nga qielli dhe ngritjen e kishës (1 Thesalonikasve 4:16-17). Ne do të ngrihemi në ajër, në re dhe do të shohim Zotin. Këtu fjala 'ajër' nuk do të thotë qielli që ne shohim me sytë tanë fizikë, por është një fjalë shpirtërore. Perëndia e ka ndarë botën shpirtërore në disa hapësira.

Qielli i dytë ndahet në hapësirën e dritës ku ndodhet Kopshti i Edenit dhe në hapësirën e errësirës ku ndodhen frymët e liga. Në një pjesë të Edenit është përgatitur vendi për ndejën 7 vjeçare të Dasmës. Kur Perëndia të na thërrasë në fund të kohës së njerëzimit ne do të ngrihemi menjëherë në ajër.

Ashtu siç tërheq shumë pjesë metalike një magnet i madh, ashtu edhe besimtarët do të marrin trupat e tyre shpirtërorë dhe do të takohen me Perëndinë në ajër, sa hap e mbyll sytë. Përderisa do të festojnë në ndejën 7 vjeçare të Dasmës, në tokë do të fillojë periudha e 7 viteve të Mundimit të Madh.

## Mundimi i madh pas ngritjes së kishës

Populli i Izraelit është populli i zgjedhur i Perëndisë dhe është ende nën vullnetin e Tij deri në fund të kohës. Në Bibël, çdo herë që bota pushtohej nga mëkati, vinte një ndëshkim; zjarri në Sodoma dhe Gomorra dhe përmbytja në kohën e Noas.

Po ashtu, kur bota të jetë mbushur aq shumë me mëkat sa të mos ketë më falje, do të vijë gjykimi përfundimtar. Besimtarët e mirë do të ngrihen në ajër ndërsa në tokë do të fillojnë 7 vitet e Mundimit të Madh të shoqëruara me luftëra dhe fatkeqësi natyrore. Ky do të jetë fillimi i Luftës së Tretë Botërore dhe 'fundi' për të cilin flet Bibla.

Kur dishepujt pyetën Jezusin për ardhjen e dytë të Zotit dhe shenjat e fundit të kohërave, Jezusi u përgjigj, *"Atëherë do të dëgjoni të flitet për luftëra dhe për ushtima luftërash; ruhuni të mos shqetësoheni, sepse të gjitha këto duhet të ndodhin, por ende mbarimi nuk do të ketë ardhur"* (Mateu 24:6).

Këtu 'luftërat' nuk do të ndodhin vetëm në një vend të caktuar. Është diçka që do të prekë të gjithë botën. 'Luftërat' dhe 'ushtimave për luftë' i referohen Luftës së I dhe II Botërore. Por ky nuk është fundi sepse do të ndodhë edhe Lufta e Tretë Botërore.

Zbulesa, kapitulli 6, flet për 7 vitet e Mundimit të Madh që do të ndodhë pasi kisha të rrëmbehet dhe Zoti të vijë. Toka do të preket nga Lufta e Tretë Botërore gjatë këtyre 7 viteve.

*"Dhe unë pashë, dhe ja, një kalë i bardhë. Dhe ai që e kalëronte kishte një hark; dhe atij iu dha një kurorë, dhe ai doli jashtë si fitimtar dhe për të fituar"* (Zbulesa 6:2).

Këtu 'kali i bardhë' i referohet izraelitëve dhe 'ai që e kalëronte' i referohet drejtuesve që kanë kontroll mbi fatin e tyre. Këtu fjala 'kalë' simbolizon autoritetin, dinjitetin dhe luftën. Izraelitët e dinë që janë 'populli i zgjedhur i Perëndisë'.

Ky fakt i ka bërë ata arrogantë dhe kokëfortë dhe prandaj zhvillojnë vazhdimisht luftëra me shtetet fqinje. Prandaj ka gjithmonë tension në Lindjen e Mesme. Që nga rithemelimi i Izraelit shumë vende arabe janë në luftë me të, por ashtu siç është thënë 'ai doli jashtë si fitimtar' izraelitët gjithmonë fituan.

Por nuk fituan plotësisht. Kjo do të thotë se beteja vazhdon; do të ndodhë edhe Lufta e Tretë Botërore. Ashtu si në dy luftërat e tjera botërore, edhe Lufta e Tretë do të ketë lidhje me Izraelin.

# Lufta e III-të Botërore

*"Kur ai hapi vulën e dytë, dëgjova qenien e dytë të gjallë që thoshte: 'Eja dhe shiko.' Atëherë doli jashtë një kalë tjetër i kuq; dhe atij që e kalëronte iu dha të hiqte paqen nga dheu që njerëzit të vrasin njëri-tjetrin, dhe iu dha atij një shpatë e madhe"* (Zbulesa 6:3-4).

Këtu 'kali i kuq' i referohet Rusisë dhe tregon se do të ketë shumë gjakderdhje. Që nga rënia e Bashkimit Sovjetik në vitin 1991, duket se Rusia ka humbur fuqinë, por ajo do të bëhet një nga vendet më të fuqishme të botës. Në të ardhmen, Rusia do të bëhet aleate me Kinën dhe do të jetë një nga superfuqitë.

Ndërsa Rusia fuqizohet, ajo do të ushtrojë edhe më shumë ndikim te vendet fqinje dhe kjo do të bëhet burim konflikti. Gjatë 7 viteve të Mundimit të Madh këto konflikte do të shndërrohen në luftëra ndërmjet racave. Këto luftëra nuk do të mbarojnë lehtë, përkundrazi do të bëhen edhe më të mëdha, prandaj thuhet 'iu dha një shpatë e madhe'.

Rusia do të jetë në luftë kundër shteteve fqinje dhe ndërmjet racave, si dhe do të përfshihet në luftën e Lindjes së Mesme me Izraelin. Pastaj, ashtu siç është profetizuar te Ezekieli, kapitulli 38, kjo do të shndërrohet në Luftën e Tretë Botërore.

## Kuptimi i 'Vajit dhe Verës'

Zbulesa 6:6 thotë, *"dhe mos dëmto vajin, as verën."* 'Vaji' i referohet izraelitëve, ndërsa 'vera' atyre që besuan në Perëndinë, por nuk jetuan një jetë të krishterë në frymë dhe mbetën në tokë gjatë 7 viteve të Mundimit të Madh.

'Vaji' janë ata izraelitë të cilët do të shpëtohen më vonë. Kjo do të thotë sepse ka disa hebrenj të cilët do të shohin çfarë do të ndodhë pas ardhjes së dytë të Jezusit dhe do të kuptojnë se Jezusi është Mesia i vërtetë dhe pastaj do të pendohen.

'Vera' simbolizon ata shpirtra që bien në tokë si lëngu i rrushit të mbledhur. Ata kanë shkuar në kishë dhe janë besimtarë, por kanë pasur një besim të vdekur pa vepra. Ata që s'kanë besim të vërtetë nuk do të ngrihen bashkë me kishën kur të vijë Zoti.

Sa shumë do të tronditen kur të mbeten në tokë! Disa prej tyre do të përpiqen të marrin 'shpëtimin e kallëzave' nëpërmjet martirizimit, duke mos pranuar shenjën 666 të bishës.

Perëndia do t'i mbajë ata derisa të hapet vula e tretë (Zbulesa 6:5), dhe kur të vijë koha do t'u japë mundësinë të shpëtohen nëpërmjet martirizimit. Prandaj thuhet 'mos dëmtoni vajin apo verën derisa të vijë koha'. Megjithatë, kjo nuk do të thotë se të gjithë do të shpëtohen gjatë mundimit të madh. Do të thotë që dhimbja dhe vuajtjet do të pakësohen derisa pastaj të vijnë persekutimet dhe martirizimi.

## 'Kali i hirtë': Bashkimi Evropian

Zbulesa 6:8 tregon që Bashkimi Evropian do të luajë rolin kryesor në Luftën e Tretë Botërore.

*"Dhe unë pashë, dhe ja një kalë i zbehtë; dhe ai që e kalëronte emrin e kishte Vdekja, dhe Hadesi vinte pas tij. Dhe iu dha atyre pushtet përmbi një të katërtën e dheut, të vrasin me shpatë dhe me zi buke e me vdekje, dhe nëpërmjet bishave të dheut."*

Këtu 'kali i zbehtë' i referohet gjërave që do të kryhen nga Bashkimi Evropian. *"Ai që ishte ulur mbi të quhej Vdekja; dhe Hadesi e ndiqte."* Kjo i referohet anti-Krishtit, ai që kontrollon errësirën. Në të ardhmen e afërt, bota do të ketë tri superfuqi. Shtetet e Bashkuara, si kombi më i fuqishëm, të cilët kanë zhvilluar luftëra për përfitimin e tyre në shoqërinë botërore.

Për të mbajtur nën kontroll Shtetet e Bashkuara do të krijohen edhe dy superfuqi të tjera: Kina dhe BE-ja. Superfuqia e parë janë Shtetet e Bashkuara. Ato kanë gëzuar pozitën si vendi më i fuqishëm, por dalëngadalë do ta humbasin këtë fuqi.

Superfuqia e dytë janë ish-shtetet komuniste rreth Kinës dhe Rusisë dhe e treta është BE-ja. Vendet e Lindjes së Mesme do të përpiqen të përdorin naftën si armë për të marrë kontrollin, por janë më të dobëta se këto tri superfuqi.

Pasi besimtarët të rrëmbehen lart në ajër, bota do të bjerë në kaos të plotë. Edhe pse nuk janë besimtarë, njerëzit do ta dinë që Zoti Jezus është rikthyer. Do të jenë të frikësuar dhe do të mendojnë "Paska qenë e vërtetë, çfarë do të bëjmë tani?" Do të ndodhin fatkeqësi natyrore, sëmundje dhe një inflacion ekstrem ndërsa bota do të bjerë në kaos.

Ndërkohë secila nga superfuqitë do përpiqet të ketë kontrollin; veçanërisht BE-ja që do të kthehet në superfuqinë kryesore do të kontrollohet nga anti-Krishti.

Ndërsa do të shtohet konfuzioni, njerëzit do të duan drejtues edhe më të fuqishëm për të vënë rregull në shoqëritë e tyre. Në këtë mënyrë, BE-ja do të fitojë më shumë fuqi. Në fillim të 7 viteve të Mundimit të Madh ata do të shtojnë forcat e tyre ushtarake. Fuqia e BE-së do të bazohet në pasurinë e saj dhe në një sistem të sofistikuar.

Në këtë mënyrë, jo vetëm vendet evropiane, por të gjitha vendet e botës do të bashkohen në një sistem të vetëm.

Ato do të thonë, "Nëse ndiqni sistemin tonë, do të ketë qëndrueshmëri dhe përfitime." Por nëse ndonjë shtet nuk ndjek fjalët e tyre dinake, ato do ta sulmojnë dhe do ta shkatërrojnë. Ato do të kenë nën kontroll çdo burim ushqimi dhe nevoje tjetër.

## Kompjuteri, Bisha e Tokës

Çfarë do të thotë, "Atyre iu dha autoritet mbi një të katërtën e tokës, të vrasin me shpatë dhe me zi buke e me vdekje, dhe nëpërmjet bishave të dheut?"

'Shpatë' do të thotë fuqi ushtarake, ndërsa 'zi buke' do të thotë se do të ketë zi buke dhe inflacion të lartë, por BE-ja do të përfitojë nga ky rast për të grumbulluar pasuri.

'Me vdekje dhe nëpërmjet bishave të dheut' do të thotë se do të ketë kufizime për ata që nuk bashkohen me sistemin dhe madje do të persekutohen deri në vdekje. 'Bisha e egër e tokës' i referohet 'kompjuterëve'. BE-ja do të krijojë sistemin e vet me super-kompjuterë që përmbajnë të dhëna për çdo njeri mbi tokë. Kështu çdo person do të kontrollohet plotësisht.

Për të pasur kontroll, ata do t'i detyrojnë njerëzit të marrin shenjën e bishës në dorën e tyre të djathtë ose në ballë, e cila do të jetë një kod. Shenja e bishës është mjeti për të kontrolluar të gjithë njerëzit kur të vijë fuqia e anti-Krishtit. Ata do të hedhin të dhënat e kujtdo në atë kod dhe do ta damkosin në dorën e djathtë ose në ballin e çdo personi që të mund ta kenë nën kontroll. Do të jenë në gjendje të dinë se ku shkon dhe çfarë bën person.

Në fillim, ata thjesht do ta rekomandojnë këtë shenjë, por në mes të periudhës 7 vjeçare do ta detyrojnë çdo person ta marrë atë. Ata që do të refuzojnë do të dënohen si 'elementë të rrezikshëm për stabilitetin shoqëror'. Që nga kjo kohë, ata që nuk do ta pranojnë shenjën do të vriten.

Të marrësh shenjën e bishës gjatë mundimit do të thotë të bashkëpunosh me fuqinë e anti-Krishtit dhe të adhurosh idhujt. Është njëjtë si të mohosh Perëndinë.

Ata që do të duan të ruajnë besimin do të përpiqen të mos e marrin shenjën, por anti-Krishti nuk do ta lejojë një gjë të tillë. Ata do të kërkojnë çdo person, do t'i torturojnë në mënyra të ndryshme dhe do t'i kërcënojnë që të pranojnë shenjën. Vetëm pasi të kenë duruar torturat e tmerrshme dhe të jenë bërë martirë, këta njerëz do të mund të marrin 'shpëtimin e kallëzave'.

Pas të korravc, bujku do të kërkojë çdo kokërr gruri që do të ketë mbetur mbi tokë. Në të njëjtën mënyrë, Perëndia do t'u japë njerëzimit një mundësi të dytë pavarësisht se ka mbaruar koha e kultivimit njerëzor. Por këtë herë nuk do të jetë e lehtë të vërtetojnë besimin e tyre.

Do t'u duhet të durojnë tortura të tmerrshme, urinë dhe kërcënimet. Në mënyrë që besimi i tyre të pranohet pasi të jenë përmbushur profecitë e Biblës, ata do të duhet ta provojnë besimin e tyre me sprova të mëdha.

Djalli do ta nxisë anti-Krishtin të marrë sa më shumë njerëz në ferr. Për këtë arsye besimtarët do të torturohen në mënyrë çnjerëzore që të mund të mohojnë Krishtin. Nëse një besimtar nuk mohon Jezusin ata do t'i torturojnë familjen para syve.

Nëse një besimtar dorëzohet, ai duhet të pranojë shenjën. E kuptoj që ai do të vuajë në ferr nëse mohon Jezusin, por dhimbja do të jetë shumë e fortë për t'u përballuar.

Në atë kohë, Fryma e Shenjtë do të merret, por nuk do të jetë e lehtë të durosh dhimbjet dhe vuajtjet me forcat e tua. Ne jetojmë në një kohë kur ardhja e dytë e Zotit është afër dhe duhet të jemi në gjendje të dallojmë çfarë lloj besimi duhet të kemi dhe të rregullohemi si nusja e Zotit.

# Shenjtërorja e Madhe, simbol i fitores në kultivimin njerëzor

Pas hapjes së kishës, Zoti më dha vizionin e misionit botëror dhe ngritjes së Shenjtërores së Madhe. Në korrik të vitit 1984, përderisa po lutesha dhe po agjëroja bashkë me anëtarët e kishës për një shenjtërore të re, Zoti na tregoi në detaje për detyrën tonë deri në fund të kohës si dhe për ndërtimin e Shenjtërores së Madhe.

*"Shërbëtori im i dashur, përpara se të kthehem do të të lejoj të ndërtosh Shenjtëroren e Madhe me ndihmën e të gjithë njerëzve mbi tokë. Kur të thuash se do të ndërtosh një shenjtërore, ata që nuk e kuptojnë zemrën e Perëndisë dhe që s'kanë besim do të thonë, 'Pse të harxhosh aq shumë para për të ndërtuar një ndërtesë në vend që të përdoren paratë për misione?'*

*Por shenjtërorja do të ndërtohet me gjërat më të bukura dhe më të mira që mund të gjenden në tokë. Nuk do ta ndërtosh me forcat e tua; do të njihesh në mbarë botën dhe mbretërit e kombeve do të vijnë para teje.*

*Ata që kanë aftësi do t'i vënë ato në dispozicionin tënd, ata që kanë urtësi do të ofrojnë urtësinë e tyre; ndërsa ata që kanë do të t'i japin oferta. Nuk do të ketë mangësi, por vetëm bollëk. Njerëzit ndërtojnë ndërtesa shumë të bukura për veten dhe për djallin, por nuk kanë ndërtuar ende asgjë për Perëndinë."*

Kur një kishë përpiqet të ndërtojë një shenjtërore të madhe, disa thonë, "A nuk është më mirë t'i harxhojmë këto para për misione dhe vepra bamirësie? Pse të harxhojmë kaq shumë para për një ndërtesë?"

Në këtë botë ka shumë ndërtesa për argëtimin e njerëzve dhe janë harxhuar shumë para për ndërtimin e tyre. Por, që kur Solomoni ndërtoi Tempullin e Perëndisë, asgjë tjetër nuk është ndërtuar si një tempull i vërtetë për Perëndinë.

Kur Solomoni ndërtoi Tempullin, Perëndia i tregoi gjithçka në detaje, madhësinë, strukturën, madje dhe materialet që do të përdoreshin. Solomoni gjeti drunj të një cilësie të mirë, ar, argjend dhe gur të çmuar nga vendet fqinje. Ata e veshën ndërtesën dhe çdo gjë në të me ar, për t'i bërë edhe më të bukura dhe më të mrekullueshme.

## Forma e një kurore

Perëndia i dha Moisiut vizione dhe zbulesa ndërsa ai ngriti tabernakullin. Perëndia na tregoi edhe ne në detaje si të ndërtonim Shenjtëroren e madhe. Ajo do të ketë formë të rrumbullakët, që simbolizon pafundësinë e universit.

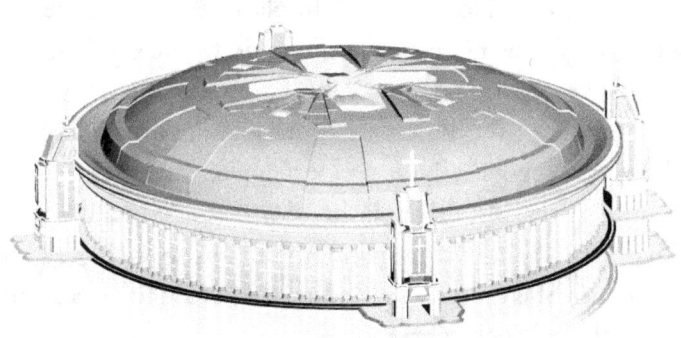

Kjo shenjtërore do të jetë shenjtërorja më e mirë në gjithë historinë njerëzore për të treguar lavdinë dhe dinjitetin e Perëndisë. Lartësia e saj do të jetë 70 metra që nga themeli deri në kullën e kryqit; diametri do të jetë 600 metra. Do të ketë një zbukurim që do të tregojë bukurinë dhe fuqinë e Perëndisë që do të mbajë gjithashtu lavdinë e Jerusalemit të Ri dhe do të shpalosë veprën e krijimit nga Perëndia.

Në anën e jashtme të shenjtërores do të ketë 12 shtylla të mëdha mermeri që simbolizojnë 12 gurët e themelimit të Jerusalemit të Ri. Çdo shtyllë do të ketë lule të gdhendura. Në qendër të çdo luleje do të jetë një nga bizhuteritë e 12-të gurëve të themelimit.

Midis shtyllave do të ketë një portë të madhe si porta me

perla e Jerusalemit të Ri. Çdo portë do të përmbajë dy skulptura të mëdha engjëjsh. Në mes të 12 shtyllave të mëdha do të ketë 7 shtylla të vogla dhe në secilën prej tyre do të jetë e gdhendur një nga ditët e krijimit.

Për shembull, shtylla e parë do të jetë dekoruar në mënyrë të tillë që të tregojë ngjyrat e ylberit gjatë ditës për të treguar krijimin e dritës. Shtylla e gjashtë do të ketë gdhendje lopësh, delesh dhe kafshësh të tjera si dhe Adamin me Evën.

Podiumi i Shenjtërores së Madhe do të rrotullohet. Kulmi do të hapet dhe mbyllet në formën e kryqit. Karriget do të kenë të instaluara monitorë; në përgjithësi do të përmbajë teknologjinë moderne.

Nga lart, Shenjtërorja e madhe do të duket si kurorë. Ashtu si fituesi merr kurorën me gjethe dafine, kjo do të simbolizojë fundin e kultivimit njerëzor dhe fitoren e Perëndisë.

Perëndia do të ndërtojë Shenjtëroren e madhe nëpërmjet fëmijëve të Tij të cilët janë bërë të shenjtë në zemër, pra një tempull i shenjtë në zemër. Ai na ka dhënë ungjillin e pesëfishtë të shenjtërisë dhe na ka treguar të largojmë tej çdo të keqe dhe të kemi zemra të pastra në këtë botë plot mëkat.

Për shkak se kisha jonë po përpiqet të largojë mëkatin dhe të shenjtërohet deri aty sa të derdhë gjak, shumë anëtarë të kishës po rriten shpirtërisht nën hirin e Perëndisë. Perëndia ka planifikuar që ata që po përgatiten si nusja e Zotit të jenë me Të në Shenjtëroren e Madhe.

Perëndia na ka treguar ylbere të rrumbullakëta si shenjë e prezencës së Tij dhe që ne do të ndërtojmë Shenjtëroren e Madhe. Ne shohim shpesh ylbere mbi kishë dhe në vendet e misionit Manmin në mbarë botën.

Perëndia më ka lejuar disa herë që të vizitoj Dubain dhe

vende të tjera në Lindjen e Mesme për të ndërtuar Shenjtëroren e madhe. Ai më ndihmoi të krijoja miqësi me disa biznesmenë të njohur. Gjithashtu, mbi tetë mijë kisha në të gjithë botën po marrin pjesë në shërbesën e kishës Manmin si fryt i misionit tonë botëror.

Derisa të predikojmë ungjillin deri në fund të botës, të ndërtojmë Shenjtëroren e madhe që është nën vullnetin e Perëndisë dhe të takohemi me Zotin Jezus i cili do të vijë përsëri, lutjet dhe shërbesa ime do të vazhdojnë pa pushim.

# Epilog

Ashtu si një pemë që drejtohet nga qielli

Dhe me rrënjët thellë në tokë,

Jo vetëm në kohë me diell

Por edhe në stuhi, erë dhe borë.


Këto njëzet e gjashtë vitet e fundit

Ndërsa isha në gjunjë me sytë drejt qiellit

Dashuria e Perëndisë më ka drejtuar

Në botën më të thellë shpirtërore;

Ai hapi dyert e sferës shpirtërore të dimensionit të ri.

Vullneti i fundit i kohës ka vazhduar.


Unë munda të marshoja

nga dashuria e vërtetë e Perëndisë

i cili është gjithmonë i pranishëm

dhe i palëkundur,

edhe pse kishte njerëz

që i keqkuptuan veprat e Perëndisë,

dhe të inatosur kanë përhapur lajme të pavërteta.

Unë thjesht i lutem Perëndisë

sepse e vërteta del gjithmonë në dritë.


Kam lënë një pjesë të gjërave në zemrën time

për të cilat nuk mund të flisja.


Unë rrëfej se e gjithë përmbajtja e këtij libri

është vetë e vërteta për të cilën nuk kam aspak turp.

# Historia personale dhe e kishës

Prill 1943.

Ishte fëmija më i vogël i tre djemve dhe tri vajzave të Çabeom Lisë dhe Gamxhang Çosë (Shinkil Ri, Hexhe Mjeon, Muan Gun, provinca Çeonnam)

Shkurt 1956.

Mbaron shkollën fillore Bunhjang, në provincën Çeonnam

Shkurt 1959.

Mbaron shkollën e mesme Songjung në provincën Çeonnam

Shkurt 1962.

Mbaron shkollën e mesme industriale Dan-guk, Seul

Shtator 1964.

Ndërpret studimet në Fakultetin e Inxhinierisë, Universiteti Hanjang

Prill 1967.

Përfundon shërbimin ushtarak

Janar 1968.

Martohet me Boknim Li, sëmuret pasi dehet gjatë festës për shtëpinë e re

Nëntor 1970.

Lind vajza e madhe, Mijoung Li. Lë punën në gazetë për shkak se humbet dëgjimin.

Tetor 1972.

Lind vajza e dytë, Mikjung Li.

Prill 1974.

Përjeton Perëndinë e Gjallë në Shenjtëroren Hjun Shin Ae dhe pranon Jezusin.

Nëntor 1974.

Ndjek një takim rizgjimi në Kishën Sungdong në Oksu Dong dhe fillon të jetojë jetën e vërtetë krishtere.

Gusht 1975.

Lind vajza e tretë dhe e fundit, Suxhin Li

Mars 1979.

Pranohet në Seminarin Teologjik të Shenjtërisë
Korrik 1982.
Hapet Kisha Manmin
Shkurt 1983.
Diplomon nga Seminari Teologjik i Shenjtërisë
Maj 1986.
Emërohet Pastor
Qershor 1987.
Dëshmia e tij dramatizohet dhe transmetohet për rreth një muaj nga
Stacioni i Transmetimeve të Krishtera (CBS).
1990.
Predikimet e tij transmetohen rregullisht në FEBC, Asia
Broadcasting, dhe Washington Christian Radio System
Maj 1990.
Folës në Kryqëzatën mbi Frymën e Shenjtë të organizuar nga Misioni
Jeongnam
Mars 1991.
Folës në Kryqëzatën Bekuese Ungjillëzuese Daegu
Korrik 1991.
Themelimi i Kishës së Bashkuar i Shenjtërisë në Kore
Mars 1992.
Themelimi i Shërbesës së Orkestrës Nissi me folës Pastorin Hjeon
Kjun Shin
Konferenca mbi 'Dimensionet' për të gjithë anëtarët e kishës, me
titullin: Dëgjoni, shikoni dhe kuptoni me gjithë zemër.
Një kolonë në gazetën *Hankook Ilbo* Daily (në Kore dhe Shtetet e
Bashkuara)
Maj 1992.
Merr pjesë në Mëngjesin Kombëtar të Lutjes
Gusht 1992.
Bashkë-president i Kryqëzatës Botërore të Ungjillëzimit nëpërmjet

Frymës së Shenjtë '92
Shkurt 1993.

Kisha Qendrore Manmin zgjedhet një nga 50 kishat më të mëdha në botë nga *'Christian World'* në SHBA
Maj 1993.

Takimi i parë i Veçantë Dyjavor i Rizgjimit me Pastorin Xherok Li
Gusht 1993.

Folës në Kryqëzatën Ungjillëzuese në Uashington
Shtator 1993.

Folës në Kryqëzatën Ungjillëzuese në Los Anxhelos

Kryetar i Nderuar i 20 vjetorit të Festimeve të Ditës Koreane në Qytetin Korean në Los Anxhelos

Bekimi në Këshillin e Qytetit të Los Anxhelosit

I jepet titulli Qytetar Nderi nga Konteja e Los Anxhelosit
Tetor 1993.

Predikime në Gazetën e Krishterë
Shkurt 1994.

Fjalë inkurajimi në divizionin e 6të të Ushtrisë Koreane, Shërbesa e inaugurimit të Kishës Siloam
Maj 1994.

Folës në Kryqëzatën e Bashkuar në Uashington dhe Baltimorë

Zgjidhet kryetar i Christian Radio System në Uashington
Qershor 1994.

Folës në Konferencën e Drejtuesve të Kishës së Tanzanisë dhe në një shërbesë në kishën Pentakostale
Korrik 1994.

Bekimi në Kryqëzatën Ungjillëzuese të Frymës së Shenjtë në Seul '94

Caktohet zëvendëspresident i Shoqërisë së Misioneve për Furnizimin me Bibla
Shtator 1994.

Fillimi i lutjeve për të sëmurët me anë të Sistemit Telefonik

Nëntor 1994.
Folës në Kryqëzatën e Bashkuar Ida në Japoni
Dhjetor 1994.
Leksion i Veçantë në Qendrën Përgatitore për Rizgjimin, filial i
Lëvizjes Kombëtare Ungjillëzuese
Dhjetor 1994.
Programi i veçantë i 40të në CBS 'Na ripërtëri' regjistrohet në Kishën
Qendrore Manmin
Shkurt 1995.
Drejtues i Konferencës së 149të të Pastorëve nga e gjithë Koreja
organizuar nga Grupi i Lutjes së Pastorëve në Kore
Mars 1995.
Drejtues i Kryqëzatës së Bashkuar të Seulit organizuar nga Lëvizja
Kombëtare e Ungjillëzimit
Predikimet transmetohen çdo javë në CBS
Prill 1995.
Folës në Konventën e Misionit Botëror '95 në LA organizuar nga
Shoqëria e Ungjillëzimit Botëror
Maj 1995.
Predikimet transmetohen nga CBS Çunçeon
Korrik 1995.
Drejton një lutje të veçantë në 'Kryqëzatën e Lutjes së Veçantë për
Kombin' organizuar nga Lëvizja Ungjillëzuese e Ribashkimit të
Kombit, si presidenti i përhershëm
Gusht 1995.
Vizitë në Çungvadae, rezidenca presidenciale, si anëtar ekzekutiv i
Konventës Jubile të Ribashkimit Paqësor për të festuar 50 vjetorin e
pavarësisë së Koresë
Përgatit raportin si presidenti administrativ i Konventës Jubile të
Ribashkimit Paqësor për të festuar 50 vjetorin e pavarësisë së Koresë.
Predikimet e tij transmetohen në Radio Koreja në Nju Jork Siti,

SHBA

Shtator 1995.

Merr pjesë në festimin e 22të të Ditës Koreane në Qytetin Korean të Los Anxhelosit si president nderi

Tetor 1995.

Predikimet e tij transmetohen në Daejeon FEBC

Themelohet Qendra e Misionit Manmin në Afrikë

Kisha Qendrore Manmin kontribuon në lëvizjen për dhurimin e gjakut organizuar nga lëvizja "Tregoni Dashuri"

Nëntor 1995.

Kryqëzata për Rizgjim Mizpah për të praktikuar Pendimin dhe Dashurinë

Artikull në 'Christian Herald', revistë javore e krishterë në SHBA

Dhjetor 1995.

FEBC regjistron programin 'Kisha jonë e mirë' në Kishën Qendrore Manmin

Shkurt 1996.

Folës në Kryqëzatën e Bashkuar të Kishave Koreane në Havai dhe në Konferencën e Pastorëve '96

Mars 1996.

Caktohet Bashkë-president i Shoqërisë së Ungjillëzimit të Prokurorëve

Prill 1996.

Predikimet e tij transmetohen nga CBS Daegu

Caktohet zëvendëspresident Grupit të Misionit 'Kampionati Botëror' 2002

Qershor 1996.

Hapet Qendra e Mirëqenies Manmin

Korrik 1996.

Kryqëzata Bekuese Koreane në Argjentinë dhe Konferenca e Pastorëve

Konferenca e 14të e Pastorëve

Zgjidhet si një nga 'Njerëzit që Vënë Korenë në Lëvizje,' nga *Joong-ang Daily*
Gusht 1996.

Inaugurimi i Shenjtërores Guro Dong
Predikimet e tij transmetohen nga Stacione të Krishtera Televizive në Vankuver, Kanada
Merr pjesë në Kryqëzatën e Bashkuar të Lutjes, Kore-Japoni, organizuar nga Grupi i Misionit 'Kampionati Botëror' 2002.
Shtator 1996.

Kryqëzata e Bashkuar në Shinshu, Japoni
Nëntor 1996.

Koncerti i dytë i adhurimit për Shtëpitë e Fëmijëve, organizuar nga Qendra e Lëvizjes Ungjillëzuese Kombëtare
Dhjetor 1996.

Fillimi i shërbesës të adhurimit të njëkohshëm për të gjitha degët e kishës në Kore
Predikimet e tij transmetohen çdo javë në Stacionet e Krishtera Televizive në Filadelfia, SHBA
Mars 1997.

Predikimet e tij transmetohen nga Stacionet Televizive Koreane në Nju Jork
Predikimet e tij transmetohen çdo javë nga Stacionet Televizive Koreane në Aukland, Zelandë e Re
Korrik 1997.

Caktohet president i përhershëm i Kryqëzatës së Bashkuar Ungjillëzuese Kombëtare '98
Gusht 1997.

Pastori Dan Marino, kryetari i Akademisë së Krishterë Parkuej në SHBA viziton kishën për të studiuar rastet e rizgjimit
Shtator 1997.

Kryqëzata e Madhe Ungjillëzuese dhe Konferenca e Pastorëve

organizuar nga Radio e Krishterë, Uashington

Folës në Kryqëzatën e Bashkuar Kore-Amerikë, organizuar nga
Shoqëria e Kishave në Merilend

Tetor 1997.

Konferenca e Dytë e Pastorëve në Argjentinë organizuar nga Misioni
i Dashurisë në Argjentinë

Janar 1998.

Programi i veçantë i Vitit të Ri në CBS 'Na ripërtëri' Kryqëzatë me
Dëshmi

Shkurt 1998.

Takim i Veçantë Rizgjimi për të sëmurët

Folës në 'Kryqëzatën e Frymës së Shenjtë për Shpëtimin e Botës'
organizuar nga Shoqëria e Misioneve për Rizgjimin Botëror

Emërohet president i Kryqëzatës së Bashkuar Kombëtare
Ungjillëzuese

Mars 1998.

Emërohet President administrativ i Shoqërisë së Ungjillëzimit të
Prokurorëve

Folës në Kryqëzatën përgatitore të Koresë për Kryqëzatën
Ndërkombëtare të Misionit në Tokio

Maj 1998.

I jepet një Pllakatë Nderimi nga Misioni Hosana për kontributin e tij
në zhvillimin e këtij misioni dhe për ungjillëzimin e kombit

Lutje Përfaqësuese për 'Fushatën kundër dhunës në shkolla'
organizuar nga Shoqëria e Ungjillëzimit të Prokurorëve

Qershor 1998.

Koncerti i Gjashtë Bamirës për ungjillëzimin në burgje, organizuar
nga Misioni Onesimus

'Kryqëzata e Lutjes për Shpëtimin e Vendit', organizuar nga Shoqëria
e Ungjillëzimit Botëror

Tetor 1998.

Shërbesa e Inaugurimit të Shoqërisë Misionare të Avokatëve Koreanë dhe Takimi i Lutjes për Kombin
Dhjetor 1998.
Koncert Bamirësie për Personat me Aftësi të Kufizuara organizuar nga 'Dashuri për Shoqërinë Kombëtare'
CBS Vision 21 Movement feston 44 vjetorin e CBS-së
Prill 1999.
Koncert adhurimi për Shtëpitë e Fëmijëve në Sallën e Koncerteve në Masan MBC.
'Fushata kundër dhunës në shkolla,' organizuar nga Zyra e Prokurorisë në Seul
Korrik 1999.
Emërohet President i përhershëm i Shoqërisë së Misionit të Krishterë për Rizgjimin Botëror
Shkurt 2000.
Predikimet e tij transmetohen në 'International Gospel Radio Station (AM 1503), në Vladivostok
Qershor 2000.
Predikimet e tij në anglisht transmetohen në Radion Mabuhai (AM 1350) në Manila, Filipine
Korrik 2000.
Folës në konferencën '2000 Pastorët e Ugandës' dhe Kryqëzatën e Bashkuar
Veprat e fuqishme të manifestuara në Ugandë transmetohen në CNN
Shtator 2000.
Folës në 'Kryqëzatën e Bashkuar Nagoja, Japoni'
Tetor 2000.
Folës në Konferencën e Pastorëve të Pakistanit dhe në Kryqëzatën e Bashkuar
S. K. Tressler, Ministër i Kulturës, Sportit, Rinisë dhe Turizmit mori pjesë në Shërbesën e natës së të premtes në Kishën Qendrore Manmin

Janar 2001.

Themelohet TV Manmin

Qershor 2001.

Veprat e fuqishme të Perëndisë transmetohen në TV RPN, Filipine
Folës në Konferencën e Pastorëve në Kenia dhe në Kryqëzatën e
Bashkuar

Shtator 2001.

Folës në Konferencën dhe Kryqëzatën e Bashkuar të Pastorëve të
ishujve Filipine

Korrik 2002.

Folës në Konferencën dhe Kryqëzatën e Bashkuar të Pastorëve në
Honduras

Tetor 2002.

Folës në Konferencën e Pastorëve të Indisë dhe në Festivalin e
Shërimeve të Mrekullueshme

Shkurt 2003.

I jepet një Pllakatë Nderimi nga Shoqëria e Kishave në Los Anxhelos
dhe nga Shoqëria e Përgjithshme e Kalifornisë Jugore për zhvillimin
e bashkëpunimit midis kishave koreane dhe amerikane dhe për
përkushtim ndaj ungjillëzimit

Nëntor 2003.

Folës në Konferencën e Pastorëve të Rusisë dhe në Festivalin e
Shërimeve të Mrekullueshme

Maj 2004.

Folës në Takimin e 12të Dyjavor të Rizgjimit

Tetor 2004.

Folës në Festivalin e Shërimeve të Mrekullueshme në Gjermani

Dhjetor 2004.

Folës në Kryqëzatën për Shërimin e Perusë
Ftohet për një takim me presidentin Toledo të Perusë në pallatin
presidencial

Maj 2005.
Dr. David Vaisman, zëvendës president i Perusë dhe Z. Maksimo San
Roman, ish zëvendës presidenti i Perusë vizitojnë Kishën Qendrore
Manmin
Shtator 2005.
GCN (Rrjeti i Krishterë Global) filloi transmetimet
Tetor 2005.
23 vjetori i kishës dhe inaugurimi i GCN-së
Shkurt 2006.
Folës në Festivalin e Shërimeve të Mrekullueshme në RD të Kongos
Takimi me presidentin Jozef Kabila
Maj 2006.
Dr. Mikail Morgulis, kryetari i Kryqëzatës sllave në Nju Jork dhe
administratori i saj, Pastor Mark Bazalev, vizitojnë Kishën Qendrore
Manmin
Qershor 2006.
Konferenca e Tretë Ndërkombëtare WCDN (Rrjeti Botëror i
Doktorëve të Krishterë) në Filipine
Korrik 2006.
Folës në 'Kryqëzatën e Nju Jorkut, 2006'
Transmetimi direkt dhe ritransmetimi i kryqëzatës në mbi 200 vende
Nderohet me Pllakatë Vlerësuese nga Senati dhe Asambleja e Shtetit
dhe Këshillit Bashkiak të Nju Jorkut
Shkurt 2007.
Merr pjesë në Konventën dhe Ekspozitën e 64të e NRB-së
Prill 2007.
MIS (Seminari Ndërkombëtar Manmin), Konferenca e Pastorëve në
Amerikën Latine
Korrik 2007.
Konferenca e Katërt Ndërkombëtare e Mjekëve të Krishterë
Tetor 2007.

25 vjetori i kishës dhe 2 vjetori i GCN-së
Nëntor 2007.
Konferenca e Mjekëve të Krishterë të Azisë Jug-Lindore organizuar
në Xhakartë, Indonezi, nga WCDN
Mars 2008.
Pjesëmarrje në Konventën dhe Ekspozitën e 65të NRB dhe
Konferencën dhe Ekspozitën e 9të të FICAP
Prill 2008.
Urim Books merr pjesë në Panairin e 14të të Librit në Seul
Maj 2008.
Konferenca e 5të e Krishterë Mjekësore Ndërkombëtare WCDN
mbajtur në Trondheim të Norvegjisë
Tetor 2008.
Përvjetori i 26-të i Kishës dhe Përvjetori i 3të i GCN
Nëntor 2008.
Seminari i Pastorëve dhe Kryqëzata e Shërimit me Shami e mbajtur
në Çenai, Indi, nga Pastori Mikjung Li
Janar 2009.
Përvjetori i 4 i Misionit për Refugjatët e Koresë së Veriut
Shkurt 2009.
Pjesëmarrje në Konventën dhe Ekspozitën e 66të të NRB
Seminari i Pastorëve dhe Kryqëzata e Shërimit me Shami e mbajtur
në Filipine nga Pastori Mikjung Li
Mars 2009.
Pjesëmarrje në Konventën dhe Ekspozitën e 10të të FICAP
Prill 2009.
Seminari i Pastorëve dhe Kryqëzata e Shërimit me Shami e mbajtur
në Pakistan nga Pastor Taesik Gil
Qershor 2009.
Seminari i Pastorëve dhe Kryqëzata e Shërimit me Shami e mbajtur
në Vietnam nga Pastor Reinbou Li

Korrik 2009.
Shërbimi i Dedikimit për Plazhin dhe Pishinën e Ujit të Ëmbël në Muan
Shtator 2009.
Folës për Kryqëzatën e Bashkuar të Izraelit 2009 me temën "Perëndia është Madhështor"
Tetor 2009.
Përvjetori i 27 i Kishës dhe Përvjetori i 4 i GCN
Nëntor 2009.
Konferenca e 6të e Krishterë Mjekësore Ndërkombëtare WCDN mbajtur në Kiev të Ukrainës
Shkurt 2010.
Pjesëmarrje në Konventën dhe Ekspozitën e 67të të NRB
Mars 2010.
Pjesëmarrje në Konventën dhe Ekspozitën e 11të të FICAP
Maj 2010.
Konferenca e 7të e Krishterë Mjekësore Ndërkombëtare e mbajtur në Romë të Italisë
Korrik 2010.
Fushata e 4, 'Mesazhi i Kryqit,' mbajtur në Finlandë

# Autori:
# Dr. Xherok Li

Dr. Xherok Li lindi në Muan, në provincën Xheonam, në Republikën e Koresë së Jugut, në vitin 1943. Në të njëzetat, për shtatë vite, Dr. Li vuajti nga një numër sëmundjesh të pashërueshme dhe ishte në pritje të vdekjes pa asnjë shpresë shërimi. Një ditë, në pranverën e vitit 1974, motra e tij e drejtoi te një kishë dhe kur u gjunjëzua për t'u lutur, Perëndia i gjallë e shëroi menjëherë nga të gjitha sëmundjet.

Që nga momenti që Dr. Li takoi Perëndinë e gjallë nëpërmjet asaj përvoje të mrekullueshme, ai e ka dashur Perëndinë me gjithë zemrën dhe sinqeritetin e tij, dhe në vitin 1978 pati thirrjen për t'u bërë shërbëtor i Perëndisë. Ai u lut me zjarr që të mund ta kuptonte qartë vullnetin e Perëndisë dhe që ta zbatonte atë plotësisht, dhe iu bind të gjithë fjalës së Perëndisë. Në vitin 1982, ai themeloi Kishën Manmin në Seoul, Koreja e Jugut, dhe në kishën e tij kanë ndodhur shërime të mrekullueshme dhe mrekulli të tjera.

Në vitin 1986, Dr. Li u vajos si pastor në Asamblenë Vjetore të Kishës së Jezusit në Sungkiul të Koresë, dhe katër vite më vonë në vitin 1990, predikimet e tij filluan të transmetohen në Australi, SHBA, Rusi, Filipine dhe shumë vende të tjera nëpërmjet radiove Far East Broadcasting Company, Asia Broadcast Station, dhe Washington Christian Radio System.

Tri vite më vonë, në vitin 1993, revista amerikane *Christian World* zgjodhi Kishën Qendrore Manmin si një nga "50 Kishat e Para në Botë" dhe ai mori një Doktoraturë Nderi në Teologji nga kolegji Christian Faith College, Florida, SHBA, dhe më pas në vitin 1996 një Doktoraturë në Ungjillëzim nga Kingsway Theological Seminary, Ajoua, SHBA.

Që nga viti 1993, Dr. Li ka drejtuar misione në botë nëpërmjet shumë kryqëzatave, përtej detit në Tanzani, Argjentinë, Uganda, Japoni, Pakistan, Kenia, Filipine, Honduras, Indi, Rusi, Gjermani, Peru, Republikën Demokratike të Kongos dhe në Nju Jork të SHBA-së. Në vitin 2002 gazetat më të mëdha të krishtera në Kore e quajtën atë një "pastor botëror" për punën e tij në një numër kryqëzatash të ndryshme përtej detit.

Duke filluar nga Tetor 2013, Kisha Qendrore Manmin është një bashkësi me më shumë se 120,000 anëtarë dhe me 10,000 kisha lokale në vend dhe jashtë vendit në mbarë botën, si dhe ka dërguar në mision më shumë se 123 misionarë në 25 vende, si në Shtetet e Bashkuara, Rusi, Gjermani, Kanada, Japoni, Kinë, Francë, Indi, Kenia dhe shumë vende të tjera.

Deri më sot, Dr. Li ka shkruar 88 libra, ku përfshihen librat bestseller *Shijo Jetën e Përjetshme përpara Vdekjes, Jeta Ime Besimi Im I dhe II, Mesazhi i Kryqit, Masa e Besimit, Qielli I & II, Ferri*, dhe *Fuqia e Perëndisë*. Librat e tij janë përkthyer në më shumë se 76 gjuhë.

Shkrimet e tij të krishtera botohen në *The Hankook Ilbo, The JoongAng Daily, The Çosun Ilbo, The Dong-A Ilbo, The Munhwa Ilbo, The Seoul Shinmun, The Kyunghyang Shinmun, The Korea Economic Daily, The Korea Herald, The Shisa News*, dhe *The Christian Press*.

Aktualisht Dr. Li është themelues dhe president i një numri organizatash misionare dhe shoqatash: përfshirë Kryetar, Kisha e Shenjtërisë së Bashkuar e Jezus Krishtit; President, Misioni Botëror Manmin; President i Përhershëm, Shoqata e Misionit të Rilindjes së Krishterimit Botëror; Themelues dhe Kryetar Bordi, Rrjeti Global i Krishterë (GCN); Themelues dhe Kryetar Bordi, Rrjeti Botëror i Doktorëve të Krishterë (WCDN); dhe Themelues dhe Kryetar Bordi, Seminari Ndërkombëtar Manmin (MIS).

### Qielli I dhe II

Një përshkrim i detajuar i vendit të jashtëzakonshëm që shijojnë qytetarët e qiellit dhe një përshkrim i bukur i niveleve të ndryshme në mbretëritë qiellore

### Mesazhi i Kryqit

Një mesazh i fuqishëm zgjimi për të gjithë ata që janë të shpirtërisht në gjumë. Në këtë libër, do të gjeni arsyen pse Jezusi është Shpëtimtari i vetëm dhe dashuria e vërtetë e Perëndisë.

### Ferri

Një mesazh i rëndësishëm nga Perëndia për të gjithë njerëzimin, i cili nuk dëshiron që asnjë shpirt të bjerë në humnerat e ferrit! Ju do të zbuloni histori të pazbuluar më parë të realitetit të tmerrshëm të hadesit dhe ferrit.

### Jeta Ime, Besimi Im I

Një aromë frymërore me erën më të këndshme e cila del nga jeta që ka lulëzuar me dashurinë e pamatshme për Perëndinë, në mes të dallgëve të egra, ftohtësisë dhe dëshpërimit më të thellë.

### Masa e Besimit

Ç'lloj vendbanimi, ç'lloj kurore dhe shpërblimi është përgatitur në qiell për ty? Ky libër të siguron dituri dhe udhëzim për të matur besimin.